CHINA TRANSPORTATION DEVELOPMENT REPORT

中国交通运输发展报告
（2017）

国家发展和改革委员会综合运输研究所◎编著

中国市场出版社
China Market Press

·北京·

图书在版编目（CIP）数据

中国交通运输发展报告. 2017 年/国家发展和改革委员会综合运输研究所编著. —北京：中国市场出版社，2018.2

ISBN 978-7-5092-1538-8

Ⅰ. ①中… Ⅱ. ①国… Ⅲ. ①交通运输发展-研究报告-中国-2017 Ⅳ. ①F512.3

中国版本图书馆 CIP 数据核字（2018）第 024295 号

中国交通运输发展报告（2017）

ZHONGGUO JIAOTONG YUNSHU FAZHAN BAOGAO 2017

编　著	国家发展和改革委员会综合运输研究所
责任编辑	许　慧（xu_hui1985@126.com）
出版发行	中国市场出版社 China Market Press
社　址	北京市月坛北小街 2 号院 3 号楼
电　话	编辑部（010）68012468　读者服务部（010）68022950
	发行部（010）68021338　68020340　68053489
	68024335　68033577　68033539
	总编室（010）68020336
	盗版举报（010）68020336
经　销	新华书店
印　刷	河北鑫兆源印刷有限公司
规　格	170 mm×240 mm　16 开本
印　张	21.75　　　　字　数　260 千字
版　次	2018 年 2 月第 1 版　　印　次　2018 年 2 月第 1 次印刷
书　号	ISBN 978-7-5092-1538-8
定　价	168.00 元

本书编委会

主　　任　　汪　鸣

副 主 任　　吴文化　　王东明　　李连成

编写组长　　李连成

编写人员　　（按姓氏笔画排序）

马萍萍　　马德隆　　王杨堃　　王淑伟

毛科俊　　向爱兵　　刘昭然　　贺兴东

PREFACE

前　言

　　《中国交通运输发展报告》（以下简称《年度报告》）由国家发展和改革委员会综合运输研究所编写，融数据文献的资料性与分析研究的学术性为一体。编写《年度报告》的基本出发点是使相关机构和个人了解交通运输发展的年度基本概况。在编写前期阶段，我们深入分析了类似年度报告的特点，在此基础上明确了本报告主要内容、主要框架，重点体现了研究范围的综合性、资料内容的全面性和报告内容的观点性等特点。

　　《年度报告》（2017）由发展成就、政策制度、交通建设、区域发展、发展展望、重大问题研究和附录等七部分组成。"发展成就""政策制度""交通建设""区域发展""发展展望""重大问题研究"六章是年度报告的主体，基本维持 2016 年《年度报告》的总体框架，但在具体节和内容安排上，针对新形势、新要求，编委会进行了局部调整，增加了交通运输新业态、新模式发展现状的内容，加强对交通运输改革进展的总结，系统梳理"三大战略""四大板块"

区域交通发展情况，从战略走向、规划重点、投资方向、区域发展和改革政策、重大问题等诸多方面，对 2017 年交通运输发展方向进行研判。"附录"收录了 2016 年交通运输行业主要统计数据以及出台的主要规划和政策文件（包括 2017 年年初出台的部分文件）。

《年度报告》的编写得到了国家发展改革委基础产业司及地方发展改革部门的大力支持，他们及时认真地提供了本地区的统计数据和素材，是本报告顺利完成的重要基础。

本报告系统客观全面地总结交通运输发展的基本情况，分析其特点，探讨交通运输发展的趋势，可以为各级政府部门、研究机构和交通企业提供重要参考，也是社会各界了解中国交通运输行业发展状况的重要读物。囿于时间、资料收集渠道、编写人员水平有一定的局限性，缺陷与错误在所难免，敬请批评指正，我们将加倍努力，使《年度报告》越办越好。

CONTENTS

目　录

附　录

Chapter

01

第一章

发展成就

　　2016 年是我国"十三五"时期的开局之年，也是推行供给侧结构性改革、落实"三去一降一补"经济工作任务的攻坚之年。这一年，交通运输行业主动适应把握和引领经济发展新常态，固定资产投资持续增长，综合交通水平继续向前迈进，基础设施规模和等级均有提升，交通运输生产指标全面向好，运输装备技术水平不断提高，交通运输成为新模式、新业态等服务创新的重要领域。

一、交通设施量质齐升

（一）交通投资高位稳定增长

　　2016 年，我国交通固定资产投资（含城市轨道交通）共完成

3.25 万亿元，比上年增长 4.6%。分方式看，铁路完成固定资产投资 8015 亿元，顺利完成 8000 亿元年度投资目标。公路建设完成投资 17976 亿元，比上年增长 8.9%，其中，高速公路建设完成投资 8235 亿元，增长 3.6%；普通国省道建设完成投资 6081 亿元，增长 14.0%；农村公路建设完成投资 3659 亿元，增长 13.4%。水运建设完成投资 1417 亿元，同比下降 2.7%。民航基本建设与技术改造完成投资 782 亿元，比上年增长 1.7%。城市轨道交通建设完成投资 3847 亿元，比上年增长 4.5%。2016 年交通固定资产投资完成情况见表 1-1。

表 1-1   **2016 年交通固定资产投资完成情况**

领域	投资规模（亿元）	同比增长（%）
总　计	32519	4.6
铁路	8015	−2.7
公路建设	17976	8.9
其中：高速公路	8235	3.6
普通国道	6081	14.0
农村公路	3659	13.4
水运建设	1417	−2.7
其中：内河	552	1.0
沿海	865	−5.0
公路水路其他	494	9.8
民航建设	782	1.7
城市轨道交通	3847	4.5

数据来源：《2016 年交通运输行业发展统计公报》《2016 年民航行业发展统计公报》《城市轨道交通 2016 年度统计和分析报告》。

交通固定资产投资实现了高位基础上的稳步增长，有效支撑了国家促投资、稳增长的战略要求和交通运输行业降成本、补短板、强服务的工作任务。2016 年我国交通固定资产投资（不含管道、城市轨道交通）月度累计金额见图 1-1。

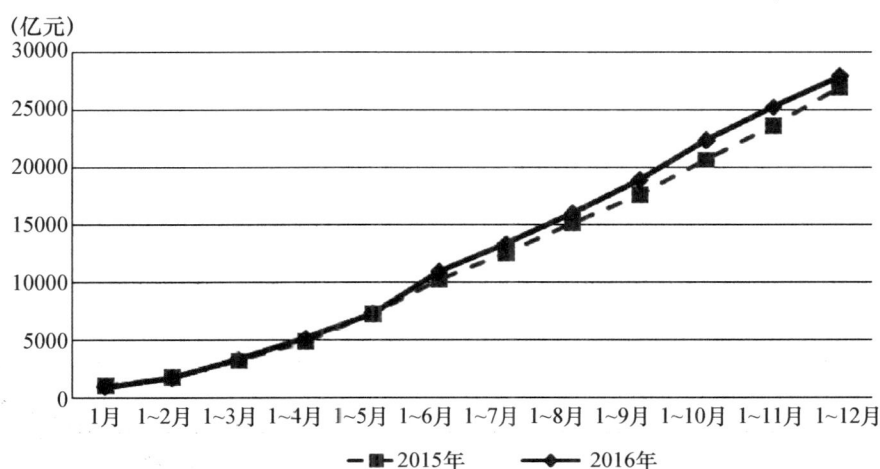

图 1-1　2016 年我国交通固定资产投资月度累计金额

数据来源：交通运输部、中国民用航空局、中国铁路总公司月度快报数。

1. 铁路投资连续保持 8000 亿元以上

2016 年，全国铁路完成固定资产投资 8015 亿元，扮演了拉动我国经济增长的重要角色，全年投产新线 3281 公里，其中高速铁路 1903 公里。2016 年我国铁路固定资产投资月度累计金额见图 1-2。

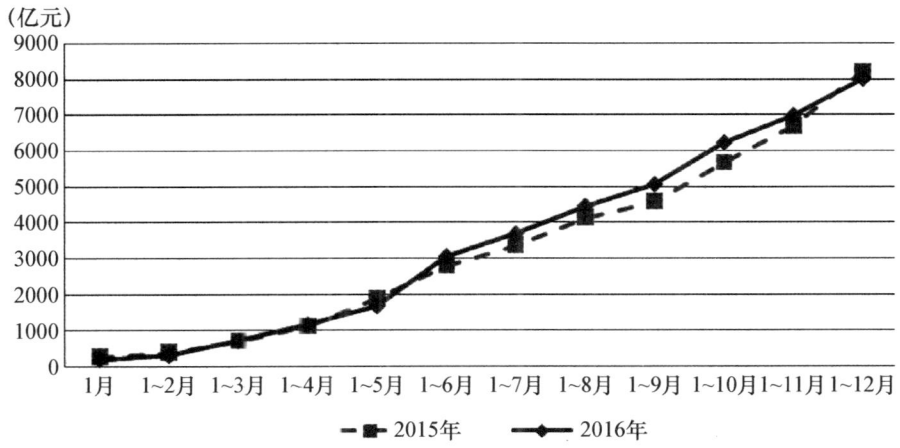

图 1-2　2016 年我国铁路固定资产投资月度累计金额

数据来源：《2016 年铁道统计公报》、中国铁路总公司月度快报数。

2. 公路交通投资快速增长

2016 年，全国公路完成固定资产投资同比增长 8.9％，增速较上年提高了 2.0 个百分点，依然是交通投资稳增长的最主要方式。2016 年我国公路固定资产投资月度累计金额见图 1-3。

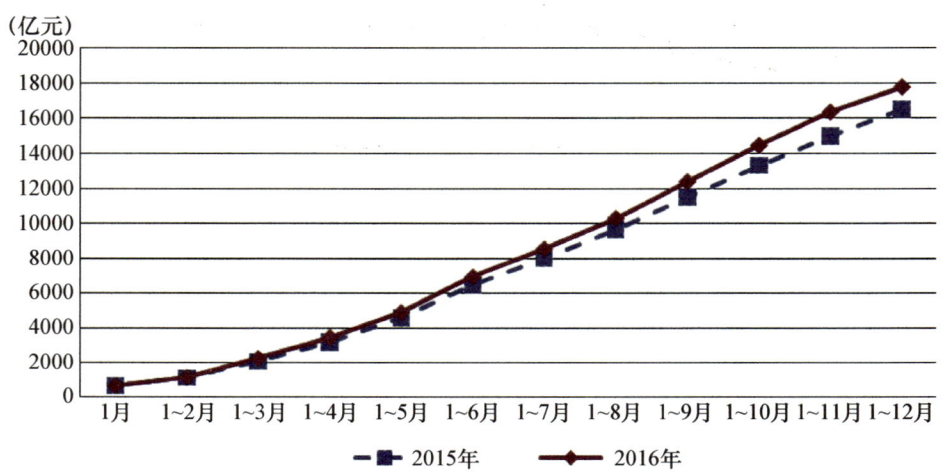

图 1-3　2016 年我国公路固定资产投资月度累计金额

数据来源：交通运输部月度快报数。

3. 水运投资结构调整明显

2016 年，全国水运固定资产投资同比下降 2.7％，较上年减少约 40 亿元，其中，内河完成固定资产投资 552 亿元，同比增长约 1.0％，沿海完成固定资产投资 865 亿元，同比下降约 5.0％。2016 年我国水运固定资产投资月度累计金额见图 1-4。

4. 民航投资基本持平

2016 年，民航基本建设和技术改造投资较上年增长 1.7％，境

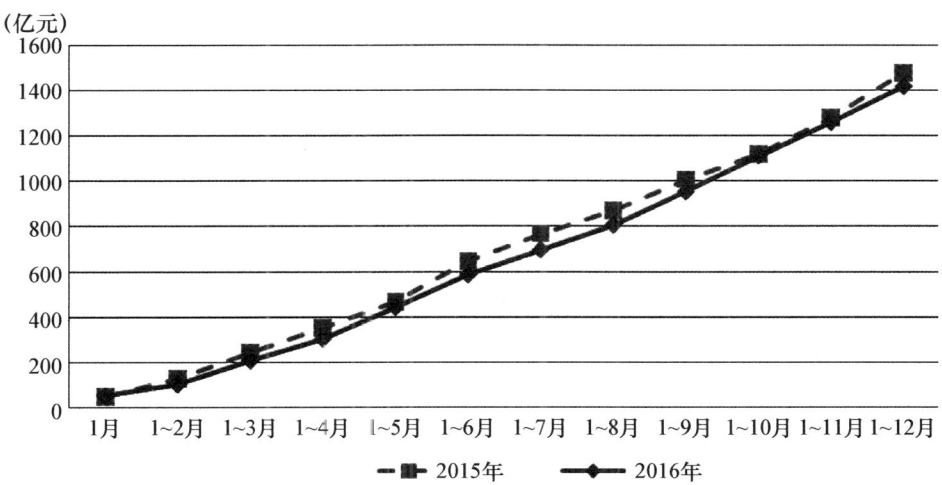

图 1-4 2016 年我国水运固定资产投资月度累计金额

数据来源：交通运输部月度快报数。

内民用航空（颁证）机场达到 218 个（不含香港、澳门和台湾地区）。2016 年我国民航基本建设和技术改造投资月度累计金额见图 1-5。

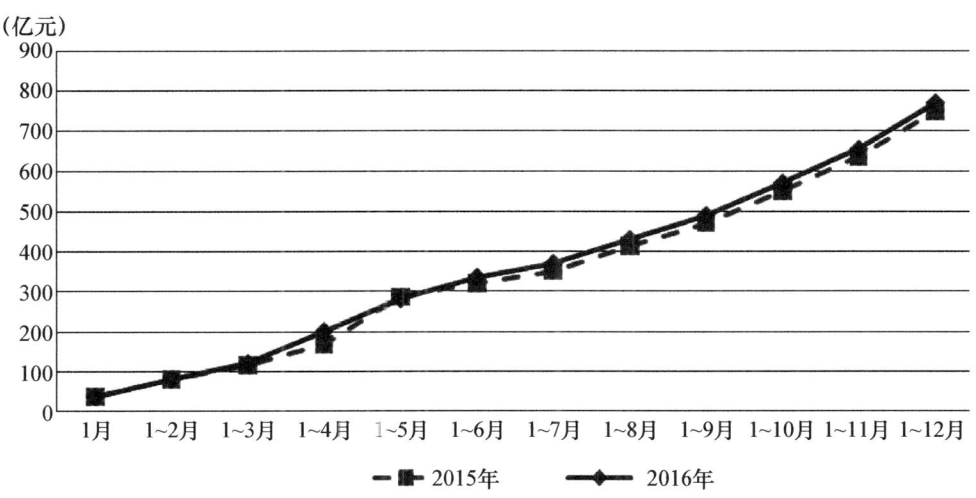

图 1-5 2016 年我国民航基本建设和技术改造投资月度累计金额

数据来源：中国民用航空局月度快报数。

5. 城市轨道交通投资明显加快

《城市轨道交通 2016 年度统计和分析报告》数据显示，2016 年我国城市轨道交通（含有轨电车）完成投资 3847 亿元，15 个城市完成投资过百亿元，其中武汉、上海、成都、广州全年完成投资均超过 200 亿元，4 市共计完成投资 1105.2 亿元，占全国投资的 1/4 以上；可研批复投资累计 34995.4 亿元。截至 2016 年末，共有 58 个城市的城市轨道交通线网获批，规划线路总长度 7305.3 公里，规划线路总投资 37018.4 亿元，除北京、上海、广州、深圳、武汉、重庆、成都等城市轨道交通起步较早的城市外，青岛、厦门、西安、贵阳、杭州、合肥、苏州、长沙等城市轨道交通新兴城市的投资计划明显加快，将成为"十三五"期间城轨交通发展的新的生力军。

（二）交通网络不断拓展升级

2016 年，我国综合交通网里程达到 494.7 万公里（不含管道、城市轨道交通），比上年增长 12.2 万公里。其中，铁路营业里程达到 12.4 万公里，比上年增长 2.5%；公路通车里程达到 469.6 万公里，比上年增加 11.9 万公里；内河航道通航里程 12.71 万公里，比上年增加 0.01 万公里；港口拥有生产用码头泊位 30388 个，比上年减少 871 个，港口大型化进程不断深入；境内民用航空（颁证）机场共有 218 个（不含香港、澳门和台湾地区），其中定期航班通航机场 216 个，定期航班通航城市 214 个。2016 年我国综合交通网结构情况见图 1-6。

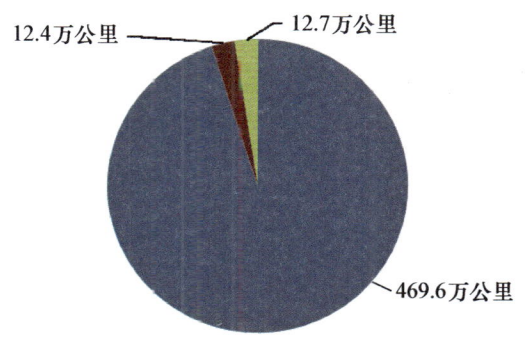

12.4万公里

12.7万公里

469.6万公里

■ 公路通车里程　■ 铁路营业里程　■ 内河航道通航里程

图1-6　2016年我国综合交通网结构情况

数据来源：《2016年交通运输行业发展统计公报》。

二、运输形势趋稳向好[1]

2016年，全社会完成客运量192.0亿人次、旅客周转量31305.7亿人公里，货运量440.4亿吨、货物周转量185294.9亿吨公里，比上年分别下降1.2％、增长4.1％，增长5.7％、增长4.0％。同年，城市轨道交通全年完成客运量160.9亿人次，同比增长16.6％。全年规模以上港口完成货物吞吐量118.3亿吨，比上年增长3.2％，其中外贸货物吞吐量37.6亿吨，增长4.1％。规模以上港口集装箱吞吐量21798万标准箱，同比增长3.6％。邮政行业业务总量7397亿元，同比增长45.7％，快递业务量达到312.8亿件。

---

[1]　本节报告邮政快递部分数据摘自于《2016年邮政行业发展统计公报》，其余数据摘自于《中华人民共和国2016年国民经济和社会发展统计公报》。

（一）旅客运输平稳提质

1. 旅客运输量保持平稳，动车组运量占全路比重过半

2016 年，全社会共完成营业性客运量 192.0 亿人次，同比下降 1.2%，降幅较上年收窄 3.2 个百分点。其中，铁路完成客运量 28.1 亿人次，同比增长 11.0%，增速较上年加快 1.0 个百分点，动车组发送 14.43 亿人、占国家铁路完成旅客发送量比重超过 52%；公路完成客运量 156.3 亿人次，同比下降 3.5%，降幅较上年收窄 3.2 个百分点；水运完成客运量 2.7 亿人次，同比增长 0.1%，增速较上年下降 2.7 个百分点；民航完成客运量 4.9 亿人次，同比增长 11.9%，增速较上年提高 0.7 个百分点。2016 年我国各月度客运量完成情况见图 1-7。

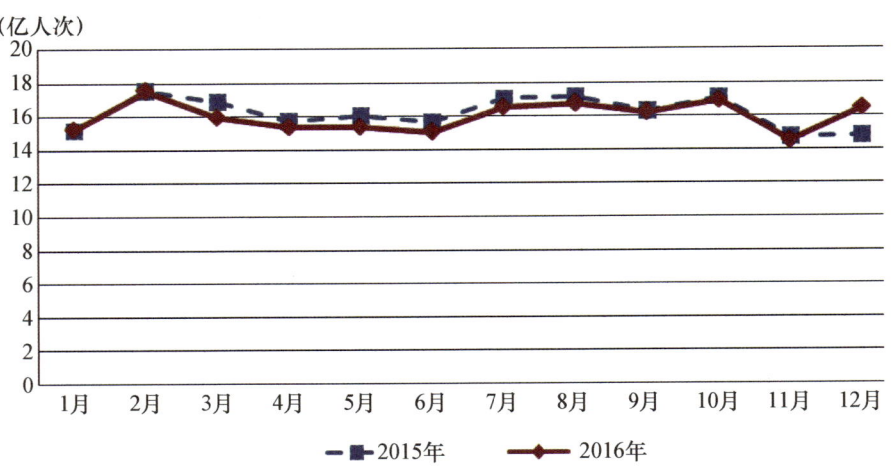

图 1-7　2016 年我国各月度客运量完成情况

数据来源：交通运输部、中国民用航空局、中国铁路总公司月度快报数。

2. 旅客周转量继续增长，民航国际运输势头强劲

2016 年，全社会共完成营业性旅客周转量 31305.7 亿人公里，同比增长 4.1%，增速较上年放缓 0.8 个百分点。其中，铁路完成旅客周转量 12579.3 亿人公里，同比增长 5.2%，增速较上年放缓 1.2 个百分点；公路完成旅客周转量 10294.8 亿人公里，同比下降 4.2%，降幅较上年收窄 1.9 个百分点；水运完成旅客周转量 72.0 亿人公里，同比下降 1.4%，增速较上年收窄 0.3 个百分点；民航完成旅客周转量 8359.5 亿人公里，同比增长 14.8%，增速与上年持平，其中国际航线完成旅客周转量 2160.38 亿人公里，比上年增长 25.8%。2016 年我国各月度旅客周转量完成情况见图 1-8。

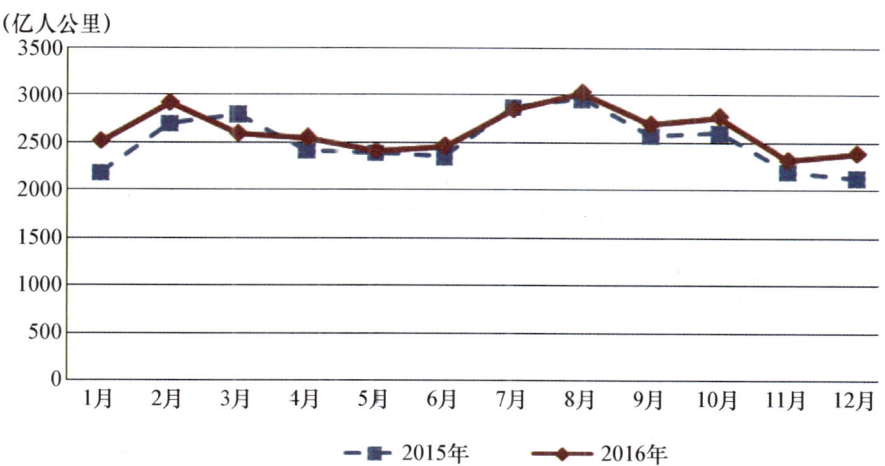

图 1-8　2016 年我国各月度旅客周转量完成情况

数据来源：交通运输部、中国民用航空局、中国铁路总公司月度快报数。

（二）货物运输企稳回暖

1. 铁路货运量止跌向好，其他方式有所加快

2016年，我国全社会共完成货运量440.4亿吨，同比增长5.7%，增速比上年提高5.2个百分点。其中，铁路完成货运量33.3亿吨，同比下降0.8%，降幅较上年大幅收窄，其中四季度实现正增长；公路完成货运量336.3亿吨，同比增长6.8%，增速较上年提高5.6个百分点；水运完成货运量63.6亿吨，同比增长3.7%，增速较上年提高1.2个百分点；民航完成货运量666.9万吨，同比增长6.0%，增速较上年提高0.8个百分点；管道完成货运量7.0亿吨，同比增长5.3%，增速较上年提高3.6个百分点。2016年我国各月度货运量完成情况见图1-9。

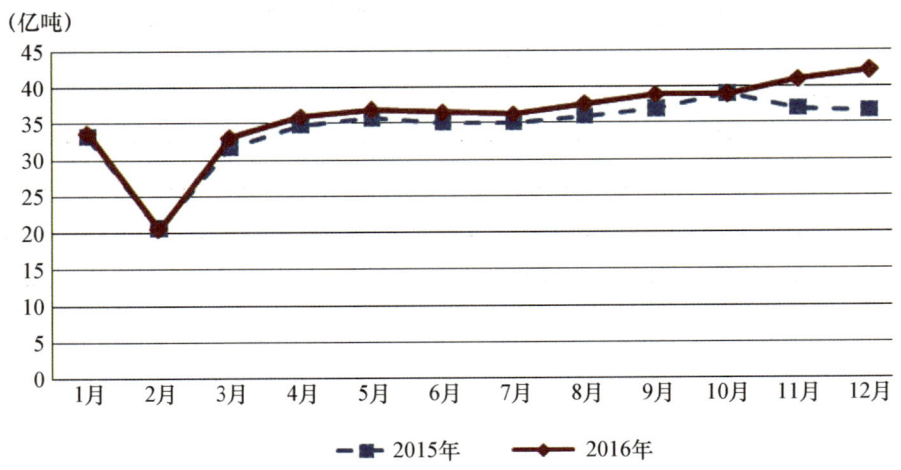

图 1-9　2016 年我国各月度货运量完成情况

数据来源：交通运输部、中国民用航空局、中国铁路总公司月度快报数。

2. 货物周转量全面增长，民航公路表现更为抢眼

2016 年，我国全社会共完成货物周转量 185294.9 亿吨公里，同比增长 4.0%，增速比上年提高 5.9 个百分点。其中，铁路完成货物周转量 23792.3 亿吨公里，同比增长 0.2%，实现了绝对值的正增长；公路完成货物周转量 61211.0 亿吨公里，同比增长 5.6%，增速较上年提高 3.6 个百分点；水运完成货物周转量 95399.9 亿吨公里，同比增长 4.0%，增速较上年提高 5.2 个百分点；民航完成货物周转量 221.1 亿吨公里，同比增长 6.3%，增速较上年下降 4.1 个百分点；管道完成货物周转量 4670.6 亿吨公里，同比增长 5.7%，增速较上年下降 0.9 个百分点。2016 年我国各月度货物周转量完成情况见图 1-10。

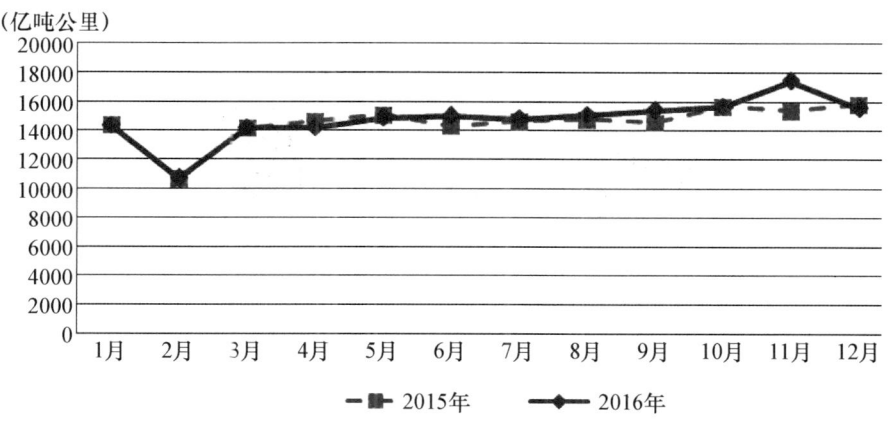

图 1-10　2016 年我国各月度货物周转量完成情况

数据来源：交通运输部、中国民用航空局、中国铁路总公司月度快报数。

3. 邮政快递快速增长，国际及异地业务加快拓展

2016 年，我国邮政行业业务收入（不包括邮政储蓄银行直接营业收入）累计完成 5379.2 亿元，同比增长 33.2%，增速较上年放缓 4.2

个百分点；全国快递服务企业业务量累计完成312.8亿件，同比增长51.4%，增速较上年加快3.4个百分点；快递业务收入完成3974.4亿元，同比增长43.5%，增速较上年提高8.1个百分点。其中，同城快递业务量完成74.1亿件，同比增长37.2%，实现业务收入563.1亿元，同比增长40.5%；异地快递业务量完成232.5亿件，同比增长56.7%，实现业务收入2099.3亿元，同比增长38.8%；国际/港澳台快递业务量完成6.2亿件，同比增长44.9%，实现业务收入429亿元，同比增长16.1%。2016年我国完成快递业务量变化情况见图1-11。

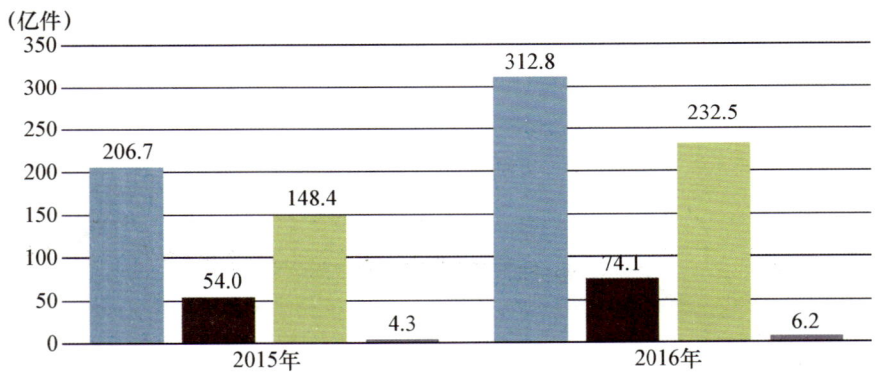

图1-11　2016年我国完成快递业务量变化情况

数据来源：《2016年邮政行业发展统计公报》。

4. 港口运输稳定增长，黄金水道作用更加凸显

2016年，全国港口完成货物吞吐量132.0亿吨，比上年增长3.5%，增速较上年提高1.1个百分点。其中，沿海港口完成84.6亿吨，内河港口完成47.5亿吨，较上年分别增长3.8%和3.1%，增速分别较上年提高2.4个和放缓1.1个百分点。全国港口外贸货物吞吐量38.5亿吨，同比增长5.1%。其中沿海港口完成34.5亿吨，

内河港口完成 4.0 亿吨，同比分别增长 4.6% 和 9.7%。全国港口完成集装箱吞吐量 2.2 亿 TEU，比上年增长 4.0%。其中，沿海港口完成 2.0 亿 TEU，内河港口完成 2415 万 TEU，比上年分别增长 3.6% 和 7.4%。内河港口外贸货物和集装箱吞吐量增速不断加快，显示了长江经济带背景下产业转移升级和内陆地区开发开放的不断深入，长江黄金水道的"黄金作用"得到更大发挥。2016 年我国各月度沿海规模以上港口货物吞吐量完成情况见图 1-12。

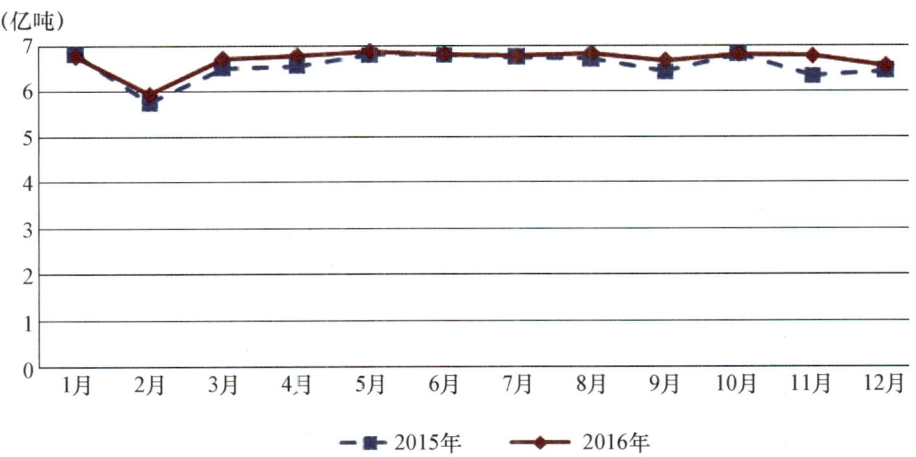

图 1-12　2016 年我国各月度沿海规模以上港口货物吞吐量完成情况

数据来源：《2016 年交通运输行业发展统计公报》、交通运输部月度快报数。

三、技术装备快速提升

（一）轨道交通装备更加先进

我国轨道交通领域铁路电力机车、高速动车组和国产城市轨道交通车辆比重不断提高。截至 2016 年年底，全国铁路机车拥有量达到 2.1 万台，比上年增加 87 台，其中，内燃机车占 41.8％，比上年下降 0.9 个百分点；电力机车占 58.1％，比上年提高 0.9 个百分点。全国铁路客车拥有量为 7.1 万辆，比上年增加 0.3 万辆。其中，动车组 2586 标准组、20688 辆，比上年增加 380 标准组、3040 辆。全国铁路货车拥有量为 76.4 万辆。据统计，全国城市轨道交通累计配属车辆达 3850 列，比上年增加 312 列，同时装备国产化水平有所提高，为我国城市轨道交通可持续发展奠定了良好的基础。2016 年我国铁路机车拥有量变化情况见图 1-13。

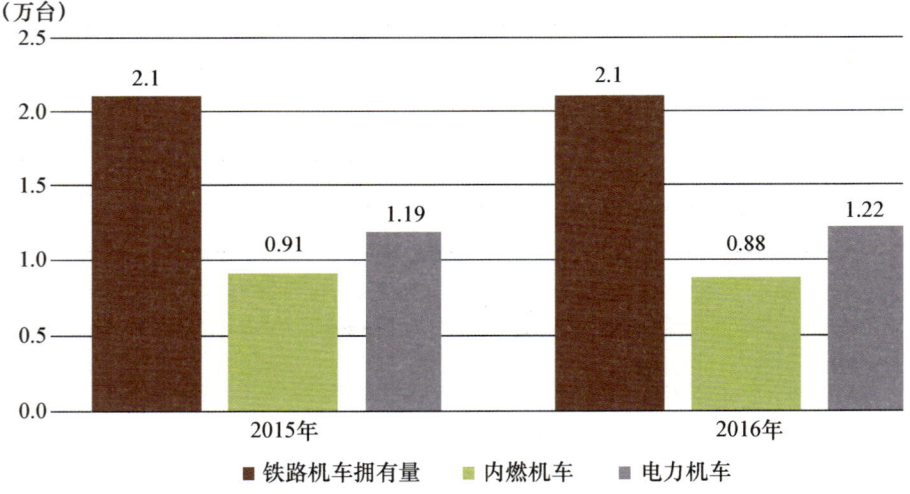

图 1-13　2016 年我国铁路机车拥有量变化情况

数据来源：《2016 年铁道统计公报》、《城市轨道交通 2016 年度统计和分析报告》。

（二）公路运输装备加速换代

截至 2016 年年底，全国民用汽车保有量 19440 万辆（包括三轮汽车和低速货车 881 万辆），比上年末增长 12.8％，其中私人汽车保有量 16559 万辆，较上年增长 15.0％。民用轿车保有量 10876 万辆，较上年增长 14.4％，其中私人轿车 10152 万辆，较上年增长 15.5％。营运车辆方面，全国拥有公路营运汽车 1435.77 万辆，比上年减少 0.4％，显示运输组织灵活的中小型营运载客汽车比重不断增加；拥有载货汽车 1351.77 万辆（比上年减少 2.7％），10826.78 万吨位（比上年增长 4.4％），显示载货汽车不断大型化。2016 年我国公路营运汽车数量变化情况见图 1-14。

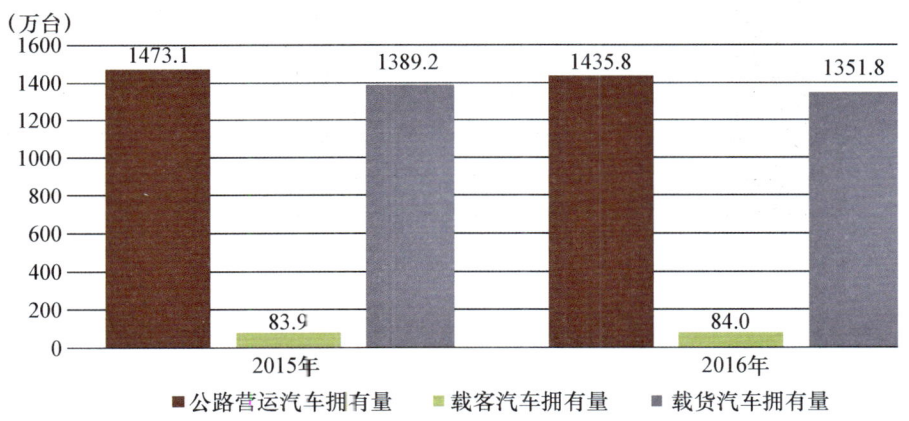

图 1-14　2016 年我国公路营运汽车数量变化情况

数据来源：《中华人民共和国 2016 年国民经济和社会发展统计公报》、《2016 年交通运输行业发展统计公报》。

（三）水路运输船舶持续大型化

2016 年，我国老旧运输船舶和单壳油轮报废更新进一步加快，船舶标准化和大型化水平不断提高。2016 年年末我国拥有水上运输船舶 16.01 万艘，比上年减少 3.5％；净载重量 26622.71 万吨，比上年减少 2.3％；载客量 100.21 万客位，比上年减少 1.5％；集装箱箱位 191.04 万标准箱，比上年减少 26.6％。长江干线运输船舶平均吨位 1490 吨，较上年提高约 100 吨。2016 年我国水上运输船舶拥有量变化情况见图 1-15。

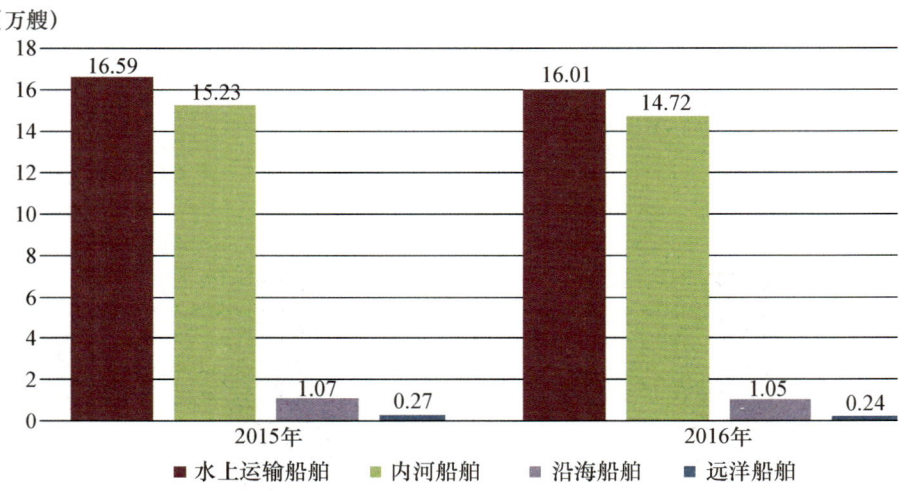

图 1-15　2016 年我国水上运输船舶拥有量变化情况

数据来源：《2016 年交通运输行业发展统计公报》。

（四）航空机队规模快速扩张

截至 2016 年年底，民航全行业运输飞机期末在册架数 2950 架，比上年增加 300 架。通用航空企业在册航空器总数达到 2096 架，比上年增加 192 架，其中教学训练用飞机 621 架，比上年增加 113 架。2016 年我国民用和通用航空机队规模变化情况见图 1-16。

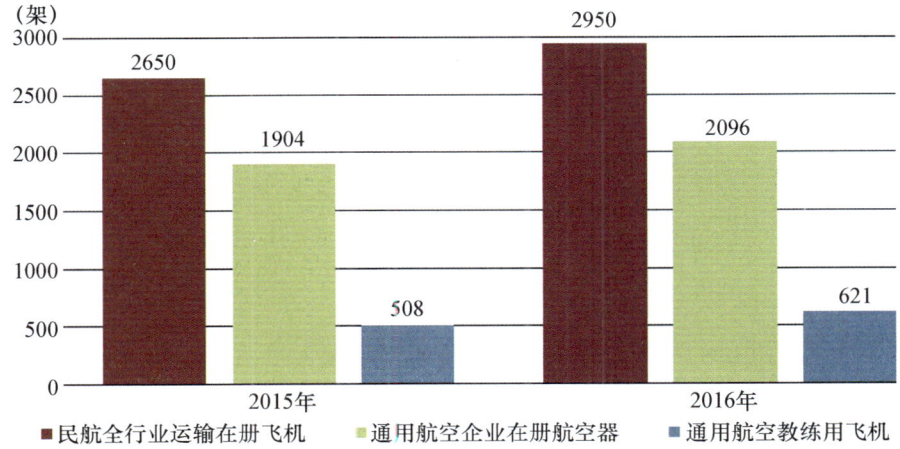

图 1-16　2016 年我国民用和通用航空机队规模变化情况

数据来源：《2016 年民航行业发展统计公报》。

四、新模式新业态不断涌现

（一）交通物流深度融合发展

2016 年，我国社会物流总成本 11.1 万亿元，全社会物流总费用与 GDP 的比率为 14.9%，比上年下降 1.1 个百分点，公路甩挂运输、无车承运人等快速发展，落实"绿色通道"等政策，物流行业运行景气不断走高。全链条体系更加顺畅，部分港口和物流枢纽实现铁路专用线引入，部分铁路重要货场周边城市道路状况得到改善，多式联运效率有所提升。大平台服务更加高效，国家交通运输物流公共信息平台、东北亚物流信息服务网络（NEAL-NET）功能不断拓展，中日韩沿海主要港口集装箱船舶动态信息和集装箱状态信息互联共享，基础网络实现标准、交换和数据服务功能。

（二）"互联网＋"交通快速发展

2016 年是互联网与交通行业加速融合发展之年，不断火爆的"互联网＋"交通平台，一端抓住众多人、物、车时空状态这一运输活动的核心并整合三者交易信息，一端为可嫁接产业创新服务内容和形式，使得运输生产和消费衔接愈发紧密乃至于相互嵌入，对推动交通运输供给侧结构性改革做出了贡献。

公路港线上线下联动运输模式不断创新，企业推动"智能公路港信息系统"、"物流云平台"和"物流大数据中心"建设，推行网络数字化运营方式，优化货源、运力组织方式，形成现代化货物集散管理机制；线上线下积极探索有效对接，依托国家物流信息平台，海铁联运发展得到积极推进，部分地区实现铁路、港口相关信息实时交互；国航、南航等航空公司和第三方服务平台上线新版 APP，全面打通航空公司出行链条，全方位为用户提供全旅程服务；运输服务新业态广泛形成，网约车规范、健康有序发展，以"摩拜单车"和"ofo"为代表的互联网租赁自行车为城市交通中短距离出行、解决"最后一公里"提供了有力支撑；全国无车承运人试点工作启动，市场主体经营行为逐步规范。

（三）交通与其他产业加快融合

2016 年，交通运输与其他产业的融合发展进入了快车道，伴随着我国综合交通运输体系不断完善，交通运输与相关产业融合发展逐渐成为新趋势。旅客和货物在途服务不断多样化，国家打造现代化客运枢纽的相关指导意见明确提出鼓励客运综合体发展，广州市组织铁路站点枢纽综合体及周边综合开发规划建设工作，郑州市按照综合开发模式同步规划建设郑州南站高铁快件物流基地，昆明市积极推进昆明南站地下空间综合开发，成都市着手开展天府站土地利用及综合开发前期工作。"交通＋旅游"不断相互嵌入，公路、铁路、民航等部门以前所未有的热情投入到旅游业发展中来，旅游列车和游船邮轮班次不断增加，机场、车站、码头等客运枢纽不断拓展旅游服务功能。正在有更多的产业不断与交通行业融合发展，促进交通运输服务的降本增效和转型升级。

五、述评：交通运输开局良好，支撑和引领经济运行稳中向好

2016 年交通投资继续在 3 万亿元投资的高位上稳定增长，推动交通基础设施网络量质齐升，交通建设对经济运行缓中趋稳、稳中向好的支撑作用持续提升。2016 年，我国交通景气度提高，传递出经济走势的积极信号，旅客运输趋稳，民航、高速铁路和私人小汽车出行保持两位数增长，个性化高端出行比重增加，反映我国商务活动活跃、居民消费形态发生重要转变。2016 年，我国铁路货物运输总体止跌、全社会货物运输全面回升，显示制造业生产活跃，经济回暖迹象明显。

站在交通运输能力总体适应经济社会发展要求的新起点，2016 年交通运输转型发展、创新发展，行业发展新动能增强、经济运行支撑力提升。交通运输降本增效，物流费用与 GDP 的比率大幅下降 1.1 个百分点，降低了生产要素交易和商品流通成本，为支撑实体经济发展创造了更好的基础环境。2016 年全国旅游休闲消

费升级[1]，交通运输与旅游的融合发展产生新业态，汽车营地、邮轮游艇、通用航空等发展提速，助推了新消费。高铁经济和临空、临港等枢纽经济拓展了经济发展新空间。交通领域"大众创业、万众创新"取得大进展，依托移动互联网，社会共享单车创新无桩公共自行车新模式，打通"最先最后一公里"，成为城市交通的新宠。

---

[1] 2016 年国内游客 44 亿人次，旅游收入 3.9 万亿元，同比增长 11.2%。

Chapter

第二章

政策制度

2016 年是我国"十三五"规划的开局之年，是推进供给侧结构性改革的攻坚之年。一年来，按照中央经济工作会议、国务院决策部署，紧紧围绕主动适应经济发展新常态和全面建成小康社会目标要求，我国交通运输领域积极推动供给侧结构性改革，着力构建交通运输支撑引领经济社会发展政策体系，加快推动交通运输转型发展，促进了经济平稳健康发展和社会稳定。

一、政策综述

（一）构建较为完善的规划管理体系

2016 年以来，国务院批准实施了《中长期铁路网规划》《国家水上交通安全监管和救助系统布局规划（2016 年调整）》，国家发展改革委、交通运输部等部门印发了《中国民航发展第十三个五年规划》《中欧班列建设发展规划（2016—2020 年）》《邮政业发展"十三五"规划》《水运"十三五"发展规划》以及交通扶贫、综合运输服务、城市公共交通、公路养护管理等专项规划，研究编制完成了《全国民用运输机场布局规划》《"十三五"现代综合交通运输体系发展规划》以及"十三五"国防交通、铁路集装箱多式联运、内河航道等专项规划，同时印发实施了《交通基础设施重大工程建设三年行动计划》《关于加快推进 2016 年铁路项目前期工作的通知》《关于加快推进 2016 年重点公路项目前期工作的通知》《关于加快推进 2016 年机场项目前期工作的通知》等年度计划，形成"中长期布局规划＋五年发展建设规划＋年度滚动实施方案"相结合的规划管理体系。

（二）对国家战略提供有力支撑

2016 年，为有效支撑"一带一路"建设，推进"一带一路"建设工作领导小组办公室印发了《中欧班列建设发展规划（2016—2020 年）》，国家发展改革委编制完成了《面向南亚东南亚辐射中心综合交通运输发展规划（2017—2030 年）》；为加快推进京津冀协同发展，国家发展改革委印发了《北京新机场临空经济区规划（2016—2020 年）》和《京津冀城际铁路网规划修编方案（2015—2030 年）》；为深入贯彻落实《长江经济带发展规划纲要》，国家发展改革委、交通运输部、中国铁路总公司联合印发了《"十三五"长江经济带港口多式联运建设实施方案》，国家邮政局印发了《关于加快长江经济带邮政业发展的指导意见》，国家发展改革委组织编制完成了《长江经济带综合立体交通走廊建设重点突破工作方案》。此外，国家发展改革委还印发了《关于进一步贯彻落实"三大战略"发挥高速公路支撑引领作用的实施意见》。从政策实施效果来看，"一带一路"互联互通项目加快推进，交通"走出去"取得积极进展，中巴经济走廊"两大"公路建设等项目成功落地，印尼雅万高铁、中老铁路、中泰铁路以及中俄高铁等重大项目有序推进。京津冀交通一体化率先突破，"四纵四横一环"主骨架区域交通新格局正在形成，"轨道上的京津冀"建设步伐加快，三地交通行政执法、联合治超、海事统一监管等机制初步形成。长江经济带综合立体交通走廊加快建设，沪昆高铁全线贯通，长江下游 12.5 米深水航道基本建成，长江黄金水道功能日益凸显，"海运强国"战略取得实质性进展。

（三）积极推进供给侧结构性改革

2016 年，国家聚焦增加有效供给和促进转型升级，先后研究出台了一系列有关补足发展短板、降低物流成本、促进交通运输提质增效的政策措施文件。主要包括：出台《关于推动交通提质增效提升供给服务能力的实施方案》，着力提升交通运输供给整体效率；出台《关于进一步发挥交通扶贫脱贫攻坚基础支撑作用的实施意见》，着力补足贫困地区交通发展短板；出台《打造现代综合客运枢纽提高旅客出行质量效率的实施意见》，着力推进现代综合客运枢纽建设；出台《关于加强干线公路与城市道路有效衔接的指导意见》，着力缓解进出城交通拥堵；出台《营造良好市场环境推动交通物流融合发展实施方案》和《关于进一步鼓励开展多式联运工作的通知》，着力降低物流成本；出台《关于促进通用航空业发展的指导意见》，着力培育航空消费新动能；出台《推进"互联网＋"便捷交通促进智能交通发展的实施方案》和《"互联网＋"高效物流实施意见》，着力拓展交通发展新空间。

二、改革进展

2016 年，交通运输领域陆续出台了以完善交通制度供给为导向的政策意见，不断深化"放管服"改革。在简政放权的同时，着力健全管理体制，提高"管"的有效性，提升行政服务质量和水平，增强"服"的主动性，加快实现从微观转向宏观、从审批转向监管，全面创新制度供给，完善制度环境。

（一）交通领域简政放权取得新突破

2016 年，交通运输领域进一步下放政府投资交通项目审批权，国家发展改革委起草形成《加强交通规划管理推进交通项目审批改革方案》并报送国务院，除涉及国务院、中央军委事权外，仅保留少部分资金需求大、占用公共资源多、需加强综合协调的重大项目和中央投资为主项目的审批权限，对能用规划实行有效管理的项目最大程度下放审批，在 2015 年已减少审批项目 75％的基础上，本轮再次减少 60％以上，保留事项约占原有数量的 10％。2016 年 12 月，国务院印发《关于发布政府核准的投资项目目录（2016 年本）的通知》，进一步明确了政府对交通运输领域投资项目核准的权限，规定"除涉及中央事权的新建运输机场和跨境独立公（铁）路桥梁、隧道项目外，将交通领域项目核准事项全部下放"。

（二）投融资体制改革取得新进展

2016 年，交通运输领域投融资体制改革不断深化，社会资本在交通基础投资建设中扮演越来越重要的角色。国家发展改革委首批推出 8 个社会资本投资铁路示范项目并取得积极进展，杭温高铁列入国家首批混合所有制改革试点，杭绍台铁路、三门峡至禹州铁路、神木至瓦塘铁路等 5 个项目相继获得核准，其中杭绍台铁路是国家核准的第一个 PPP 铁路项目，浙江省已就其与民营资本签订投资意向协议，民营资本拟持股 51%。同时，积极推进公路交通、城市轨道等领域采用政府和社会资本合作（PPP）模式，明确国家高速公路网新建 PPP 项目批复方式，促进城市轨道行业投融资创新，推动各地经验借鉴，取得了良好效果。

（三）交通运输法律规章不断完善

2016 年，为了全面提升行业治理能力，交通运输领域着力创新制度供给，研究出台系列行业管理部门规章和规范性文件，不断完善综合交通运输法律法规体系。2016 年交通运输部共发布行业规章 86 件，完成 27 件行政法规、224 件部门规章、1207 件政策性文件清理。9 月，十二届全国人大常委会第二十二次会议表决通过《中华人民共和国国防交通法》（以下简称《国防交通法》）。《国防交通法》是我国第一部深入贯彻军民融合发展战略的重要法律，对国防交通管理体制、国防交通规划、国防交通工程设施建设、交通工程设施建设和民用运载工具建造贯彻国防要求、国防运输、国防交通保障、国防交通物资储备等方面做出了明确规定，为加强国防交通建设，提升战略投送能力，促进交通领域军民融合，保障国防活动顺利进行提供了强有力的法律支撑。

三、重大规划

2016 年是我国"十三五"规划的开局之年，是推进供给侧结构性改革的攻坚之年。一年来，按照中央经济工作会议、国务院决策部署，紧紧围绕主动适应经济发展新常态和全面建成小康社会目标要求，我国交通运输领域积极推动供给侧结构性改革，着力构建交通运输支撑引领经济社会发展政策体系，加快推动交通运输转型发展，促进了经济平稳健康发展和社会稳定。2016 年，交通运输领域经国务院、国家发展改革委批准颁布了《中长期铁路网规划》《中欧班列建设发展规划》。同时，国务院出台政策文件 3 项，国家发展改革委单独或联合其他部门出台政策文件共 18 项，具体见表 2-1。2016 年，基本完成《"十三五"现代综合交通运输体系发展规划》、《全国民用运输机场布局规划》文件起草工作，分别于 2017 年上半年经国务院、国家发展改革委联合中国民航局颁布。此外，根据各子行业的发展需要，交通运输部（含国家铁路局、中国民航局、国家邮政局）等行业管理部门还研究制定了一系列专项规划和具体政策。部分重大规划和政策主要内容如下：

（一）交通战略规划

1.《"十三五"现代综合交通运输体系发展规划》

交通运输是国民经济中基础性、先导性、战略性产业，是重要的服务性行业。构建现代综合交通运输体系，是适应把握引领经济发展新常态、推进供给侧结构性改革、推动国家重大战略实施、支撑全面建成小康社会的客观要求。根据《中华人民共和国国民经济和社会发展第十三个五年规划纲要》有关要求，2016 年，国家发展改革委、交通运输部联合研究编制完成了《"十三五"现代综合交通运输体系发展规划》（征求意见稿），并上报国务院。2017 年 2 月，国务院印发《"十三五"现代综合交通运输体系发展规划》，它是"十三五"期间有关国民经济和社会发展的 22 个国家级重点专项规划之一。具体内容详见附录二。

《"十三五"现代综合交通运输体系发展规划》要求，"十三五"时期我国交通运输发展，应深入贯彻习近平总书记系列重要讲话精神和治国理政新理念新思想新战略，认真落实党中央、国务院决策部署，统筹推进"五位一体"总体布局和协调推进"四个全面"战略布局，牢固树立和贯彻落实新发展理念，以提高发展质量和效益为中心，深化供给侧结构性改革，坚持交通运输服务人民，着力完善基础设施网络、加强运输服务一体衔接、提高运营管理智能水平、推行绿色安全发展模式，加快完善现代综合交通运输体系，更好地发挥交通运输的支撑引领作用，为全面建成小康社会奠定坚实基础。预计到 2020 年，基本建成安全、便捷、高效、绿色的现代综合交通运输体系，部分地区和领域率先基本实现交通运输现代化。

《"十三五"现代综合交通运输体系发展规划》提出，"十三五"时期现代综合交通运输体系建设的主要任务有：一是要完善基础设施网络化布局，建设多向连通的综合运输通道，构建高品质的快速交通网，强化高效率的普通干线网，拓展广覆盖的基础服务网；二是要强化战略支撑作用，打造"一带一路"互联互通开放通道，构建区域协调发展交通新格局，发挥交通扶贫脱贫攻坚基础支撑作用，发展引领新型城镇化的城际城市交通；三是要加快运输服务一体化进程，优化综合交通枢纽布局，提升客运服务安全便捷水平，促进货运服务集约高效发展，增强国际化运输服务能力，发展先进适用的技术装备；四是要提升交通发展智能化水平，促进交通产业智能化变革，推动智能化运输服务升级，优化交通运行和管理控制，健全智能决策支持与监管，加强交通发展智能化建设；五是要促进交通运输绿色发展，推动节能低碳发展，强化生态保护和污染防治，推进资源集约节约利用；六是要加强安全应急保障体系建设，加强安全生产管理，加快监管体系建设，推进应急体系建设；七是要拓展交通运输新领域新业态，积极引导交通运输新消费，培育壮大交通运输新动能，打造交通物流融合新模式，推进交通空间综合开发利用；八是要全面深化交通运输改革，深化交通管理体制改革，推进交通市场化改革，加快交通投融资改革。

《"十三五"现代综合交通运输体系发展规划》紧紧围绕加快完善现代综合交通运输体系进行部署、谋划，主要体现四个方面基本特点：一是全面贯彻落实新发展理念。适应把握引领经济发展新常态，坚持新发展理念，切实转变交通发展思路、方式和路径，着力解决发展方式较为粗放以及不平衡、不协调、不可持续等问题，更好支撑创新型国家建设、区域协调发展、生态文明建设、全方位对外开放和民生条件改善。二是坚持以人民为中心的发展思想。把握交通运输的服务本质，聚焦人民群众关心的重点问题，围绕更快速、更经济、更舒适和更多选择性、更高安全性，不断增强公共服务能力。扩大交通多样化有效供给，更好满足人民群众日益增长、持续升级的运输需求，为全面建成小康社会提供坚实保障。三是深化交通供给侧结构性改革。充分发挥各种运输方式的比较优势和组合效率，提升网络效应和规模效益。围绕关键领域和薄弱环节，强化提质增效、转型发展，强化补齐短板、降低成本、转换动能，积极引导新的生产消费流通方式和新业态新模式发展。四是突出现代综合的发展导向。以网络化布局为基础提升运输能力，以一体化服务为根本保障便捷高效，以智能化管理为手段带动交通现代化，以绿色化发展为方向建设美丽交通走廊，使交通真正成为发展的"先行官"。

2. 《中长期铁路网规划》

自 2004 年国务院批准实施《中长期铁路网规划》以来，我国铁路实现了快速发展。至 2015 年年末，我国铁路营业里程达到 12.1 万公里，高速铁路营业里程超过 1.9 万公里，铁路网总规模提前达到规划目标，规划的"四纵四横"客运专线基本建成。为加快构建布局合理、覆盖广泛、高效便捷、安全经济的现代铁路网络，更好发挥铁路骨干优势作用，推进综合交通运输体系建设，支撑引领我国经济社会发展，2016 年国家发展改革委会同交通运输部、中国铁路总公司，在深入总结原规划实施情况的基础上，结合发展新形势新要求，修编了《中长期铁路网规划》。2016 年 7 月 13 日，经国务院批准，新修编的《中长期铁路网规划》正式对外印发。本规划是我国铁路基础设施的中长期空间布局规划，是推进铁路建设的基本依据，是指导我国铁路发展的纲领性文件。具体内容详见附录二。

《中长期铁路网规划》提出，到 2020 年，我国铁路网规模达到 15 万公里，其中高速铁路 3 万公里，覆盖 80％以上的大城市，为完成"十三五"规划任务、实现全面建成小康社会目标提供有力支撑；到 2025 年，铁路网规模达到 17.5 万公里左右，其中高速铁路 3.8 万公里左右，网络覆盖进一步扩大，路网结构更加优化，骨干作用更加显著，更好发挥铁路对经济社会发展的保障作用。展望到 2030

年，基本实现内外互联互通、区际多路畅通、省会高铁连通、地市快速通达、县域基本覆盖。根据《中长期铁路网规划》，未来我国将形成以"八纵八横"主通道为骨架、区域连接线衔接、城际铁路补充的高速铁路网，实现省会城市高速铁路通达、区际之间高效便捷相连；着力扩大中西部路网覆盖，完善东部网络布局，提升既有路网质量，推进周边互联互通，形成覆盖广泛、内联外通、通边达海的普速铁路网，提高对扶贫脱贫、地区发展、对外开放、国家安全等方面的支撑保障能力；按照"客内货外"的原则，优化铁路枢纽布局，完善系统配套设施，修编铁路枢纽总图，构建北京、上海、广州、武汉、成都、沈阳、西安、郑州、天津、南京、深圳、合肥、贵阳、重庆、杭州、福州、南宁、昆明、乌鲁木齐等综合铁路枢纽。

《中长期铁路网规划》修编的是国家立足新起点，适应新形势针对未来铁路发展蓝图做出的一次重要调整和顶层设计，具有鲜明的时代特色。一是提出构建高速铁路和普速铁路两张网，体现了层次性。同时本着因地制宜，促进我国高速铁路科学发展的考虑，把高速铁路网细分为"八纵八横"主通道、区域连接线和城际客运铁路等三个层级，并原则上确定不同层级铁路的功能定位和建设技术标准，使铁路网层次结构更分明、网络功能更完善。二是提出加快中西部地区铁路建设，完善广覆盖的全国铁路网，连接20万人口以上城市、主要港口和口岸，基本覆盖县级以上行政区，意在促进空间布局优化，弥补发展短板，突出了普惠性。三是注重综合运输理念，加强了铁路与其他方式的衔接，强化了一体性。规划修编落实客运零距离换乘、物流无缝化衔接和运输一体化服务的要求，以资源富集区、主要港口和物流园区为重点，强化铁路集疏运系统建设，通过解决"最先一公里"和"最后一公里"实现提质增效。四是着眼于铁路通道与区域经济的融合发展，注重了铁路的引领性。《中长期铁路网规划》着眼于未来产业和城市群的空间形态，按照相邻大中城市 1～4 小时交通圈、城市群内 0.5～2 小时交通圈的目标，构建了"八纵八横"高铁主通道，同时规划 12 条区际快捷大能力铁路通道，推动铁路与经济联动融合发展，打造以通道和枢纽为核心的经济带、产业区，培育壮大高铁经济，对培育区域经济发展新动力、拓展经济发展新空间起到支撑和引领作用。

3. 《全国民用运输机场布局规划》

民用运输机场作为国家重要公共交通基础设施，是民航业发展的基础，在综合交通运输体系中发挥着重要作用。2008 年国务院批准实施《全国民用机场布局规划》（不含通用航空机场）以来，我国机场数量显著增加，机场密度逐渐加大，机场服务能力稳步提升。但机场总量不足、布局不尽合理等问题还较为突出，难以满足综合交通运输体系建设和经济社会发展的需要，无法适应国家重大战略实施和广大人民群众便捷出行的要求，亟须进行修编。为此，国家发展改革委、中国民用航空局联合研究编制完成了《全国民用运输机场布局规划》（送审稿），并上报国务院。2017 年 2 月，经国务院批准，国家发展改革委、中国民用航空局联合印发《全国民用运输机场布局规划》。

该规划是在 2008 年《全国民用机场布局规划》的基础上，按照统筹推进"五位一体"总体布局和协调推进"四个全面"战略布局，以及创新、协调、绿色、开放、共享发展理念的总体要求，结合"一带一路"、京津冀协同发展、长江经济带三大战略，从综合交通运输体系发展考虑，对民用运输机场建设数量、空间布局等进行了调整完善，提出了一体化衔接、绿色集约发展等政策措施，形成与高速铁路优势互补、协同发展的格局。具体内容详见附录二。

《全国民用运输机场布局规划》提出，至 2025 年，建成覆盖广泛、分布合理、功能完善、集约环保的现代化机场体系，形成 3 大世界级机场群、10 个国际枢纽、29 个区域枢纽。京津冀、长三角、珠三角世界级机场群形成并快速发展，北京、上海、广州机场国际枢纽竞争力明显加强，成都、昆明、深圳、重庆、西安、乌鲁木齐、哈尔滨等国际枢纽作用显著增强，航空运输服务覆盖面进一步扩大。完善华北、东北、华东、中南、西南、西北六大机场群，在现有（含在建）机场基础上，新增布局机场 136 个，全国民用运输机场规划布局 370 个（规划建成约 320 个）。

《全国民用运输机场布局规划》要求，做好全国民用运输机场规划布局。一是要统筹东中西部机场协同发展，加强中西部地区机场建设，有效解决边远、民族地区人民群众的出行问题，扩大航空运输服务的覆盖面；二是要统筹各种交通运输方式协调发展，注重机场与其他交通运输方式的一体化衔接，全面提升综合交通服务水平和运输效率；三是要统筹考虑运输机场、通用机场的规划建设，推进军民航融合发展，注重系统资源整合和优化配置；四是要提高机场规划、设计、建造、运营等全过程保障能力，提升空管保障水平，促进民航运输机队发展，注重专业人才培养，加强配套能力建设，提高民航运输协调发展能力和国际竞争力；五是要加强项目前期研究论证，合理确定建设方案和建设时序，把握好建设节奏，具体建设项目在五年规划中统筹安排，并严格按照国家基本建设程序办理。

4.《中欧班列建设发展规划（2016—2020 年）》

中欧班列（CHINA RAILWAY Express，缩写 CR express）是由中国铁路总公司组织，按照固定车次、线路、班期和全程运行时刻开行，运行于中国与欧洲以及"一带一路"沿线国家间的集装箱等铁路国际联运列车，是深化我国与沿线国家经贸合作的重要载体和推进"一带一路"建设的重要抓手。为推进中欧班列健康有序发展，根据党中央、国务院部署，国家发展改革委、中国铁路总公司牵头，会同有关部门和地方，共同研究编制中欧班列建设发展规划。2016 年 10 月，推进"一带一路"建设工作领导小组办公室印发了《中欧班列建设发展规划（2016—2020 年）》，全面部署未来 5 年中欧班列建设发展任务。这是中欧班列建设发展的首个顶层设计。具体内容详见附录二。

《中欧班列建设发展规划（2016—2020 年）》系统分析了中欧班列的发展环境，指出随着"一带一路"建设不断推进，我国与欧洲及沿线国家的经贸往来发展迅速，物流需求旺盛，贸易通道和贸易方式不断丰富和完善，为中欧班列带来了难得的发展机遇，也对中欧班列建设提出了新的更高要求。但是，中欧班列仍处于发展初期，还存在综合运输成本偏高、无序竞争时有发生、供需对接不充分、通关便利化有待提升，以及沿线交通基础设施和配套服务支撑能力不足等问题，迫切需要加以规范和发展完善。

《中欧班列建设发展规划（2016—2020 年）》提出，全面贯彻落实中央关于推进"一带一路"建设的战略部署，牢固树立和贯彻落实创新、协调、绿色、开放、共享的新发展理念，以提高发展质量和综合效率为中心，以优化服务、提供有效供给为主线，统筹兼顾当前和长远、地方和全局、陆运和海运、我国与沿线国家利益的关系，充分发挥政府、市场、企业的作用，将中欧班列打造成为具有国际竞争力和良好商誉度的世界知名物流品牌，成为"一带一路"建设的重要平台。

《中欧班列建设发展规划（2016—2020 年）》明确了中欧铁路运输通道、枢纽节点和运输线路的空间布局，统筹利用中欧铁路东中西三条国际联运通道，按照铁路"干支结合、枢纽集散"的班列组织方式，在内陆主要货源地、主要铁路枢纽、沿海重要港口、沿边陆路口岸等地规划设立 43 个枢纽节点，建设发展 43 条运行线，并提出完善国际贸易通道、加强物流枢纽设施建设、加大货源整合力度、创新服务模式、建立完善价格机制、构建信息服务平台、推进便利化大通关等七大任务，着力优化运输组织及集疏运系统，提高中欧班列运行效率和效益。

（二）交通运输政策

1.《关于促进通用航空业发展的指导意见》

通用航空与公共航空运输是民航业的两大支柱。通用航空业是以通用航空飞行活动为核心，涵盖通用航空器研发制造、市场运营、综合保障以及延伸服务等全产业链的战略性新兴产业体系，也是高端装备制造和新兴服务业的综合体，具有产业链条长、服务领域广、带动作用强等特点。党中央、国务院高度重视通用航空业发展。党的十八届五中全会提出，要加快完善通用航空基础设施网络。国务院领导同志也多次做出批示指示。为深入贯彻落实党中央、国务院的决策部署，2016 年国家发展改革委会同工信部、民航局等有关部门研究起草了《关于促进通用航空业发展的指导意见》（以下简称《通用航空指导意见》），经国务院第 132 次常务会议审议后，于 5 月 13 日以国务院办公厅名义印发。这是我国第一次以国务院名义对通用航空业全产业链发展做出系统部署，对全面释放消费潜力、促进产业转型升级、深化实施军民融合发展战略，实现通用航空业持续健康发展具有重要意义。

《通用航空指导意见》以突破制约通用航空业发展瓶颈、强化支撑能力建设、释放市场潜力为根本出发点，提出到 2020 年，建成500 个以上通用机场，通用航空器达到 5000 架以上，年飞行量 200万小时以上，发展形成一批具有市场竞争能力的通用航空企业，国产通用航空器在通用航空机队中的比例明显提高，通用航空业经济规模超过 1 万亿元，初步形成安全、有序、协调的发展格局。《通用航空指导意见》同时要求，按照"市场主导、政府引导，安全第一、创新驱动，重点突破、全面推进"的原则，充分发挥市场机制作用，加大改革创新力度，突出通用航空交通服务功能，大力培育通用航空市场，加快构建基础设施网络，促进产业转型升级，提升空管保障能力，努力建成布局合理、便利快捷、制造先进、安全规范、应用广泛、军民兼顾的通用航空体系。具体内容见附录二。

　　《通用航空指导意见》遵循通用航空业自身发展规律，较好地处理了通用航空与公共航空运输、其他运输方式以及交通运输系统外部环境等之间的关系，将"全面发展"、"系统发展"、"综合利用"等综合运输发展理念贯彻发展全过程中。同时，《通用航空指导意见》着力于改革创新和培育壮大新兴产业，在空域改革、机场建设、市场培育、产业发展、管理机制等方面形成了新特点。一是实现了真高 3000 米以下监视空域和报告空域无缝衔接，全国空域连成一片、分类划设，满足大部分通用航空器飞行活动的要求，加快与国际接轨；二是分类推进机场建设，简化审批程序，提出"由省级发展改革部门组织编制辖区内通用机场布局规划"，"新建通用机场项目由省级政府按照批准的规划审批（核准）"；三是突出通用航空的交通服务功能，鼓励发展短途运输，有效弥补了偏远地区、地面交通不便地区公共运输服务覆盖不足的短板；四是突出通用航空业二、三产业融合作用强的特点，统筹通用航空器设计制造、通用机场建设、通用航空飞行综合保障、市场运营及延伸服务、人才培养等环节，提出全产业链发展路径；五是注重运行安全保障，强化安全主体责任和监管责任，推动建立跨领域多部门通用航空联合监管机制。

2.《营造良好市场环境推动交通物流融合发展实施方案》

2016 年 6 月，为进一步落实物流业发展中长期规划和工业稳增长的有关部署，促进交通与物流融合发展，有效降低社会物流总体成本，进一步提升综合效率效益，国务院办公厅转发了国家发展改革委《营造良好市场环境推动交通物流融合发展实施方案》（以下简称《交通物流融合发展方案》）。具体内容见附录二。

《交通物流融合发展方案》指出，要以提质、降本、增效为导向，以融合联动为核心，充分发挥企业的市场主体作用，抓住关键环节，强化精准衔接，改革体制机制，创新管理模式，加强现代信息技术应用，推动交通物流一体化、集装化、网络化、社会化、智能化发展，构建交通物流融合发展新体系。到 2020 年，建成设施一体衔接、信息互联互通、市场公平有序、运行安全高效的交通物流发展新体系，全社会物流总费用占 GDP 的比率较 2015 年降低 2 个百分点。

《交通物流融合发展方案》要求，要着力打通全链条，构建大平台，创建新模式，加快交通、物流与互联网三者融合。一是打通衔接一体的全链条交通物流体系。完善枢纽集疏运系统，优化交通枢纽与物流节点空间布局，构建便捷通畅的骨干物流通道。重点推进多式联运，拓展国际联运服务。推行物流全程"一单制"，实现货物"一站托运、一次收费、一次认证、一单到底"，强化一体化服务保障。二是构建资源共享的交通物流平台。加快专业化经营平台建设，推动跨境交通物流及贸易平台整合衔接。打造信息共享服务平台，实现数据合作、交换与共享。加强各类平台信用记录归集，根据信用评价实行分类监管。三是创建协同联动的交通物流新模式。打造线上线下联动公路港网络，完善公路港建设和优化布局，强化综合服务功能。加大运输设备集装化、标准化推广力度，加强技术标准支撑保障。发展"互联网＋城乡配送"，推进"互联网＋供应链管理"，强化"物联网＋全程监管"。

《交通物流融合发展方案》强调，要完善体制机制，加强政策保障，构建融合发展的良好市场环境。一要优化市场环境，进一步完善相关领域市场准入制度，研究完善无车承运人管理制度，加大公路超限超载整治力度；二要统筹规划建设，制定完善全国性、区域性综合交通物流枢纽规划，加强与交通专项规划等的衔接；三要创新体制机制，推进国有运输企业混合所有制改革，推动铁路运输企业积极向现代物流企业转型，建立口岸管理部门联合查验机制和促进一体化通关；四要加大政策支持，加大交通物流公益设施用地支持，加大财政性资金、专项建设基金和信贷投放，支持企业通过发行债券、股票上市等方式多渠道融资。

3. 《关于深化改革推进出租汽车行业健康发展的指导意见》

2016 年 7 月，为贯彻落实中央关于全面深化改革的决策部署，积极稳妥地推进出租汽车行业改革，鼓励创新，促进转型，更好地满足人民群众出行需求，国务院办公厅出台了《关于深化改革推进出租汽车行业健康发展的指导意见》（以下简称《出租汽车行业发展意见》）。《出租汽车行业发展意见》共分 5 章 15 条，从明确出租汽车行业定位、深化巡游车改革、规范发展网约车和私人小客车合乘、营造良好市场环境等方面，全面提出了深化出租汽车行业改革的目标任务和重大举措。具体内容见附录二。

《出租汽车行业发展意见》要求，牢固树立和贯彻落实创新、协调、绿色、开放、共享的发展理念，充分发挥市场机制作用和政府引导作用，抓住实施"互联网＋"行动的有利时机，按照"乘客为本、改革创新、统筹兼顾、依法规范、属地管理"的基本原则，构建多样化、差异化出行服务体系，推进新老业态融合发展，切实提升服务水平和监管能力，促进出租汽车行业持续健康发展，更好地满足人民群众出行需求。

深化出租汽车改革的任务主要有以下四个方面：一是科学定位出租汽车服务。科学确定出租汽车在城市综合交通运输体系中的定位，坚持优先发展公共交通、适度发展出租汽车，统筹发展巡游车和网约车，促进两种业态逐步融合发展。由城市人民政府合理把握出租汽车运力规模及在城市综合交通运输体系中的分担比例，建立动态监测和调整机制，逐步实现市场调节。二是深化巡游车改革。新增出租汽车经营权一律实行期限制和无偿使用，现有未明确具体经营期限或已实行经营权有偿使用的，由城市人民政府制定方案，逐步过渡。构建企业和驾驶员运营风险共担、利益合理分配的经营模式，合理确定并动态调整出租汽车承包费标准或定额任务，降低过高的承包费和抵押金。建立出租汽车运价动态调整机制，充分发挥运价调节出租汽车运输市场供求关系的杠杆作用。鼓励巡游车企业转型提供网约车服务，拓展服务功能、提高服务质量，实现转型升级。三是规范发展网约车和私人小客车合乘。给予网约车合法地位，支持网约车平台公司不断创新、规范发展。明确平台公司应承担的承运人责任、具备的营运条件和需规范的经营行为。私人小客车合乘有利于缓解交通拥堵和减少空气污染，城市人民政府应制定相应规定，明确合乘服务提供者、合乘者及合乘信息服务平台等三方的权利和义务，鼓励并规范其发展。四是营造良好市场环境。完善服务设施，加快完善出租汽车管理和经营服务的法规规章和标准规范，制定出租汽车经营者和从业人员信用管理制度。创新监管方式，进一步提高行业监管透明度，强化全过程监管。建立联合监督执法机制和联合惩戒退出机制，维护公平竞争市场秩序。落实地方人民政府主体责任，建立改革领导机制，推动落实各项任务。充分发挥自主权和创造性，探索符合本地出租汽车行业发展实际的管理模式。

4.《关于推动交通提质增效提升供给服务能力的实施方案》

近年来，我国交通运输发展取得显著成就，有力地促进了经济社会发展和人民生活条件改善，但仍然存在薄弱环节和发展短板。2016年6月，为加快完善综合交通运输体系，提升综合交通质量和效率，增强交通供给服务能力，方便大众出行和降低物流成本，更好发挥交通运输对经济社会发展的支撑引领作用，国家发展改革委和交通运输部联合印发《关于推动交通提质增效提升供给服务能力的实施方案》（以下简称《交通提质增效方案》）。具体内容见附录二。

《交通提质增效方案》提出，"十三五"期间，在完善交通基础设施网络的同时，围绕综合枢纽衔接、城际交通建设、推广联程联运、发展智能交通、提升快递服务、支撑服务消费、绿色安全发展等7个方面，实施28类重大工程，到2020年，形成内涵更丰富、层次更多样、服务更优质、管理更高效的综合交通运输体系，更好地服务经济社会发展全局。《交通提质增效方案》同时提出，"十三五"期间，应畅通城市内外，便捷中转换乘，打通枢纽"梗阻"，大幅提升旅客集散效率，方便群众出行；构建以轨道交通和干线公路为骨干的多层次、一体化、高质量城际交通网；推广多式联运模式，实现运输组织的无缝衔接，发挥不同运输方式的组合优势，提高运输效率，降低社会物流成本；加强互联网等现代信息技术在交通领域的应用，提高交通资源利用效率，提升运输组织管理水平；建成普惠城乡、覆盖全国、连通世界的快递物流网络；拓展交通运输服务范围，延伸产业链和价值链，创新服务模式和培育新兴业态，支撑扩大新消费；提升交通设施设备低碳、节能、安全水平，推动技术创新，增强交通运输绿色发展能力。

《交通提质增效方案》要求，各地区、各部门要加快实施交通提质增效示范项目，通过加大投入、科技驱动，推进交通资源整合，发挥集成优势，实现联动发展。深化交通投融资体制改革，交通建设新领域面向社会资本全面开放，创新投资建设模式，推动政府与社会资本合作。各级地方政府、各部门要加强组织领导，强化责任意识，进一步细化分解方案，研究制定具体推进方案，明确阶段性目标和进度安排，确保任务分解到具体部门，项目落实到责任人。

5.《推进"互联网+"便捷交通促进智能交通发展的实施方案》

2016 年 7 月，为深入贯彻落实《国务院关于积极推进"互联网+"行动的指导意见》（国发〔2015〕40 号），促进交通与互联网深度融合，推动交通智能化发展，国家发展改革委、交通运输部联合印发了《推进"互联网+"便捷交通促进智能交通发展的实施方案》，着力完善智能运输服务系统、构建智能运行管理系统、健全智能决策支持系统、加强智能交通基础设施支撑、全面强化标准和技术支撑、营造宽松有序发展环境、实施"互联网+"便捷交通重点示范项目，全面推进交通与互联网更加广泛、更深层次的融合，加快交通信息化、智能化进程，为我国交通发展现代化提供有力支撑。具体内容见附录二。

《推进"互联网+"便捷交通促进智能交通发展的实施方案》坚持问题导向和目标导向，具有很强的针对性、前瞻性、指导性。一是突出强调了智能交通是我国交通运输发展新阶段的战略重点。近年来，大数据、物联网、云计算、互联网特别是移动互联网技术的快速发展，为交通运输提质增效升级提供了更好的条件。交通与互联网融合发展，产生了新业态，为公众出行等提供了更加便利、多元化的运输服务。二是准确把握了"互联网＋"便捷交通与智能交通之间既有所侧重、又密切相通的内在关系。"互联网＋"便捷交通是指通过互联网的创新成果与交通运输行业深度融合，实现供需双方信息高效精准对接，形成以互联网为信息基础设施和创新要素的交通运输服务，更多的是着新业态，为公众带来全方位的出行便利和高效的客货组织，强调的是多元化的服务和优质服务的获得感。而智能交通侧重于实现先进技术方法在交通系统中的全面应用，旨在优化综合交通运输体系的系统和管理，推动效率提升和组织变革，支撑安全和绿色发展，从而提高全要素生产率。三是清晰阐明了以"互联网＋"便捷交通为切入点，推动智能交通发展，进而实现交通现代化的发展路径。当前，移动互联网等新技术快速融入交通运输领域，网络约租车、互联网巴士、互联网停车、互联网汽车维修等新业态得到了快速兴起和发展，为人们提供更加多样化、定制化、高质量出行服务，正处于发展风口浪尖，应很好地利用该发展机遇，加以推动、因势利导。同时，基于"互联网＋"便捷交通与智能交通的相通性，新业态的市场主体也在朝着智能交通领域不断推进，如 Google、百度等公司都在研发推广无人驾驶车辆等，本身就是智能交通的内容。四是研究提出了新时期智能交通发展体系框架，即"三系统、两支撑、一环境"。"三系统"包括从用户和提高服务质量角度提出的"完善智能运输服务系统"、从企业和提高运行效率角度提出的"构建智能运行管理系统"、从政府和提升决策监管水平角度提出的"健全智能决策支持系统"；"两支撑"是指侧重硬件的"加强智能交通基础设施支撑"和侧重软件的"全面强化标准和技术支撑"；另外还包括为新业态、新模式"营造宽松有序发展环境"。该智能交通体系框架是新时期我国发展智能交通的有益探索和尝试，是基于现阶段的技术发展和认识水平提出的，仍需要在实践中不断接受检验和调整完善。

6.《关于打造现代综合客运枢纽提高旅客出行质量效率的实施意见》

当前，我国综合交通运输体系初步建成，各种运输方式快速发展，基础设施网络规模不断提升。但是，综合交通运输整体效率还不高，服务水平与经济社会发展要求相比还有较大差距，特别是各种交通方式之间衔接不畅，旅客中转换乘不便，综合交通优势难以有效发挥。综合客运枢纽是交通方式之间和区域之间大规模客流组织换乘的大型交通站场，是提高客运效率的关键，是提升服务质量的核心。为建设完善的现代交通运输体系，更好地促进交通提质增效，打造现代综合客运枢纽，2016年5月国家发展改革委印发《关于打造现代综合客运枢纽提高旅客出行质量效率的实施意见》，将综合客运枢纽建设作为推动交通提质增效的重点，以方便旅客、提高综合效率为核心，统筹规划建设和管理，加快推进交通供给侧结构性改革，全面提升交通运输服务质量，更好地支撑和引领经济社会发展。具体内容见附录二。

《关于打造现代综合客运枢纽提高旅客出行质量效率的实施意见》提出，到2020年，基本建成内涵更加丰富、服务更加优质、布局更加合理、运行更加高效、功能更加完善的现代综合客运枢纽系统，一体衔接、综合服务、中转集散、内外辐射能力进一步增强，客运现代化水平显著提升，有效满足人们日益提升的出行需求。具体来讲，一是在全国重要综合交通枢纽城市，打造100个以大型高铁车站为主和 50 个以机场为主的现代化、立体式综合客运枢纽。日高峰小时旅客发送量超过 5000 人的大型高铁车站以及年吞吐量超过 1000 万人次的机场基本实现城市轨道交通等多种交通方式连接。二是在部分综合交通枢纽城市开展示范推广，以综合客运枢纽为中心，建成一批与城市空间、产业发展联动融合、综合开发的立体式、复合型城市综合体。三是基本实现城市内大型综合客运枢纽之间以及内部各种运输方式班次、时刻、运行状态等信息资源的互联互通、共享共用，并向社会公众及时公布。

7.《"十三五"长江经济带港口多式联运建设实施方案》

为贯彻落实长江经济带发展战略，推动交通物流融合发展，加快长江港口集疏运体系建设，提升货物中转能力和效率，提高运输服务质量，2016 年 12 月国家发展改革委联合交通运输部、中国铁路总公司出台了《"十三五"长江经济带港口多式联运建设实施方案》（以下简称《长江港口多式联运方案》）。《长江港口多式联运方案》的出台，为推动长江经济带建设和港口多式联运系统的建设发展指明了方向。具体内容详见附录二。

《长江港口多式联运方案》指出，要以长江航运中心和枢纽港口为重点，强化集疏运服务功能，提升货物中转能力和效率，提高多式联运服务质量，促进交通物流融合发展，为构建便捷高效的综合立体交通走廊提供有力支撑。《长江港口多式联运方案》要求，统筹考虑各种运输方式规划的有效衔接及功能匹配，加快铁路、高等级公路等与重要港区的连接线建设，有效解决"最后一公里"问题，实现港口与铁路、公路运输衔接互通，提升运输服务一体化水平。到 2020 年，我国将建成便捷高效的长江经济带港口多式联运系统。届时，长江经济带航运中心、航运物流中心具备完善的多式联运功能，重要港口、一般港口多式联运功能显著增强；公水联运、铁水联运、水水联运等多种模式协同发展，集装箱和大宗货物铁水联运比重持续提升；以港口为中心的铁、公、水多式联运信息共享更加顺畅，服务质量明显改善。

《长江港口多式联运方案》以优先支持长江经济带枢纽港口多式联运系统为首要重点任务，明确表达了按照生态优先、绿色发展，共抓大保护，不搞大开发的政策意图。同时，《长江港口多式联运方案》与《国务院办公厅关于转发国家发展改革委营造良好市场环境推动交通物流融合发展实施方案的通知》（国办发〔2016〕43 号）在发展战略、思路和政策上具有融通性，即通过"全链条、大平台、新模式"，有效延伸长江经济带运输与物流服务产业链，形成有运输服务衔接支撑的各种运输服务的增值空间和利益共同点，为长江经济带港口多式联运系统的建设提供全新的发展理念和模式支持。长江经济带港口多式联运系统的建设，既是实施《长江经济带发展规划纲要》的有效举措，又是促进交通与物流融合的具体体现。

8. 《关于进一步贯彻落实"三大战略"发挥高速公路支撑引领作用的实施意见》

为深入贯彻落实"一带一路"建设、京津冀协同发展、长江经济带发展战略，科学合理有序推进高速公路建设，更好发挥高速公路基础支撑和先导引领作用，2016 年 12 月，国家发展改革委与交通运输部联合印发《关于进一步贯彻落实"三大战略"发挥高速公路支撑引领作用的实施意见》（以下简称《高速公路支撑引领实施意见》）。

《高速公路支撑引领实施意见》提出，重点推进"四通四连"高速公路建设，经过 5 年至 10 年，基本形成以国家高速公路为骨架、地方高速公路为补充的内外互联、区域互通、高效衔接的高速公路网络，路网整体通行能力、通达效率和机动灵活性显著增强，有力支撑"三大战略"发展。根据《高速公路支撑引领实施意见》，"四通四连"高速公路建设任务包括：贯通支撑"三大战略"的国家高速公路主通道，打通地方高速公路省际通道，畅通主要城市群内城际通道，疏通主要节点城市进出通道，推进连接沿边口岸高速公路建设，推进连接沿海港口高速公路建设，推进连接沿江港口高速公路建设以及推进连接民用机场高速公路建设。

《高速公路支撑引领实施意见》指出，要以连通"一带一路"主要节点城市、服务京津冀协同发展和横贯长江经济带的国家高速公路为骨架，加快国家高速公路未贯通路段建设，加强国家高速公路主通道拥挤路段扩容改造，全面提升通道服务能力。围绕新亚欧大陆桥、中蒙俄等"一带一路"国际经济走廊，重点支持连接新疆丝绸之路经济带核心区口岸的高速公路建设与福建 21 世纪海上丝绸之路核心区港口连接内陆腹地的高速公路建设，扩大港口对内辐射范围，重点推进新建机场的高速公路建设，优化完善已建机场的高速公路集疏运网络。《高速公路支撑引领实施意见》要求，各级地方政府要加强跨省（自治区、直辖市）项目对接，做好前期论证；加强政策支持，继续加大车购税等中央资金的投入，支持利用专项建设基金；创新融资模式，推广政府和社会资本合作模式，鼓励优质企业发行企业债券用于高速公路建设。提高项目审批效率，力争项目尽快开工建设。

四、述评：改革创新，释放改革红利，激发新的发展活力

2016 年，交通运输领域锐意改革，积极作为，编制了重大规划、出台了一系列政策文件，逐步释放改革红利、激发交通发展活

力，有效地促进了交通运输业健康可持续发展。

一是政策内容有创新。新时期新形势下，围绕主动适应经济发展新常态和全面建成小康社会目标要求，创新性研究并出台了一系列行之有效的指导意见或实施方案。譬如，为了切实有效降低社会物流总体成本，进一步提升综合效率效益，国家发展改革委率先提出促进交通与物流融合发展，并制定出台《营造良好市场环境推动交通物流融合发展实施方案》。

二是政策实施有成效。交通运输供给整体效率得到了有效提升，交通基础设施短板得到加强。区域骨干交通网、农村交通基础网和城市停车场建设进一步推进；降本增效成果显著，铁路集装箱运量快速增长，货车运输空驶率明显下降，社会物流总费用占比降低了1.1个百分点；运输服务品质不断提升，综合交通枢纽换乘换装更加便捷高效，联程联运发展迅速；交通智能化步伐加快，服务模式不断创新，共享交通、定制交通蓬勃发展。

三是改革进展有突破。交通运输领域进一步下放政府投资交通项目审批权，交通行政管理的有效性和服务的主动性不断增强，交通运输领域"放管服"改革成效明显。铁路、城市轨道、公路等领域交通项目PPP模式有序推进，交通投融资体制改革取得新进展。交通运输管理制度不断完善，行业治理能力全面提升。

随着先进信息技术和服务方式更迭创新，交通运输与经济社会融合互动、互促共进的态势日益明显，新领域、新业态、新模式不断涌现，传统交通运输发展思路、既有供给模式、现行管理方式和保障机制已难以适应发展的需要，如何推动交通运输与经济社会深度融合发展，优化供给服务质量，是当前亟待研究解决的问题。

2016年国务院、国家发展改革委交通运输政策文件颁发情况见表2-1。

表 2-1 2016 年国务院、国家发展改革委交通运输政策文件颁发情况

序号	文件名称	文件号	发文单位	颁发日期
1	关于促进通用航空业发展的指导意见	国办发〔2016〕38 号	国务院办公厅	2016 年 5 月 13 日
2	关于转发国家发展改革委《营造良好市场环境推动交通物流融合发展实施方案》的通知	国办发〔2016〕43 号	国务院办公厅	2016 年 6 月 10 日
3	关于深化改革推进出租汽车行业健康发展的指导意见	国办发〔2016〕58 号	国务院办公厅	2016 年 7 月 28 日
4	关于印发《交通基础设施重大工程建设三年行动计划》的通知	发改基础〔2016〕730 号	国家发展改革委、交通运输部	2016 年 3 月 28 日
5	关于印发《中西部地区铁路项目中央预算内投资管理暂行办法》的通知	发改基础〔2016〕747 号	国家发展改革委	2016 年 4 月 4 日
6	关于印发"十三五"西部和农村地区邮政普遍服务以及全国邮政机要交通基础设施建设工作方案》的通知	发改办基础〔2016〕917 号	国家发展改革委办公厅	2016 年 4 月 9 日
7	关于加快推进 2016 年机场项目前期工作的通知	发改办基础〔2016〕968 号	国家发展改革委办公厅、民航局综合司	2016 年 4 月 14 日
8	关于印发《进一步发挥交通扶贫脱贫攻坚基础支撑作用的实施意见》的通知	发改基础〔2016〕926 号	国家发展改革委、交通运输部、国务院扶贫办	2016 年 4 月 29 日
9	印发《关于打造现代综合客运枢纽提高旅客出行质量效率的实施意见》的通知	发改基础〔2016〕952 号	国家发展改革委	2016 年 5 月 3 日
10	关于开展"十三五"民航机场改扩建和迁建项目前期工作有关事项的通知	发改办基础〔2016〕1143 号	国家发展改革委办公厅、民航局综合司	2016 年 5 月 4 日
11	关于完善铁路普通旅客列车软座、软卧票价形成机制有关问题的通知	发改价格〔2016〕1191 号	国家发展改革委	2016 年 6 月 5 日

续表

序号	文件名称	文件号	发文单位	颁发日期
12	印发《关于推动交通运输提质增效提升供给服务能力的实施方案》的通知	发改基础〔2016〕1198号	交通运输部	2016年6月6日
13	关于加强干线公路与城市道路有效衔接的指导意见	发改基础〔2016〕1290号	国家发展改革委、交通运输部、住房和城乡建设部、国土资源部	2016年6月14日
14	中西部支线机场和西部干线机场项目中央预算内投资管理办法	发改基础〔2016〕1369号	国家发展改革委	2016年6月25日
15	邮政基础设施项目中央预算内投资管理暂行办法	发改基础〔2016〕1369号	国家发展改革委	2016年6月25日
16	关于印发《中长期铁路网规划》的通知	发改基础〔2016〕1536号	国家发展改革委、交通运输部、中国铁路总公司	2016年7月13日
17	关于印发《推进"互联网+"便捷交通促进智能交通发展的实施方案》的通知	发改基础〔2016〕1681号	国家发展改革委、交通运输部	2016年7月30日
18	关于印发《近期推进通用航空业发展的重点任务》的通知	发改基础〔2016〕2160号	国家发展改革委	2016年10月11日
19	关于做好通用航空示范推广有关工作的通知	发改基础〔2016〕2363号	国家发展改革委、民航局、体育总局、旅游局	2016年11月7日
20	关于印发"十三五"长江经济带港口多式联运建设实施方案》的通知	发改基础〔2016〕2588号	国家发展改革委、交通运输部、中国铁路总公司	2016年12月7日
21	关于进一步贯彻落实"三大战略"发挥高速公路支撑引领作用的实施意见	发改基础〔2016〕2806号	国家发展改革委、交通运输部	2016年12月30日

注：1. 文件形式包括规划、意见、决定、通知、办法等；
2. 文件范围指国家发展改革委颁发、联合其他部委颁发，与交通运输相关的国务院/国办/中办发文等文件。

Chapter 03

第三章
交通建设

　　2016 年，交通建设牢固树立和贯彻落实新发展理念，紧紧围绕供给侧结构性改革、适度扩大总需求、释放新动能，主动适应经济发展新常态，各项工作取得积极实质进展，实现"十三五"良好开局。2016 年，交通领域（含城市轨道交通）完成固定资产投资 3.25 万亿元，铁路营业里程稳步增长，公路网络水平继续提高，水运基础设施不断改善，民航机场数量稳定增加，城市轨道交通快速发展。同时，国务院、中央军委和国家发展改革委共批复重大交通项目 65 个，涉及总投资约 11600 亿元；国务院、国家发展改革委批复的交通建设规划共 13 项，涉及总投资约 9600亿元。

一、交通建设进展情况

（一）铁路设施规模稳步扩大，高铁营业里程快速增长

全国完成铁路固定资产投资 8015 亿元，投产新线 3281 公里，其中高速铁路 1903 公里。截至 2016 年年底，全国铁路营业里程达到 12.4 万公里，比上年末增长 2.5％，其中高速铁路达到 2.2 万公里以上，占世界高铁总里程的 60％以上。全国铁路路网密度 129.2 公里/万平方公里，比上年末增加 3.2 公里/万平方公里。其中，铁路复线里程达到 6.8 万公里，比上年末增长 5.2％，复线率达 54.9％，比上年末提高 1.4 个百分点；电气化里程达到 8.0 万公里，比上年末增长 7.4％，电化率达 64.8％，比上年末提高 3.0 个百分点。中西部铁路营业里程扩充至 9.5 万公里，占比达 76.6％。西部地区铁路营业里程达到 5.0 万公里，比上年末增加 2231 公里，增长 4.6％。

2016 年，在各方面的共同努力下，铁路建设继续保持良好势头，完成投资连续三年保持在 8000 亿元以上，新开工项目 46 个。郑徐高铁、渝万高铁、沪昆高铁贵阳至昆明段、云桂铁路百色至昆明段等一批重大项目建成投产，郑徐、沪昆高铁的贯通使"四纵四横"高铁网基本建成，铁路网规模和质量进一步提升，对经济社会发展的运输保障能力不断增强。全年批复新开工项目 63 个，总投资规模约 9557 亿元，为完成 2017 年乃至"十三五"规划建设任务奠定良好基础。

2016 年全国铁路路网规模见图 3-1；2016 年全国重大铁路项目建成投产情况见表 3-1。

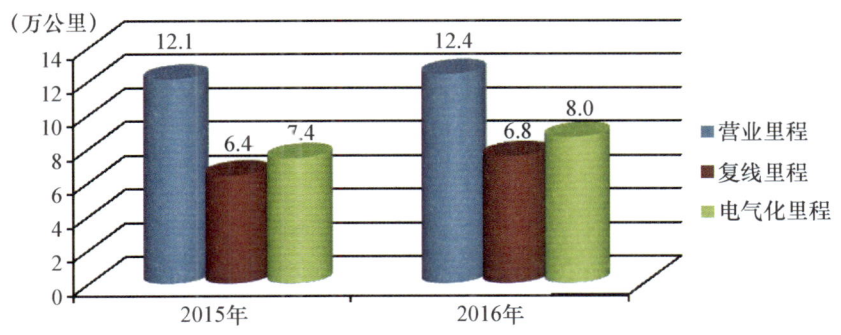

图 3-1 2016 年全国铁路路网规模

资料来源：《2016 年铁道统计公报》。

表 3-1 2016 年全国重大铁路项目建成投产情况

序号	铁路项目	长度（公里）	设计时速（公里/小时）	总投资（亿元）	开工建成时间	
					开工时间	通车时间
1	郑州至徐州高铁	362	350	480	2012-12	2016-09
2	重庆至万州高铁	245	250	312	2010-12	2016-11
3	青岛至荣成城际铁路	315	200	371	2010-10	2016-11
4	武汉至孝感城际铁路	61-07	200/250	106	2009-03	2016-12
5	长株潭城际铁路	104	200	233	2010-06	2016-12
6	沪昆高铁贵阳至昆明段	463	300	—	2009-04	2016-12
7	兰渝铁路岷县至广元段	293	160	—	2008-09	2016-12
8	云桂铁路昆明至百色段	486	200	—	2009-12	2016-12

资料来源：本报告搜集整理。

（二）公路设施网络水平提高，农村公路建设不断完善

全年完成公路建设投资 17976 亿元，新增高速公路 7400 公里，新改建农村公路 29.9 万公里。截至 2016 年年底，公路通车总里程达 469.63 万公里，比上年末增加 11.9 万公里。全国公路路网密度 48.92 公里/百平方公里，比上年末增加 1.24 公里/百平方公里。其中，高速公路里程突破 13 万公里，达到 13.1 万公里，比上年末增

加 0.74 万公里。全国等级公路里程达到 422.65 万公里，比上年末增加 18.03 万公里，等级公路占公路总里程 90%，提高 1.6 个百分点。其中，二级及以上公路里程达到 60.12 万公里，比上年末增加 2.63 万公里，占公路总里程 12.8%，提高 0.2 个百分点。

"百万公里农村公路建设"工程有序推进，农村公路里程达到 395.98 万公里。全国通硬化路面的乡（镇）占全国乡（镇）总数的 99.99%，比上年末提高 1.3 个百分点；通硬化路面的建制村占全国建制村总数的 96.69%，比上年末提高 2.24 个百分点。

2016 年，全年公路投资超额完成 1.65 万亿元任务目标，高速公路和普通干线公路待贯通路段建设改造持续加快，农村交通基础设施水平不断提升，推动物流业"降本增效"成果显著。

2016 年全国公路路网规模见图 3-2。

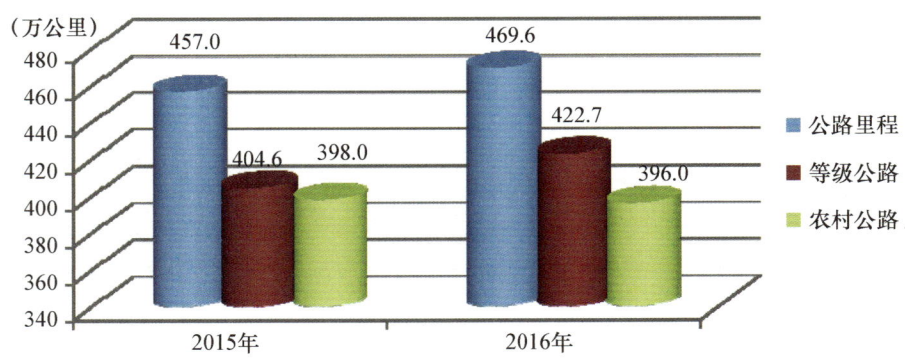

图 3-2　2016 年全国公路路网规模

资料来源：《2016 年交通运输行业发展统计公报》。

（三）水运基础设施不断改善，航道等级结构持续优化

全年完成水运建设投资 1417 亿元，全年新增及改善内河航道里

程 750 公里。截至 2016 年年底，全国内河航道通航里程 12.71 万公里，比上年末增加 0.01 万公里。等级航道里程 6.64 万公里，占总里程的 52.3%，提高 0.1 个百分点。其中，三级及以上航道 1.21 万公里，五级及以上航道 3.04 万公里，分别占总里程的 9.5% 和 23.94%，分别提高 0.4 个和 0.24 个百分点。

全国港口拥有万吨级及以上泊位 2317 个，比上年末增加 96 个。其中，专业化泊位 1223 个，通用散货泊位 506 个，通用件杂货泊位 381 个，比上年末分别增加 50 个、33 个和 10 个。内河港口新建及改（扩）建码头泊位 173 个，新增通过能力 13335 万吨，其中万吨级及以上泊位新增通过能力 3989 万吨；沿海港口新建及改（扩）建码头泊位 171 个，新增通过能力 22487 万吨，其中万吨级及以上泊位新增通过能力 21019 万吨。

2016 年，长江黄金水道功能日益凸显，长江南京以下 12.5 米深水航道成功初通，长江干线航道整治、上海洋山港四期等工程有序实施。南海导助航设施建设有序推进，南沙 5 座灯塔顺利建成，有力保障了航行安全、维护了国家海洋权益。

2016 年全国水路路网规模见图 3-3。

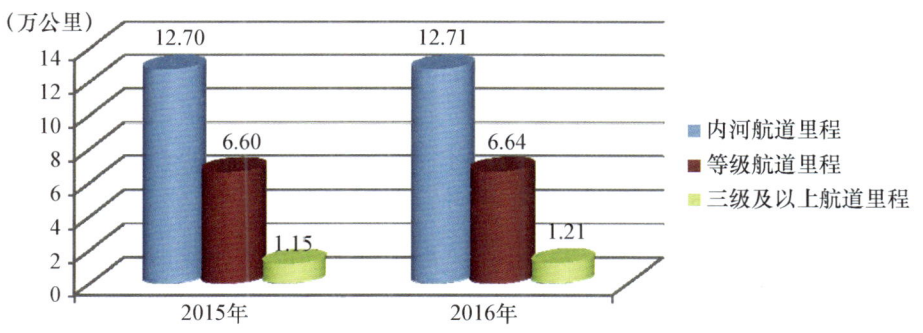

图 3-3　2016 年全国水路路网规模

资料来源：《2016 年交通运输行业发展统计公报》。

（四）民航机场数量稳定增加，主要集中在中西部地区

全年完成民航建设投资 782 亿元，新增运输（颁证）机场 8 个。截至 2016 年年底，我国境内民用航空（颁证）机场达到 218 个（不含香港、澳门和台湾地区），比上年末增加了 8 个，其中有 7 个位于中西部地区；机场覆盖度达到 2.27 个/10 万平方公里，比上年末提高了 0.07 个/10 万平方公里。其中，定期航班通航机场 216 个，比上年末增加了 10 个；定期航班通航城市 214 个，比上年末增加了 9 个。

2016 年，以重大工程包为重点，新开工建设成都新机场、重庆武隆机场、黑龙江五大连池机场、黑龙江建三江机场、新疆图木舒克机场及迁建四川宜宾机场、广西梧州机场等一批机场工程项目。

为支持机场建设，先后分两批下达民航中央预算内投资计划 44 亿元，用于新建图木舒克、松原等 25 个机场项目。提出专项建设基金安排建议，先后三批安排专项建设基金 160 亿元，用于北京新机场、青岛新机场，宁波、桂林、海口机场扩建等 47 个机场项目建设，有效缓解了重大项目资金筹措压力，对保障项目顺利实施发挥了积极作用。

2016 年全国机场数量见图 3-4；2016 年全国运输机场项目建成投产情况见表 3-2。

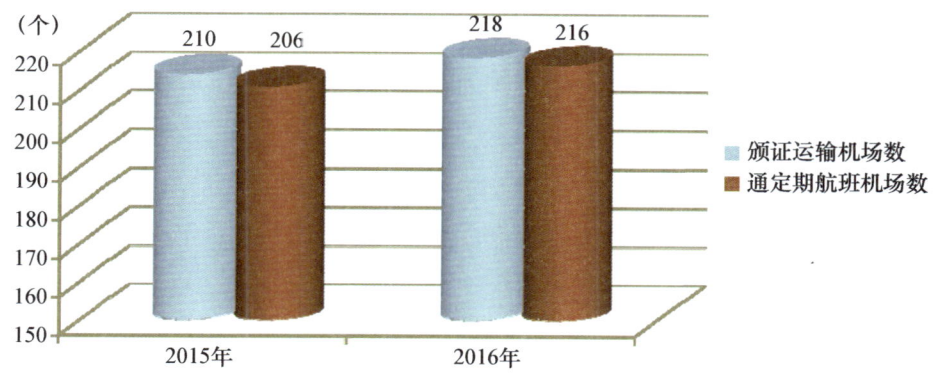

图 3-4 2016 年全国机场数量

资料来源：《2016 年民航行业发展统计公报》。

表 3-2　　　　　2016 年全国运输机场项目建成投产情况

序号	机场项目	飞行区等级	总投资（亿元）	建成时间
1	山西临汾机场	4C	12.9	2016-01
2	湖北十堰机场	4C	16.3	2016-02
3	福建三明机场	4C	25.0	2016-03
4	海南琼海机场	4C	19.1	2016-03
5	青海果洛机场	4C	11.7	2016-07
6	内蒙古乌兰察布机场	4C	5.2	2016-03
7	内蒙古扎兰屯机场	4C	7.3	2016-12
8	云南沧源机场	4C	12.9	2016-12

资料来源：本报告搜集整理。

（五）在建城轨里程快速增加，网络化运营渐成趋势

全年完成城市轨道交通投资 3847 亿元，新增运营线路里程 522 公里。截至 2016 年年底，全国开通城市轨道交通（不含有轨电车和利用既有线开行市域列车的市域（郊）铁路）的城市共 28 个，比上

年末增加 4 个。开通线路 114 条，比上年末增加 15 条。开通线路运营总长度 3767 公里，比上年末增加 522 公里，年度增加运营线路长度创历史新高，首次超过 500 公里。其中，地铁运营线路 3169 公里，比上年末增加 511 公里，占 84.5%，比上年提高 2.2 个百分点；其他制式城市轨道交通运营线路长度 581 公里，比上年末增加 11 公里，占 15.5%。

截至 2016 年年底，拥有 2 条以上城轨交通线路的城市 21 个，占 28 个运营城市的 75%，网络化运营成为主要趋势。在建线路总规模 5301 公里，其中地铁在建线路 4925 公里。

2016 年城市轨道交通规模见图 3-5；2016 年全国城市轨道交通在建情况见表 3-3。

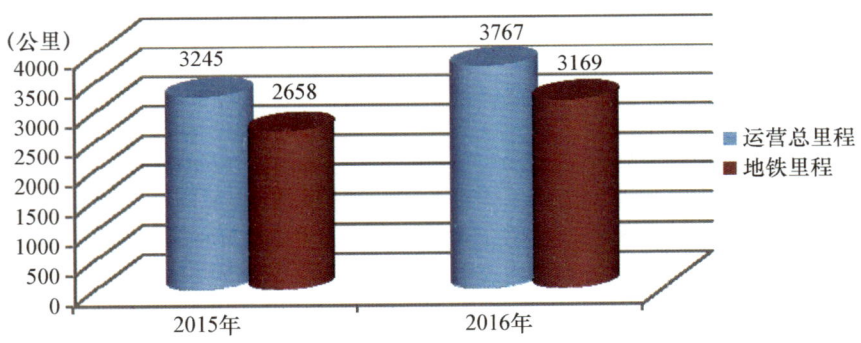

图 3-5　2016 年全国城市轨道交通规模

资料来源：根据《城市轨道交通 2016 年统计和分析报告》数据整理计算。

表 3-3　　　　　　　　　　　2016 年全国城市轨道交通在建情况

在建规模	在建城市
超过 300 公里	成都、武汉、广州、青岛、北京
150～300 公里	深圳、上海、天津、重庆、南京、厦门、杭州、西安、苏州、长沙
100～150 公里	昆明、宁波、南昌、佛山、温州、南宁、沈阳、福州

资料来源：根据《城市轨道交通 2016 年统计和分析报告》整理。

二、重大交通建设项目

（一）国家铁路项目

2016 年，国家发展改革委共批复 19 项铁路项目，批复总里程达到 4430 公里，估算总投资 5944 亿元。分审批方式看，审批项目 13 项，核准项目 6 项。分项目性质看，全部为新建铁路项目。分投资主体看，中央地方合资项目 13 项，政府和社会资本合作模式（PPP）项目 2 项，企业投资为主项目 4 项。

在批复新建铁路项目中，批复高速铁路项目 13 项，总里程 3286 公里，估算总投资 5157 亿元，分别占批复项目总里程和总投资的 74.18％和 86.76％；批复普通铁路项目 6 项，总里程 1144 公里，估算总投资 787 亿元，分别占批复项目总里程和总投资的 25.82％和 13.24％。

（二）公路项目

2016 年，国家发展改革委共批复 30 项公路项目，批复总里程达到 3685 公里，估算总投资 4259 亿元。分审批方式看，审批项目 27 项，核准项目 3 项。分项目性质看，批复新建国家高速公路项目 26 项，总里程 3640 公里，估算总投资 4158 亿元，分别占批复项目总里程和总投资的 98.79％和 97.63％；新建公路大桥项目 3 项，总里程 12 公里，估算总投资 66 亿元，分别占批复项目总里程和总投资的 0.32％和 1.55％；公路改扩建项目 1 项，总里程 33 公里，估算总投资 35 亿元，分别占批复项目总里程和总投资的 0.89％和 0.82％。

（三）水运项目

2016 年，国家发展改革委共批复 2 项水运项目，估算总投资 95 亿元。分审批方式看，审批项目 1 项，核准项目 1 项。分项目性质看，批复新建码头泊位项目 1 项，估算总投资 19 亿元，占批复项目总投资的 20％；航道项目 1 项，估算总投资 76 亿元，占批复项目总投资的 80％。

（四）机场项目

2016 年，国务院、中央军委和国家发展改革委共批复 14 项机场项目，估算总投资 1313 亿元。分审批环节看，国务院、中央军委批复新建机场立项 7 项，估算总投资 330 亿元；国家发展改革委批复机场可行性研究报告 7 项，估算总投资 983 亿元。

在批复机场可行性研究报告中，批复新建、迁建机场项目 6 项，估算总投资 787 亿元，占批复机场可行性研究报告总投资的 80.06％；批复机场改扩建项目 1 项，估算总投资 196 亿元，占批复机场可行性研究报告总投资的 19.94％。

2016 年批复的国家铁路、公路、水运和机场项目分别见表 3-4、表 3-5、表 3-6 和表 3-7。

三、重大交通建设规划

2016 年，由国务院、国家发展改革委批复的交通建设规划共 13

项，批复近期建设项目 53 个，批复里程达到 2186 公里，总投资 9603 亿元。截至 2016 年兰底，国家已批准 43 个城市的城市轨道交通建设规划和 16 个城市群轨道交通建设规划。

在 2016 年批复规划中，批复城市轨道交通建设规划 12 项，批复近期建设项目 44 个，批复里程达到 1086 公里，总投资 7133 亿元；批复城际铁路建设规划 1 项，批复建设项目 9 个，批复里程达到 1100 公里，总投资 2470 亿元。

2016 年批复的交通建设规划见表 3-8。

四、述评：以补短板为重点，推进交通运输供给侧结构性改革

与发达国家相比，我国交通基础设施建设还有较大的发展空间，是我国当前积极扩大有效投资的关键领域之一。交通运输的行业特征决定，在供给侧结构性改革"三去一降一补"的任务中，交通应该重视从"补短板"发力。

《"十三五"现代综合交通运输体系发展规划》指出，中西部地区、贫困地区和城市群地区是交通发展的短板。"十三五"开局之年，交通建设重点围绕三大短板，推进交通运输供给侧结构性改革。

补中西部地区短板。2016 年投产的重大铁路项目大部分位于中西部地区，沪昆高速铁路云南段的开通，使得 2004 年规划的"四纵四横"客运专线初步建成。新投产的机场中，75％位居中西部地区。

补贫困地区的短板。2016 年"百万公里农村公路建设"和"百项交通扶贫骨干通道工程"有序推进，完成新改建农村公路 20 万公里，交通"惠民生"作用显著。

补城市群交通短板。2016 年推出的首批社会资本投资铁路示范项目中，城际铁路占半壁；城市轨道交通在建规模超过 5000 公里，达到历史之最。

短板补齐非一朝一夕之力，2016 年国家发展改革委围绕中西部、贫困地区和城市群交通三大短板，批复大量铁路、机场、公路等交通建设重大项目。持之以恒、假以时日，"十三五"期补齐交通运输发展短板必将取得显著效果。

表 3-4

2016 年批复国家铁路项目

序号	项目名称	投资主体	建设地点	设计时速（公里/小时）	建设内容	建设工期	总投资（亿元）
1	新建浦城至梅州铁路建宁至冠豸山段	中铁总、福建省	建宁、宁化、清流、连城	160	新建浦城至梅州铁路建宁至冠豸山段162公里，配套建设建宁县北站疏解线等相关工程	4.5年	110.96
2	新建太原至焦作铁路	中铁总、山西省、河南省	太原、晋中、武乡、襄垣、高平、晋城、焦作	250	新建太原至焦作高速铁路362公里	4.5年	431.3
3	新建兴国之泉州铁路宁化至泉州段	中铁总、福建省	宁化、清流、明溪、永安、大田、德化、安溪、南安、泉州	160	新建兴国之泉州铁路宁化至泉州段302公里，配套建设泉州地区货车外绕线等相关工程	4.5年	273.4
4	新建三门峡至禹州铁路	河南禹亳铁路发展有限公司	三门峡、洛宁、伊川、汝阳、汝州、禹州	120	新建三门峡至黄道段227公里，改建黄道至禹州段37公里	3.5年	179.23
5	新建北京至天津滨海新区铁路宝坻至滨海新区段	京滨城际铁路有限责任公司	宝坻、武清、北辰、东丽、滨海新区	250	新建北京至天津滨海新区高速铁路宝坻至滨海新区段97.8公里	4年	238.1
6	新建兴国之泉州铁路兴国至宁化段	中铁总、江西省、福建省	兴国、宁都、石城、宁化	160	新建兴国之泉州铁路兴国至宁化段159公里，配套建设兴国地区疏解线等相关工程	4.5年	98.8

续表

序号	项目名称	投资主体	建设地点	设计时速 （公里/小时）	建设内容	建设 工期	总投资 （亿元）
7	新建克拉玛依至塔城铁路铁厂沟至塔城段	中铁总、新疆维吾尔自治区	托里、额敏、塔城	120	新建克拉玛依至塔城铁路铁厂沟至塔城段173.1公里	2.5年	37.14
8	新建连云港至徐州铁路	中铁总、江苏省	连云港、东海、新沂、邳州、徐州	350	新建连云港至徐州高速铁路180.4公里	3.5年	281.7
9	新建贵阳至南宁铁路	中铁总、贵州省、广西壮族自治区	贵阳、都匀、独山、荔波、金城江、都安、马山、武鸣、南宁	350	新建贵阳至南宁高速铁路482公里、配套扩建贵安站等相关工程	6年	757.6
10	新建牡丹江至佳木斯铁路	中铁总、黑龙江省	牡丹江、鸡西、七台河、双鸭山、佳木斯	250	新建牡丹江至佳木斯高速铁路375公里，配套建设牡丹江动车运用所等相关工程	4.5年	385.6
11	新建张家界经吉首至怀化铁路	中铁总、湖南省	张家界、吉首、凤凰、麻阳、怀化	350	新建张家界经吉首至怀化高速铁路246.6公里	5年	382.4
12	新建神木至瓦塘铁路红柳林至冯家川段	陕西冯红铁路有限责任公司	红柳林、神木、府谷、保德、冯家川		新建神木至瓦塘铁路红柳林至冯家川段84.4公里，配套建设煤炭储装运设施	3年	87.5
13	新建赣州至深圳铁路	中铁总、江西省、广东省	赣州、河源、惠州、东莞、深圳	350	新建赣州至深圳高速铁路432公里	4年	641.3

续表

序号	项目名称	投资主体	建设地点	设计时速（公里/小时）	建设内容	建设工期	总投资（亿元）
14	新建北京至唐山铁路	京唐城际铁路有限公司	通州、廊坊、宝坻、唐山	200、350	新建北京至唐山高速铁路148.7公里，配套建设大厂、唐山动车运用所等相关工程	4年	449
15	新建朝阳至秦沈高铁凌海南站铁路联络线工程	中铁总、辽宁省公司	朝阳、北票、锦州	350	新建朝阳至秦沈高速铁路凌海南站高速联络线104公里	4年	115.94
16	新建中卫至兰州铁路	中铁总、甘肃省、宁夏回族自治区	中卫、平川、靖远、白银、兰州新区	250	新建中卫至兰州高速铁路218公里	5年	298.21
17	新建杭州经绍兴至台州铁路	浙江省及民营企业等	越城、上虞、新昌、天台、椒江、路桥、温岭	350	新建杭州经绍兴至台州高速铁路269公里	4年	448.9
18	新建杭州至温州铁路义乌至温州段	浙江省及民营企业等	义乌、金华、台州、温州	350	新建杭州至温州高速铁路义乌至温州段201公里，配套建设温州南动车运用所等相关工程	4年	390.1
19	新建安庆至九江铁路	中铁总、安徽省、湖北省、江西省	安庆、怀宁、潜山、太湖、宿松、黄梅、九江	350	新建安庆至九江高速铁路169公里，配套建设新安庆西至安庆南段联络线等相关工程	5年	336.3

表 3-5　2016 年批复公路项目

序号	项目名称	投资主体	建设地点	建设内容	总投资（亿元）
1	重庆市城口（陕渝界）至开县公路	重庆高速公路集团有限公司	城口、鸡鸣、双河口、白鹤、开县	双向四车道高速公路 133 公里	236.69
2	四川省仁寿至屏山新市公路	四川仁沐高速公路有限责任公司	仁寿、井研、犍为、沐川、屏山	双向四车道高速公路 157 公里	245.26
3	福建省永泰梧桐至尤溪中仙公路	福州市交通建设集团有限公司、三明市交通建设投资有限公司	梧桐、嵩口、中仙	双向六车道高速公路 65.8 公里	87.29
4	吉林省龙井至大蒲柴河公路	吉林省高速公路集团有限公司	龙井、头道、西城、和龙、石磨洞、松江、两江、大蒲柴河	双向四车道高速公路 134 公里，配套建设松江至二道白河联络线等相关工程	115.62
5	山东省高青至广饶公路	山东高速集团有限公司	高青、庞家、陈户、花官、辛庄子	双向四车道高速公路 54 公里	45.3
6	京秦高速公路北京东六环至京冀界段	北京市首都公路发展集团有限公司	小营、霍里、西赵、港北、高各庄	双向六车道高速公路 6.3 公里	28.68
7	甘肃省平凉至天水公路	甘肃省公路建设管理集团有限公司	华亭、西华、韩店、庄浪、万泉、安伏、秦安、渭南、西什里铺	双向四车道高速公路 172 公里	225.65
8	内蒙古自治区苏尼特右旗至化德（蒙冀界）公路	内蒙古自治区交通运输厅	苏尼特右旗、镶黄旗、化德	双向四车道高速公路 157 公里	66.5
9	浙江省文成至泰顺（浙闽界）公路	温州市文泰高速公路有限公司	文成、珊溪、新浦、筱村、泰顺	双向四车道高速公路 58 公里	109.94

续表

序号	项目名称	投资主体	建设地点	建设内容	总投资（亿元）
10	南京长江第五大桥	南京重大路桥建设指挥部	五里桥、江北大道、梅子洲、夹江南岸	双向六车道一级公路10.3公里	59.68
11	吉林省榆树（黑吉界）至松原公路	吉林省高速公路集团有限公司	榆树、扶余、三井子、松原	双向四车道高速公路184公里	112.23
12	甘肃省景泰至中川机场公路桥	甘肃路桥公路投资有限公司	景泰、营泉、上川、大安、兰州新区	双向四车道高速公路124公里	79.29
13	山东省巨野至单县（鲁皖界）公路	山东高速集团有限公司	巨野、大义、章缝、谢集、龙王庙、大田集、单县	双向四车道高速公路115.5公里	90
14	溧阳至宁德国家高速公路浙江省淳安段	杭州千黄高速公路有限公司	威坪、宋村、汪宅、坪山	双向四车道高速公路53公里	96.13
15	福建省沙埕湾跨海公路通道	宁德市高速公路投资发展公司	佳阳、竹澳、店下	双向四车道高速公路20.5公里	41.34
16	宁夏回族自治区青铜峡至中卫公路	宁夏公路建设管理局	青铜峡、渠口移民村、石空工业园区、中卫工业园区、中卫	双向四车道高速公路122公里	78.15
17	东丰至双辽公路（吉林段）	吉林省高速公路集团有限公司	东丰、渭津、辽源、老营、石岭、梨树、林海、双辽	双向四车道高速公路197.7公里	138.23
18	云南省保山至泸水公路	云南保泸高速公路有限公司	保山、瓦房、石头寨、上江、小沙坝	双向四车道高速公路88公里	147.2
19	广东省三堡至水口公路改扩建项目	广东省佛开高速公路有限公司	三堡、共和、司前、水口	双向四车道高速公路33公里	35.13

续表

序号	项目名称	投资主体	建设地点	建设内容	总投资（亿元）
20	内蒙古自治区海拉尔至满洲里公路	内蒙古自治区交通运输厅	海拉尔、巴彦库仁、呼和诺尔、西乌珠尔、扎赉诺尔、满洲里	双向四车道高速公路188.9公里	51.4
21	四川省九寨沟（甘川界）至绵阳公路	四川绵九高速公路有限责任公司	九寨沟、双河、平武、江油、绵阳	双向四车道高速公路242.3公里	410.09
22	陕西省平利至镇坪（陕渝界）公路	陕西省交通建设集团公司	平利、曾家、镇坪、钟宝	双向四车道高速公路85.3公里	114.42
23	荣昌至泸州公路四川段	四川泸渝高速公路开发有限责任公司	方洞、温河坝、奇峰、永寿场、特兴	双向四车道高速公路42公里	37.63
24	云南省墨江至临沧公路	云南玉临高速公路建设有限责任公司	墨江、者东、镇沅、者后、振太、平掌、临沧	双向四车道高速公路246.7公里	350
25	甘肃省甜水堡（宁甘界）经庆城至永和（甘陕界）公路	甘肃省公路建设管理集团有限公司	甜水堡、山城、洪德、环县、马岭、庆城、合水、宁县、早胜、榆林子、永和	新建甘肃省甜水堡（宁甘界）经庆城至永和（甘陕界）高速公路295.54公里	348.2
26	贵州省都匀至安顺公路	贵州高速公路集团有限公司	王司、河阳、云雾、惠水、大龙、长顺、杨武、镇宁	双向四车道高速公路218公里	434.99
27	广西自治区荔浦至玉林公路	广西交通投资集团有限公司	荔浦、新圩、文圩、官成、新阳、马皮、社步、大洋、仁厚、玉林	双向四车道林高速公路263公里	231.7
28	福建省尤溪中仙至建宁里心公路	三明莆炎高速公路有限责任公司	尤溪、新阳、莘口、明溪、盖洋、泉上、枫溪、均口、里心	双向四车道高速公路188.5公里	235.32

注：个别项目未列出。

表 3-6 2016 年批复水运项目

序号	项目名称	投资主体	建设地点	建设内容	总投资（亿元）
1	宁德三都澳港区城澳作业区 1 号泊位工程	福建三都澳国际集装箱码头有限公司	宁德	新建 1 个 30 万吨级矿石专用卸船泊位	19.59
2	连云港港 30 万吨级航道二期工程	连云港港 30 万吨级航道建设指挥部	连云港	新建连云港港 30 万吨级航道 70.5 公里	75.83

表 3-7 2016 年批复机场项目

序号	项目名称	审批环节	投资主体	建设地点	飞行区等级	建设内容	总投资（亿元）
1	新建湖南郴州民用机场	立项		北湖区华塘镇	4C	新建 1 条长 2600 米跑道，6000 平方米航站楼，6 个机位站坪及配套设施	18.26
2	新建湖北荆州民用机场	立项		沙市区岑河镇	4C	新建 1 条 2600 米跑道，7000 平方米航站楼，5 个机位站坪及配套设施	12.98
3	新建湖南湘西民用机场	立项		花垣县花垣镇	4C	新建 1 条 2600 米跑道，3000 平方米航站楼，4 个机位站坪及配套设施	16.86
4	新建安徽芜湖宣城民用机场	立项		芜湖县湾沚镇	4C	新建 1 条 2800 米跑道，15000 平方米航站楼，8 个机位站坪及配套设施	13.36
5	新建河南安阳民用机场	立项		汤阴县伏道乡	4C	新建 1 条长 2600 米航站楼，5 个机位站坪及配套设施	11.76

续表

序号	项目名称	审批环节	投资主体	建设地点	飞行区等级	建设内容	总投资（亿元）
6	成都新机场工程	可研	四川省机场集团有限公司等7家	成都	4F	新建3条跑道、60万平方米航站楼、202个站坪机位、8万平方米综合交通换乘中心及17万平方米停车楼及配套设施	718.64
7	迁建广西梧州机场项目	可研	梧州西江机场投资开发有限公司	梧州	4C	新建2600米跑道、8000平方米航站楼、5个机位站坪及配套设施	16.82
8	贵阳龙洞堡机场三期扩建工程	可研	贵州省机场集团有限公司等3家	贵阳	4E	新建4000米跑道、16.5万平方米航站楼、64个机位站坪及配套设施	195.85
9	新建重庆武隆机场项目	可研	重庆机场集团有限公司	重庆	4C	新建1条2800米跑道、6000平方米航站楼、6个机位站坪及配套设施	16.79
10	大兴安岭鄂伦春民用机场项目	可研	大兴安岭加格达奇民用机场建设管理有限公司	大兴安岭	4C	延长现有跑道至2300米、新建4870平方米航站楼、3个机位站坪及配套设施	4.54
11	迁建四川达州民用机场工程	可研	达州机场建设有限责任公司	达州	4C	新建1条2600米跑道、9000平方米航站楼、8个机位站坪及配套设施	18.84
12	新建黑龙江绥芬河民用机场项目	可研	绥芬河市绥东机场建设有限责任公司	绥芬河	4C	新建1条2500米跑道、4500平方米航站楼、6个机位站坪及配套设施	11.3

注：个别项目未列出。

表3-8

2016 年批复交通建设规划

序号	规划类型	项目名称	项目数（个）	批复里程（公里）	总投资（亿元）
1	城市轨道交通建设规划	西安市城市轨道交通第二期建设规划调整方案（2013—2021年）	3	65.1	388.73
2		安徽省芜湖市轨道交通一期建设规划（2016—2020年）	2	46.9	161.33
3		青岛市城市轨道交通第二期建设规划调整方案（2013—2021年）	5	181.7	1072.15
4		绍兴市城市轨道交通第一期建设规划（2016—2021年）	2	41.1	291.63
5		成都市城市轨道交通第三期建设规划（2016—2020年）	5	124.2	831.41
6		贵阳市城市轨道交通第二期建设规划（2016—2022年）	4	114.1	728.11
7		洛阳市城市轨道交通第一期建设规划（2016—2020年）	2	41.3	310.88
8		包头市城市轨道交通第一期建设规划（2016—2022年）	2	42.1	305.52
9		厦门市城市轨道交通第二期建设规划（2016—2022年）	4	152.2	1000.92
10		乌鲁木齐市城市轨道交通第二期建设规划调整方案（2016—2021年）	2	41.8	338.10
11		南京城市轨道交通第二期建设规划调整方案（2016—2021年）	3	39.2	277.78
12		杭州市城市轨道交通第三期建设规划（2017—2022年）	10	196.1	1426.36
13	城际铁路建设规划	京津冀地区城际铁路网规划	9	1100.0	2470.00

Chapter

04

第四章

区域发展

　　2016 年我国各地区交通运输行业的发展充分体现了国家区域发展战略和政策取向，凸显了基础设施和运输服务并重发展的阶段特征，优化了区域交通发展格局，实现了"十三五"区域交通协调发展的良好开局。四大板块交通基础设施建设总体仍呈现快速发展态势，特别是西部地区的铁路、高速铁路、公路、高速公路的建设进程加速，各地区板块间交通基础设施发展相对速度的差距进一步缩小。各地区板块的客货运输需求总体保持平稳较快增长，东部、中部和西部地区分别在铁路客运量、民航机场货邮吞吐量、民航机场旅客吞吐量指标上出现显著增长，各地区运输服务发展结构进一步调整优化。在三大战略相关区域，随着一批重大交通项目的建成，交通基础设施互联互通水平和空间经济联系强度进一步提高。各相关区域地方政府加强在规划、政策、标准、服务等方面的协调联动，有力增强了交通一体化发展的质量和效益。长江干线货运量再创新高，我国与周边国家交通设施互联互通保持高位推动态势，中欧、中亚班列发展加快调整优化步伐。

一、四大板块

2016年，东北、东部、中部和西部地区铁路营业里程占比分别为13.1％、23.1％、22.0％和41.7％，西部地区占比最大；高速铁路里程占比分别为10.4％、35.1％、27.6％和26.9％，东部地区占比最大；公路通车里程占比分别为8.3％、24.2％、27.0％和40.6％，西部地区占比最大；高速公路里程占比分别为8.9％、28.6％、26.3％和36.3％，西部地区占比最大；民航运输机场数量占比分别为10.7％、23.7％、15.6％和50.0％，西部地区占比最大。2016年我国四大板块交通基础设施的区域空间结构及情况详见图4-1和表4-1。

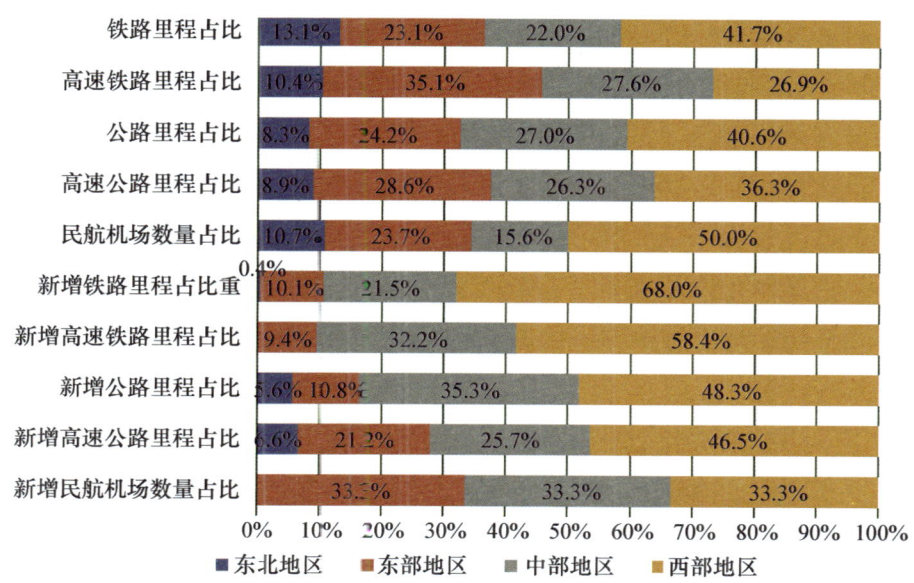

图4-1 2016年我国四大板块交通基础设施的区域空间结构

表 4-1 2016 年四大板块交通基础设施情况

类别指标		东北地区	东部地区	中部地区	西部地区
现状规模	铁路营业里程（公里）	16475	29014	27651	52355
	高速铁路里程（公里）	2316	7816	6128	5980
	公路通车里程（公里）	387599	1134918	1267463	1904992
	高速公路通车里程（公里）	11658	37470	34434	47555
	已建成机场个数（含建成未运营机场）	24	53	35	112
同比增速	铁路里程同比增速	0.1%	1.0%	2.4%	4.0%
	高速铁路里程同比增速	0.0%	1.6%	7.2%	14.3%
	公路里程同比增速	1.8%	1.2%	3.5%	3.1%
	高速公路里程同比增速	4.4%	4.4%	5.9%	7.8%
	民航机场个数同比增速	0.0%	6.0%	9.4%	2.8%
区域结构	铁路里程占全国比重	13.1%	23.1%	22.0%	41.7%
	高速铁路里程占全国比重	10.4%	35.1%	27.6%	26.9%
	新增铁路里程占全国新增里程比重	0.4%	10.1%	21.5%	68.0%
	新增高速铁路里程占全国新增里程比重	0.0%	9.4%	32.2%	58.4%
	公路里程占全国比重	8.3%	24.2%	27.0%	40.6%
	高速公路里程占全国比重	8.9%	28.6%	26.3%	36.3%
	新增公路里程占全国新增里程比重	5.6%	10.8%	35.3%	48.3%
	新增高速公路里程占全国新增里程比重	6.6%	21.2%	25.7%	46.5%
	民航机场数量占全国比重	10.7%	23.7%	15.6%	50.0%
	新增民航机场数量占全国新增数量比重	0.0%	33.3%	33.3%	33.3%
路网密度	铁路网密度（公里/万平方公里）	209	316.8	269.1	76.1
	高速铁路网密度（公里/万平方公里）	29.4	85.4	59.6	8.7
	公路网密度（公里/万平方公里）	4918.1	12392.6	12333.0	2769.4
	高速公路网密度（公里/万平方公里）	147.9	409.2	335.1	69.1
	机场密度（个/万平方公里）	0.3	0.6	0.3	0.2

数据来源：根据各省（自治区、直辖市）发展改革委提供的数据汇总整理。

2016 年，全国交通基础设施建设总体仍呈现快速发展态势，特别是西部地区的铁路、高速铁路、公路、高速公路的建设进程加速，新增设施分别占全国新增设施的 68.0%、58.4%、48.3% 和 46.5%，居各板块之首。具体数据见图 4-1。

（一）东北地区

东北地区包括辽宁、吉林和黑龙江3个省，国土面积78.8万平方公里，占我国国土面积的8.2%。

1. 基础设施发展情况

2016年，东北地区铁路营业里程达1.65万公里，同比增长0.1%，其中，设计时速250公里以上的高速铁路里程为0.23万公里，与上年持平，无新增营业里程。东北地区铁路网密度为每万平方公里209.0公里，其中高速铁路网密度为每万平方公里29.4公里。

东北地区公路通车里程达38.8万公里，较上年同比增长1.8%，其中，高速公路为1.2万公里，同比增长4.4%；一级公路为8537公里，同比增长13.3%；二级公路为3.9万公里，同比增长0.4%；等级公路为34.3万公里，同比增长3.2%。等级公路占公路总里程的比重为88.6%，同比提升1.2%；二级及以上公路里程占公路总里程的比重为15.3%，同比提高了0.2个百分点。东北地区公路网密度为每万平方公里4918.1公里，其中高速公路网密度为每万平方公里147.9公里。

东北地区已建成的民航运输机场达24个，其中投入运营的有23个，每万平方公里民用机场数为0.3个。沿海规模以上码头泊位达411个，同比增长1.7%，其中万吨级泊位为227个，同比增长6.1%。内河航道通航里程7529公里，其中三级及以上航道里程2080公里，与上年持平。此外，内河规模以上码头泊位98个，较上年减少1个。

东北地区现有哈尔滨、长春、沈阳、大连等 4 个城市开通运营城市轨道交通，城市轨道交通运营里程总计 323 公里。其中，大连、哈尔滨、长春、沈阳的城市轨道交通运营里程分别为 143 公里、17.5 公里、56.2 公里、106 公里，2016 年均无新增运营里程。

2016 年东北地区交通基础设施基本情况见表 4-2。

表 4-2　　　　　2016 年东北地区交通基础设施基本情况

指标	单位	2015 年	2016 年	增速
铁路营业里程	公里	16462	16475	0.1%
高速铁路里程（设计时速 250 公里及以上）	公里	2316	2316	0%
公路通车里程	公里	380923	387599	1.8%
高速公路里程	公里	11171	11658	4.4%
一级公路里程	公里	7538	8537	13.3%
二级公路里程	公里	38740	38897	0.4%
等级公路里程	公里	332926	343471	3.2%
民航运输机场数（已建成的）	个	24	24	0%
已开通运营的民航运输机场数	个	23	23	0%
沿海主要规模以上港口码头泊位	个	404	411	1.7%
沿海万吨级泊位	个	214	227	6.1%
内河主要规模以上港口码头泊位	个	99	98	−1.0%
内河航道通航里程	公里	7529	7529	0%
等级航道里程	公里	7079	7079	0%
三级及以上航道里程	公里	2080	2080	0%
城市轨道交通运营里程	公里	323	323	0%

数据来源：根据辽宁、吉林、黑龙江三省发展改革委提供的数据汇总。

2. 客货运输量情况

2016 年，东北地区铁路客运量达 3.2 亿人，同比增长 7.2%；铁路货运量达 2.9 亿吨，同比增长 5.0%。公路客运量达 11.5 亿人，同比下降 5.8%；公路货运量达 26.1 亿吨，同比增长 2.4%。沿海规模以上港口货物吞吐量达 10.9 亿吨，同比增长 3.9%，其中集装箱吞吐量为 1880 万 TEU，同比增长 2.3%。内河规模以上港口货物吞吐量达 346 万吨，同比下降 5.7%。民航机场旅客吞吐量达 6142 万人次，同比增长 11.9%；货邮吞吐量达 53 万吨，同比增长 8.8%。2016 年东北地区客货运量及吞吐量基本情况见表 4-3。

表 4-3 **2016 年东北地区客货运量及吞吐量基本情况**

指标	单位	2015 年	2016 年	增速
铁路客运量	万人	29864	32028	7.2%
公路客运量	万人	121914	114790	−5.8%
铁路货运量	万吨	27837	29229	5.0%
公路货运量	万吨	255048	261045	2.4%
沿海规模以上港口货物吞吐量	万吨	104859	109000	3.9%
集装箱吞吐量	万 TEU	1838	1880	2.3%
内河规模以上港口货物吞吐量	万吨	367	346	−5.7%
民航机场旅客吞吐量	万人次	5489	6142	11.9%
民航机场货邮吞吐量	万吨	49	53	8.8%

数据来源：根据辽宁、吉林、黑龙江三省发展改革委提供的数据汇总。

3. 重大交通项目进展情况

2016 年，东北地区铁路新开工项目 6 个，建成投产项目 8 个；高速公路新开工项目 5 个；民航机场方面新开工项目 2 个，无建成投产或已竣工项目；内河航道方面新开工项目 1 个，无建成投产项目；港口方面新开工项目 3 个，其中万吨级以上泊位项目 5 个，建成投产项目 5 个，其中万吨级以上泊位项目 5 个；城市轨道交通新开工项目 1 个，无建成投产项目。2016 年东北地区重大交通项目基本情况及铁路和机场重大交通项目分别见表 4-4 和表 4-5。

表 4-4 2016 年东北地区重大交通项目基本情况

交通方式	新开工项目个数	建成投产项目个数
铁路	6	8
高速公路	5	—
民航机场	2	0
内河航道	1	0
港口	8	5
万吨级以上港口	5	5
城市轨道交通	1	0

注：因部分铁路、公路项目属于跨省建设，本报告按省分段统计项目个数。
数据来源：根据辽宁、吉林、黑龙江三省发展改革委提供的数据汇总。

表 4-5 2016 年东北地区铁路和机场重大交通项目

领域	新开工项目	建成投产项目
铁路	牡丹江至佳木斯铁路客运专线（控制性工程—七星峰隧道）、哈尔滨枢纽新香坊物流基地、哈尔滨枢纽夏家冷链物流基地、哈尔滨铁路局佳木斯铁路物流基地、通辽至京沈高铁新民北站铁路、赤峰至京沈高铁喀左站铁路	滨北线松花江公铁两用桥铁路线、伊春至翠峦铁路改线工程，齐北线齐齐哈尔至富裕段增建二线、绥芬河铁路货场改造工程，通辽至四平、通辽至大虎山铁路电气化改造工程，沈西工业走廊火石岗至渤海铁路，锦阜高铁高台山至新邱段扩能改造工程
机场	五大连池机场、建三江机场	—

资料来源：根据辽宁、吉林、黑龙江三省发展改革委提供的资料汇总。

2016 年，东北地区的铁路、公路、内河航道等交通设施里程规模基本保持稳定，随着一批铁路复线、电气化改造项目的完工，以及高等级公路建设增速加快，铁路和公路的技术等级结构得到进一步优化提升。哈尔滨、沈阳等地一批铁路大型客货运场站的陆续开工建设，将进一步促进铁路网点线能力匹配，并进一步提升铁路枢纽城市的辐射带动能力。受到高快速铁路旅客运输服务提升、私人机动化中长距离出行比重增加等因素影响，公路客运量仍呈现出持续下降态势。此外，值得注意的是，铁路客货运量较上年均有较大幅度的增长，其中，铁路货运量的较快增长与东北地区电煤需求增长、粮食收储政策变化等因素有一定关联。

（二）东部地区

东部地区包括北京、天津、河北、上海、江苏、浙江、福建、山东、广东、海南等10个省（直辖市），国土面积91.6万平方公里，占我国国土面积的9.5%。

1. 基础设施发展情况

2016年，东部地区铁路营业里程达2.9万公里，较上年同比增长1.0%，其中，设计时速250公里及以上的高速铁路里程达7816公里，同比增长1.6%。东部地区铁路线网密度为每万平方公里316.8公里，其中高速铁路网密度为每万平方公里85.4公里。

东部地区公路通车里程达113.5万公里，同比增长1.2%，其中，高速公路达3.7万公里，同比增长4.4%。东部地区公路线网密度为每万平方公里12392.6公里，其中高速公路网密度为每万平方公里409.2公里。

东部地区已建成的民航运输机场达53个，其中投入运营的有53个，每万平方公里民用机场数为0.6个。沿海规模以上码头泊位达5842个，其中万吨级泊位为1652个，同比增长1.7%。内河航道通航里程为49923公里，其中等级航道里程为20559公里，三级及以上航道里程3774公里。此外，内河规模以上码头泊位为9814个，其中万吨级泊位为1204个，同比增长1.6%。

2016年东部地区交通基础设施基本情况见表4-6。

表 4-6 　　　　　　2016 年东部地区交通基础设施基本情况

指标	单位	2015 年	2016 年	增速
铁路营业里程	公里	28713	29014	1.0%
高速铁路里程（设计时速 250 公里及以上）	公里	7696	7816	1.6%
公路通车里程	公里	1121883	1134918	1.2%
高速公路里程	公里	35893	37470	4.4%
民航运输机场数（已建成的）	个	50	53	6.0%
已开通运营的民航运输机场数	个	50	53	6.0%
沿海主要规模以上港口码头泊位	个	5963	5842	−2.0%
沿海万吨级泊位	个	1625	1652	1.7%
内河主要规模以上港口码头泊位	个	9990	9814	−1.8%
内河万吨级泊位	个	1185	1204	1.6%
内河航道通航里程	公里	53174	49923	−0.0%
等级航道里程	公里	20542	20559	0.1%
三级及以上航道里程	公里	3731	3774	1.2%
城市轨道交通运营里程	公里	2271	2584	13.8%

注：部分历史数据变化是由于某些省份修改往年统计口径等因素导致，规模以上码头泊位数量减少是由于某些省份统计口径调整及更新减少等原因导致。

数据来源：根据北京、天津、河北、上海、江苏、浙江、福建、山东、广东、海南等十个省（直辖市）发展改革委提供的数据汇总。其中，内河航道数据不包含福建省，城市轨道不含淮安有轨电车。

东部地区已开通运营城市轨道交通的城市共有 14 个，分别是北京、上海、天津、广州、深圳、佛山、东莞、福州、青岛、杭州、宁波、南京、无锡、苏州，城市轨道交通运营里程总计 2584 公里，同比增长 13.8%。其中，北京城市轨道交通运营里程达 574 公里，同比增长 3.6%；天津市 168 公里，同比增长 20.0%；广州市 295 公里，同比增长 13.9%；深圳市 286 公里，同比增长 59.8%；佛山市 21 公里，同比增长 50.0%；青岛市 25 公里，同比增长 106.7%；宁波市 73 公里，同比增长 49.0%；苏州市 92 公里，同比增长 20.4%；东莞市和福州市城市轨道交通运营里程实现"零突破"，分别达 38 公里和 25 公里；上海、杭州、南京、无锡的城市轨道交通运营里程分别为 618 公里、82 公里、232 公里、56 公里，2016 年均无新增运营里程。

2. 客货运输量情况

2016 年，东部地区铁路客运量达 12.8 亿人，同比增长 11.7%；铁路货运量为 7.0 亿吨，同比增长 5.2%。公路客运量 50.2 亿人，同比减少 5.4%；公路货运量 115.2 亿吨，同比增长 5.3%。民航机场旅客吞吐量达 5.5 亿人次，同比增长 9.9%；货邮吞吐量达 1131 万吨，同比增长 6.5%。2016 年东部地区客货运量及吞吐量基本情况见表 4-7。

表 4-7　　　　　**2016 年东部地区客货运量及吞吐量基本情况**

指标	单位	2015 年	2016 年	增速
铁路客运量	万人	114478	127858	11.7%
公路客运量	万人	530772	501997	−5.4%
铁路货运量	万吨	66116	69559	5.2%
公路货运量	万吨	1094746	1152361	5.3%
民航机场旅客吞吐量	万人次	50162	55111	9.9%
民航机场货邮吞吐量	万吨	1063	1131	6.5%

数据来源：根据北京、天津、河北、上海、江苏、浙江、福建、山东、广东、海南等十个省（直辖市）发展改革委提供的数据汇总。

3. 重大交通项目进展情况

2016 年，东部地区铁路领域新开工项目 16 个，建成投产项目 10 个；高速公路领域新开工项目 54 个，建成投产项目 28 个；民航机场方面新开工项目 7 个，建成投产项目 4 个；内河航道方面新开工项目 10 个，建成投产项目 2 个；港口方面新开工项目 67 个，其中万吨级以上泊位项目 27 个，建成投产项目 73 个，其中万吨级以上泊位项目 47 个；城市轨道交通领域新开工项目 14 个，建成投产项目 35 个。2016 年东部地区重大交通项目基本情况及铁路和民航机场领域重大交通项目情况分别见表 4-8 和表 4-9。

表 4-8   2016 年东部地区重大交通项目基本情况

交通方式	新开工项目个数	建成投产项目个数
铁路	16	10
高速公路	54	28
民航机场	7	4
内河航道	10	2
港口	67	73
万吨级以上港口	27	47
城市轨道交通	14	35

数据来源：根据北京、天津、河北、上海、江苏、浙江、福建、山东、广东、海南等十个省（直辖市）发展改革委提供的数据汇总。

表 4-9   2016 年东部地区铁路和民航机场领域重大交通项目名称

领域	新开工项目	建成投产项目
铁路	城际铁路联络线（北京市）、京唐城际铁路、赣州至深圳客专广东段、广佛环广州南至白云机场段、浦梅铁路建宁至冠豸山段、兴泉铁路宁化至泉州段、鲁南高铁曲阜至临沂段、潍莱高铁、金华至宁波铁路、杭州至绍兴至台州铁路、连徐高铁、京唐铁路、京滨铁路宝坻南站维修工区工程、大张铁路河北段、京张铁路河北段、崇礼铁路	广佛肇城际、莞惠城际常平东至小金口段、湄洲湾南岸铁路支线、厦门前场铁路大型货场工程、青荣城际铁路引入青岛枢纽工程、辛泰磁莱铁路电气化改造、郑徐客专、宁启铁路复线电气化改造、天津新港北铁路集装箱中心站及进港三线、曹妃甸港区铁路扩能工程
机场	义乌机场飞行区提升改造工程、舟山普陀山机场扩建工程、博鳌机场一期扩建工程、盐城机场航站区、南通机场航站区、淮安机场飞行区扩建工程、北戴河机场公务机机坪扩建	三明沙县机场、G20 峰会项目杭州萧山国际机场相关工程（专用候机楼、专用机坪及滑行道、迎宾专用道路改造和环境提升、杭州机场快件运输枢纽基地配套机坪扩建工程）、博鳌机场

资料来源：根据北京、天津、河北、上海、江苏、浙江、福建、山东、广东、海南等十个省（直辖市）发展改革委提供的资料汇总。

2016 年，东部地区一批城际铁路、港口集疏运铁路及场站设施工程建设发展速度加快，铁路干支线间、区域城际网络及枢纽建设间、铁路与其他交通设施间的发展关系得到进一步统筹优化，为城市群、枢纽城市、海铁联运等领域的发展注入新的发展动力。杭州萧山国际机场相关工程、博鳌机场等机场项目的完工，为相关国际会务活动提供有力支撑。此外，首都地区环线高速（通州—大兴段）、杭州至绍兴至台州铁路等一批重点交通项目采用 PPP 模式投资建设，取得良好进展，为交通基础设施领域引入社会资本发挥了较好的示范带动效应。

（三）中部地区

中部地区包括山西、安徽、江西、河南、湖北、湖南等 6 个省，国土面积 102.8 万平方公里，占我国国土面积的 10.7％。

1. 基础设施发展情况

2016 年，中部地区铁路营业里程达 2.8 万公里，较上年同比增长 2.4％，其中，设计时速 250 公里及以上的高速铁路里程达 6218公里，同比增长 7.2％。中部地区铁路线网密度每万平方公里 269.1公里，其中高速铁路网密度达每万平方公里 59.6 公里。

中部地区公路通车里程达 126.7 万公里，同比增长 3.5％，其中，高速公路达 3.4 万公里，同比增长 5.9％。中部地区公路线网密度为每万平方公里 12333.0 公里，其中高速公路网密度为每万平方公里 335.1 公里。

中部地区已建成的民航运输机场达 35 个，其中投入运营的有 32个，每万平方公里民用机场数为 0.3 个。内河航道通航里程为 35014公里，同比持平，其中三级及以上航道里程 4276 公里，同比增长 8.9％，此外，内河规模以上港口码头泊位 2088 个，同比减少 0.3％，其中万吨级泊位为 17 个，同比增长 21.4％。

　　中部地区现有长沙、合肥、郑州、武汉、南昌等 5 个城市开通运营城市轨道交通，运营里程合计 350 公里，同比增长 68.7％。其中，长沙为 69 公里，同比增长 158.8％；郑州为 47 公里，同比增长 79.6％；武汉为 181 公里，同比增长 43.7％；南昌为 28.8 公里，2016 年无新增运营里程。合肥是 2016 年新开通运营城市轨道交通的城市，运营里程为 25 公里。

　　2016 年中部地区交通基础设施情况见表 4-10。

表 4-10　　　　　　　2016 年中部地区交通基础设施基本情况

指标	单位	2015 年	2016 年	增速
铁路营业里程	公里	27010	27651	2.4％
高速铁路里程（设计时速 250 公里及以上）	公里	5715	6218	7.2％
公路通车里程	公里	1225011	1267463	3.5％
高速公路里程	公里	32524	34434	5.9％
民航运输机场数（已建成的）	个	32	35	9.4％
已开通运营的民航运输机场数	个	31	32	3.2％
内河主要规模以上港口码头泊位	个	2094	2088	−0.3％
内河万吨级泊位	个	14	17	21.4％
内河航道通航里程	公里	35014	35014	0.0％
等级航道里程	公里	19396	19713	1.6％
三级及以上航道里程	公里	3925	4276	8.9％
城市轨道交通运营里程	公里	208	350	68.7％

　　注：内河规模以上码头泊位数量减少是由于部分省份统计口径调整及更新减少等原因导致。
　　数据来源：根据山西、安徽、江西、河南、湖北、湖南等六省发展改革委提供的数据汇总。

2. 客货运输量情况

　　2016 年，中部地区铁路客运量 6.7 亿人次，同比增长 10.5％；铁路货运量 9.6 亿吨，同比减少 6.5％。公路客运量 44.5 亿人次，同比减少 14.2％；公路货运量 95.6 亿吨，同比增长 0.6％。内河规模以上港口货物吞吐量达 11.9 亿吨，同比增长 4.2%，其中集装箱吞吐量为 336 万 TEU，同比增长 12.2%。民航机场旅客吞吐量达 9116 万人次，同比增长 1.5%；货邮吞吐量达 96 万吨，同比增长 11.2%。2016 年中部地区客货运量及吞吐量情况见表 4-11。

表 4-11　　　　　　　2016 年中部地区客货运量及吞吐量基本情况

指标	单位	2015 年	2016 年	增速
铁路客运量	万人	60975	67367	10.5%
公路客运量	万人	519020	445405	−14.2%
铁路货运量	万吨	102792	96160	−6.5%
公路货运量	万吨	949731	955725	0.6%
内河规模以上港口货物吞吐量	万吨	113736	118561	4.2%
集装箱吞吐量	万 TEU	300	336	12.2%
民航机场旅客吞吐量	万人次	8977	9116	1.5%
民航机场货邮吞吐量	万吨	86	96	11.2%

数据来源：根据山西、安徽、江西、河南、湖北、湖南等六省发展改革委提供的数据汇总。

3. 重大交通项目进展情况

2016 年，中部地区铁路领域新开工项目 13 个，建成投产项目 4 个；高速公路领域新开工项目 30 个，建成投产项目 32 个；内河航道方面新开工项目 22 个，建成投产项目 4 个；港口方面新开工项目 27 个，建成投产项目 12 个；城市轨道交通领域新开工项目 6 个，建成投产项目 6 个。2016 年中部地区重大交通项目基本情况及铁路和民航机场领域重大交通项目情况分别见表 4-12 和表 4-13。

表 4-12　　　　　　　2016 年中部地区重大交通项目基本情况

交通方式	新开工项目个数	建成投产项目个数
铁路	13	4
高速公路	30	32

续表

交通方式	新开工项目个数	建成投产项目个数
民航机场	0	0
内河航道	22	4
港口	27	12
万吨级以上港口	0	0
城市轨道交通	6	6

数据来源：根据山西、安徽、江西、河南、湖北、湖南等六省发展改革委提供的数据汇总。

表 4-13　　　2016 年中部地区铁路和民航机场领域重大交通项目名称

领域	新开工项目	建成投产项目
铁路	张吉怀铁路、合肥至安庆、郑州至阜阳高铁、郑州至济南铁路、郑州至太原铁路、郑开城际铁路延长线、郑州至万州铁路、赣深客专、兴泉铁路兴国至宁化段、皖赣铁路浯溪口水库段改线工程、安九客专、太原至焦作铁路、大同至原平铁路客运专线	长株潭城际铁路长沙站至株洲和湘潭段、郑徐高铁、孟平铁路复线电气化、武汉至孝感城际铁路

资料来源：根据山西、安徽、江西、河南、湖北、湖南等六省发展改革委提供的资料汇总。

　　2016 年，中部地区高速铁路建设取得较快发展，郑徐高铁的建成，使得郑州到徐州仅需 1 小时 20 分左右，较现有最快列车运行时间缩短一半，大大加强了中部地区与东部地区的快速联系，也进一步增强了陇海—兰新铁路大通道的运输能力；长株潭城际的建成通车优化了长株潭城市群的空间结构。值得一提的是，长沙磁浮快线于 2016 年 5 月正式试运营，成为我国首条中低速磁浮商业运营示范线，也为我国城市轨道交通发展提供了新的技术制式。在运输服务方面，受到传统产业去产能等因素的影响，中部地区煤炭（特别是山西省）等大宗货物的外运需求降低，铁路货运仍出现较大幅度下滑；而得益于若干中部地区机场大力发展民航货运业，中部地区的货邮吞吐量增速显著。

（四）西部地区

西部地区包括内蒙古、广西、重庆、四川、贵州、云南、西藏、陕西、甘肃、青海、宁夏、新疆十二个省（自治区、直辖市），国土面积 687.9 万平方公里，与我国国土面积的 71.6%。

1. 基础设施发展情况

2016 年，西部地区铁路营业里程为 5.2 万公里，较上年同比增长 4.0%，其中，设计时速 250 公里及以上的高速铁路里程达 5980 公里，同比增长 14.3%。西部地区铁路网密度为每万平方公里 76.1 公里，其中高速铁路网密度为每万平方公里 8.7 公里。

西部地区公路通车里程达 190.5 万公里，同比增长 3.1%，其中，高速公路达 4.7 万公里，同比增长 7.8%。西部地区公路网密度为每万平方公里 2769.4 公里，其中高速公路网密度为每万平方公里 69.1 公里。

西部地区已建成的民航运输机场达 112 个，较上年新增 3 个，其中投入运营的有 110 个，每万平方公里民用机场数为 0.2 个。内河航道通航里程为 3.4 万公里，同比增长 0.3%，其中等级航道里程为 20377 公里，同比增长 1.4%，三级及以上航道里程为 2138 公里，同比增长 4.6%。

西部地区现有西安、成都、重庆、昆明、南宁 5 个城市开通运营城市轨道交通，运营里程合计 539 公里，同比增长 33.1%。其中，成都城市轨道交通运营里程为 103.5 公里，同比增长 23.1%；西安为 89 公里，同比增长 74.9%；重庆为 213 公里，同比增长 5.5%；昆明城市轨道交通运营里程为 64.3 公里，与上年运营里程持平；南宁是

2016 年新开通运营城市轨道交通的城市，运营里程为 32.1 公里。

2016 年西部地区交通基础设施基本情况见表 4-14。

表 4-14　　　　　　2016 年西部地区交通基础设施基本情况

指标	单位	2015 年	2016 年	增速
铁路营业里程	公里	50322	52355	4.0％
高速铁路里程（设计时速 250 公里及以上）	公里	5231	5980	14.3％
公路通车里程	公里	1846915	1904992	3.1％
高速公路里程	公里	44103	47555	7.8％
民航运输机场数（已建成的）	个	109	112	2.8％
已开通运营的民航运输机场数	个	105	110	4.8％
内河航道通航里程	公里	34064	34166	0.3％
等级航道里程	公里	20091	20377	1.4％
三级及以上航道里程	公里	2043	2138	4.6％
城市轨道交通运营里程	公里	405	539	33.1％

注：部分历史数据变化是由于部分省份修改往年统计口径等因素导致。

数据来源：根据内蒙古、广西、重庆、四川、贵州、云南、西藏、陕西、甘肃、青海、宁夏、新疆十二个省（自治区、直辖市）发展改革委提供的数据汇总。

2. 客货运输量情况

2016 年，西部地区铁路客运量达 5.5 亿人，同比增长 10.0％；铁路货运量达 15.6 亿吨，同比增长 4.6％。公路客运量达 49.9 亿人，同比下降 5.1％；公路货运量达 100.3 亿吨，同比增长 5.1％。民航机场旅客吞吐量达 3.0 亿人次，同比增长 13.3％；货邮吞吐量达 332 万吨，同比增长 1.5％。2016 年西部地区客货运量及吞吐量基本情况见表 4-15。

表 4-15　　　　　　2016 年西部地区客货运量及吞吐量基本情况

指标	单位	2015 年	2016 年	增速
铁路客运量	万人	49832	54833	10.0％

续表

指标	单位	2015 年	2016 年	增速
公路客运量	万人	525278	498504	−5.1%
铁路货运量	万吨	149634	156487	4.6%
公路货运量	万吨	954233	1002579	5.1%
民航机场旅客吞吐量	万人次	26568	30103	13.3%
民航机场货邮吞吐量	万吨	327	332	1.5%

数据来源：根据内蒙古、广西、重庆、四川、贵州、云南、西藏、陕西、甘肃、青海、宁夏、新疆十二个省（自治区、直辖市）发展改革委提供的数据汇总。

3. 重大交通项目进展情况

2016 年，西部地区铁路新开工项目 15 个，建成投产项目 20 个；高速公路新开工项目 57 个，建成投产项目 33 个；民航机场方面新开工项目 14 个，建成投产或已竣工项目 7 个；内河航道方面新开工项目 7 个，建成投产项目 5 个，其中长江干线航道新开工项目 2 个，无建成投产项目；港口方面新开工项目 9 个，其中万吨级以上泊位项目 3 个，建成投产项目总计 7 个，万吨级以上泊位项目 3 个；城市轨道交通新开工项目 15 个，建成投产项目 5 个。2016 年西部地区重大交通项目基本情况及铁路和机场重大交通项目情况分别见表 4-16 和表 4-17。

表 4-16　　　　　　2016 年西部地区重大交通项目基本情况

交通方式	新开工项目个数	建成投产项目个数
铁路	15	20
高速公路	57	33
民航机场	14	7
内河航道	7	5
长江干线航道	2	0
港口	9	7
万吨级以上港口	3	3
城市轨道交通	15	5

注：因部分铁路、公路项目属于跨省建设，本报告按省分段统计项目个数。

数据来源：根据内蒙古、广西、重庆、四川、贵州、云南、西藏、陕西、甘肃、青海、宁夏、新疆十二个省（自治区、直辖市）发展改革委提供的数据汇总。

表 4-17　　　　　　　　　2016 年西部地区铁路和机场重大交通项目

领域	新开工	建成
铁路	贵阳至南宁铁路、包满铁路三期、包环线升级改造工程、南部铁路至东乌铁路联络线、银川至西安高铁、西安新筑物流中心、和田至若羌铁路、将军庙至哈密（三塘湖、淖毛湖）至柳沟铁路、库尔勒至阿克苏至喀什铁路提速扩能改造工程、新和至拜城铁路、乌将铁路乌北至准东双线电气化改造、阿克苏至阿拉尔支线铁路、郑万高铁、枢纽东环线	兰州至重庆铁路岷县至广元段、干塘至武威第二双线、云桂铁路百色至昆明段、呼准鄂快速铁路呼准段、马场壕至何家塔铁路、通辽至霍林河、通辽至大虎山铁路电气化改造、固原至王洼铁路、巴达铁路、乌鲁木齐新客站、乌鲁木齐集装箱中心站、沪昆高铁（沪昆客专）、云桂铁路、昆玉扩能、昆枢东南环线、渝万高铁、三万南铁路
机场	敦煌机场扩建工程、梧州机场迁建工程、吐鲁番机场保障能力提升项目、阿勒泰机场改扩建项目、塔城机场改扩建项目、腾冲驼峰机场二期改扩建项目、德宏芒市机场跑道延长及附属设施建设项目、丽江三义机场站坪扩建工程、昭通机场跑道加铺建设项目、武隆机场、万州机场改扩建	乌兰察布机场、扎兰屯机场、银川河东国际机场三期扩建工程、拉萨贡嘎机场航管楼迁建工程、且末机场迁建项目、吐鲁番机场保障能力提升项目、沧源佤山机场

资料来源：根据内蒙古、广西、重庆、四川、贵州、云南、西藏、陕西、甘肃、青海、宁夏、新疆十二个省（自治区、直辖市）发展改革委提供的资料汇总。

2016 年，西部地区铁路、高速铁路、高速公路的建设均保持较快增长，特别是高速铁路里程增速接近 15％。一批重大交通项目的建成有力地支撑了西部地区经济社会发展，比如沪昆高铁（沪昆客专）的竣工通车结束了云南省不通高铁的历史，该条线路也成为我国东西向线路里程最长、经过省份最多的高铁线路，对扩大区域经济联系、缩小东西部发展差距都具有重要意义。铁路和民航机场的通达性进一步提升，有力促进了铁路客运量和民航旅客吞吐量的快速增长。

（五）四大地区板块发展的特点

综上所述，2013 年四大地区板块发展的主要特点有以下几个方面：

一是东北地区交通设施更新改造加快，技术等级有较大提升。2016 年，东北地区的电气化铁路、一级公路、等级公路等设施的里程有较大幅度增加，其中电气化铁路和一级公路里程同比增速均突破 13％（见表 4-2），交通设施的技术等级结构有较大的改善。由于许多更新改造工程形成的设施里程并不计入新增营业里程或通车里程中，使得东北地区交通基础设施规模增幅在四大板块中总体较低，各种交通设施中，只有高速公路里程有较大幅度增长。此外，东北地区是年内唯一没有新投产高铁、民航机场及城市轨道交通项目的地区板块（见表 4-2 和 4-2）。

二是东部地区仍是交通设施布局最密集和客货运输需求最集中的区域。在交通设施方面，东部地区仍是全国高速铁路规模最大的区域，占比达 35.1％。2016 年，东部地区的铁路和高速铁路的路网密度分别达每万平方公里 316.8 公里和 85.4 公里，公路和高速公路的路网密度分别达每万平方公里 12392.6 公里和 409.2 公里，民航机场的密度为每万平方公里 0.6 个，各项密度指标均位于四大板块之首。此外，2016 年，除铁路货运量外，在铁路客运量、公路客货运量和民航旅客及货邮吞吐量等指标上，东部地区占比也均位于四大板块之首。特别是，四成以上的铁路客运量、半数以上的民航机场旅客吞吐量和七成以上的民航机场货邮吞吐量均分布在东部地区。而由于 2016 年中部地区公路客运量的大幅下降和公路货运量的微弱增长，也使得东部地区超过中部地区，成为 2016 年年度全国公路客货运量最为集中的地区。2015 年四大板块部分交通设施路网密度见图 4-2。

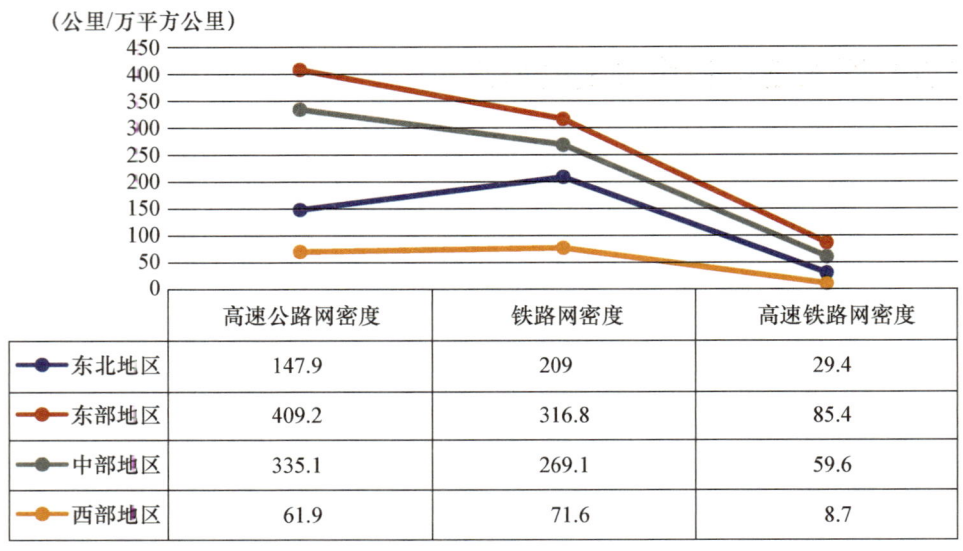

（公里/万平方公里）

	高速公路网密度	铁路网密度	高速铁路网密度
东北地区	147.9	209	29.4
东部地区	409.2	316.8	85.4
中部地区	335.1	269.1	59.6
西部地区	61.9	71.6	8.7

图 4-2　2016 年四大板块部分交通设施路网密度情况

　　三是中部地区是 2016 年年度客货运输需求同比增速最疲软的板块。除铁路客运量和民航机场货邮吞吐量同比增速两项指标分列第二和第一外，其他诸如铁路货运量、公路客货运量和民航机场旅客吞吐量等同比增速指标，中部地区均排名垫底。2016 年四大板块客货运输量变化情况见见图 4-3 和表 4-18。其中，铁路货运量相对其他板块增速最低的原因主要在于：一是中部地区的山西省作为煤炭大省，在全国产业结构调整的大形势下，煤炭铁路运输需求大幅下降；二是在中国铁路总公司大力开展"稳黑增白"的货运组织改革情况下，中部地区相对于东部地区，"白货需求"增长受限；三是湖南、湖北、安徽及江西四省的部分大宗货物，在宏观经济增速趋缓的大背景下，出于"降低物流成本"的考虑，转移至长江内河水运。

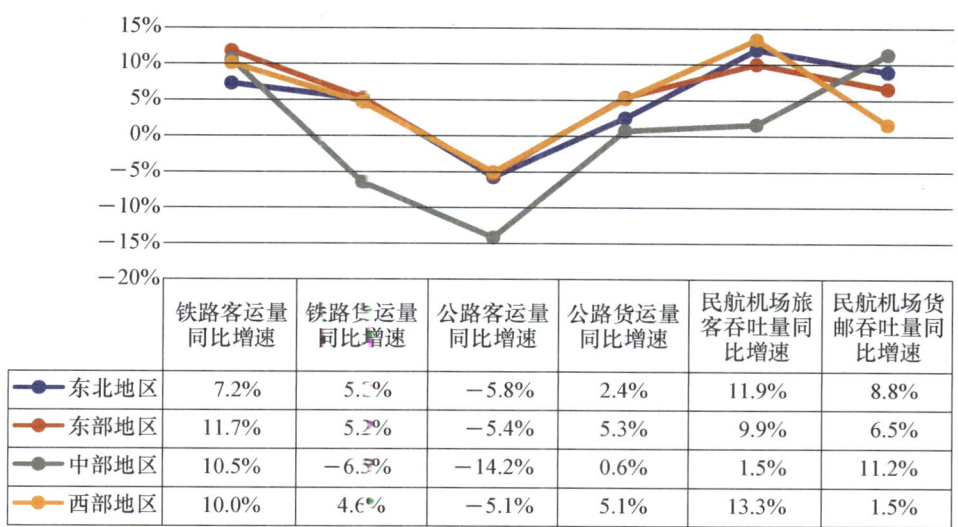

	铁路客运量同比增速	铁路货运量同比增速	公路客运量同比增速	公路货运量同比增速	民航机场旅客吞吐量同比增速	民航机场货邮吞吐量同比增速
东北地区	7.2%	5.0%	−5.8%	2.4%	11.9%	8.8%
东部地区	11.7%	5.2%	−5.4%	5.3%	9.9%	6.5%
中部地区	10.5%	−6.5%	−14.2%	0.6%	1.5%	11.2%
西部地区	10.0%	4.6%	−5.1%	5.1%	13.3%	1.5%

图 4-3　2016 年四大板块客货运输量变化情况

表 4-18　　　　　　　　2016 年四大板块客货运输量情况

类比指标		东北地区	东部地区	中部地区	西部地区
现状规模	铁路客运量（万人）	32028	127858	67367	54833
	铁路货运量（万吨）	29229	69559	96160	156487
	公路客运量（万人）	114790	501997	445405	498504
	公路货运量（万吨）	261045	1152361	955725	1002579
	民航机场旅客吞吐量（万人次）	6142	55111	9116	30103
	民航机场货邮吞吐量（万吨）	53	1131	96	332
同比增速	铁路客运量同比增速	7.2％	11.7％	10.5％	10.0％
	铁路货运量同比增速	5.0％	5.2％	−6.5％	4.6％
	公路客运量同比增速	−5.8％	−5.4％	−14.2％	−5.1％
	公路货运量同比增速	2.4％	5.3％	0.6％	5.1％
	民航机场旅客吞吐量同比增速	11.9％	9.9％	1.5％	13.3％
	民航机场货邮吞吐量同比增速	8.8％	6.5％	11.2％	1.5％

续表

	类比指标	东北地区	东部地区	中部地区	西部地区
区域结构	铁路客运量占比	11.4%	45.3%	23.9%	19.4%
	铁路货运量占比	8.3%	19.8%	27.4%	44.5%
	公路客运量占比	7.4%	32.2%	28.5%	31.9%
	公路货运量占比	7.7%	34.2%	28.3%	29.7%
	民航机场旅客吞吐量占比	6.1%	54.9%	9.1%	30.0%
	民航机场货邮吞吐量占比	3.3%	70.2%	6.0%	20.6%

数据来源：根据各省（自治区、直辖市）发展改革委提供的数据汇总整理，由于统计口径等因素，与相关行业部门统计数据有出入。

四是西部地区是交通设施规模增速最为显著的板块。2016 年，四大板块中，西部地区铁路、高速铁路、高速公路等设施的规模增速最快，分别达到 4.0%、14.3% 和 7.8%；新增铁路、高速铁路、公路、高速公路里程和民航运输机场个数分别占全国新增设施规模的 68.0%、58.4%、48.3%、46.5% 和 33.3%，除新增民航运输机场占比外，其他各项指标均居四大板块之首。这一情况体现了我国加快西部地区发展的区域发展战略以及我国交通基础设施建设力度明显向西部地区倾斜的发展成果。此外，西部地区拥有丰富的自然资源，大宗物资的运输需求相对较强，是我国铁路货运量占比最高的板块，2016 年为 44.5%。2016 年四大板块若干交通设施规模同比增速情况及新增交通设施规模占全国比重情况分别见图 4-4、图 4-5。

五是各板块间部分设施的路网密度相对差距进一步减小。2016 年，四大板块各种交通设施的路网密度都有不同程度的提升，从增加的绝对值来看，中部地区在铁路、高速铁路、公路、高速公路等设施上的增加值最高；从提升的幅度来看，西部地区在铁路、高速铁路、高速公路等设施上的提升幅度都是最大的。四大板块交通基

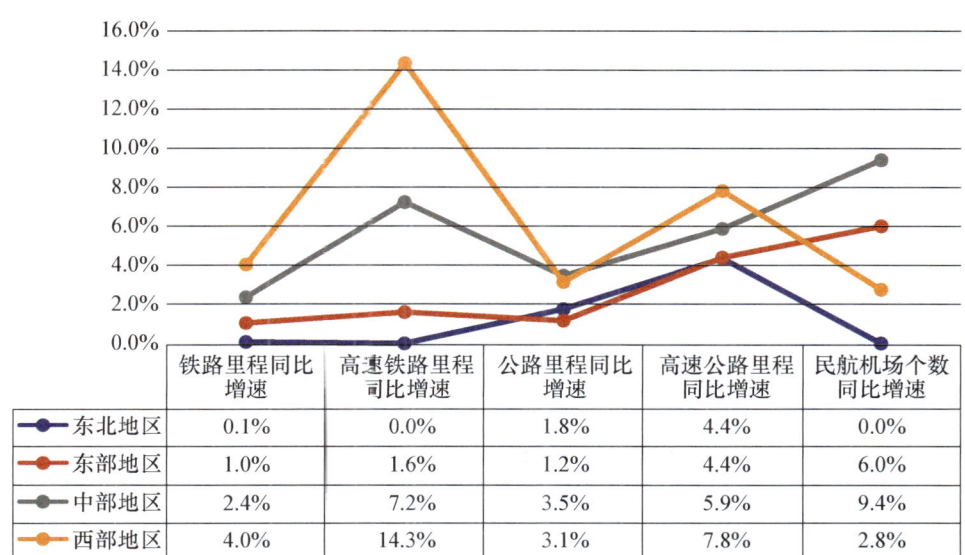

	铁路里程同比增速	高速铁路里程同比增速	公路里程同比增速	高速公路里程同比增速	民航机场个数同比增速
东北地区	0.1%	0.0%	1.8%	4.4%	0.0%
东部地区	1.0%	1.6%	1.2%	4.4%	6.0%
中部地区	2.4%	7.2%	3.5%	5.9%	9.4%
西部地区	4.0%	14.3%	3.1%	7.8%	2.8%

图 4-4　2016 年四大板块若干交通设施规模同比增速情况

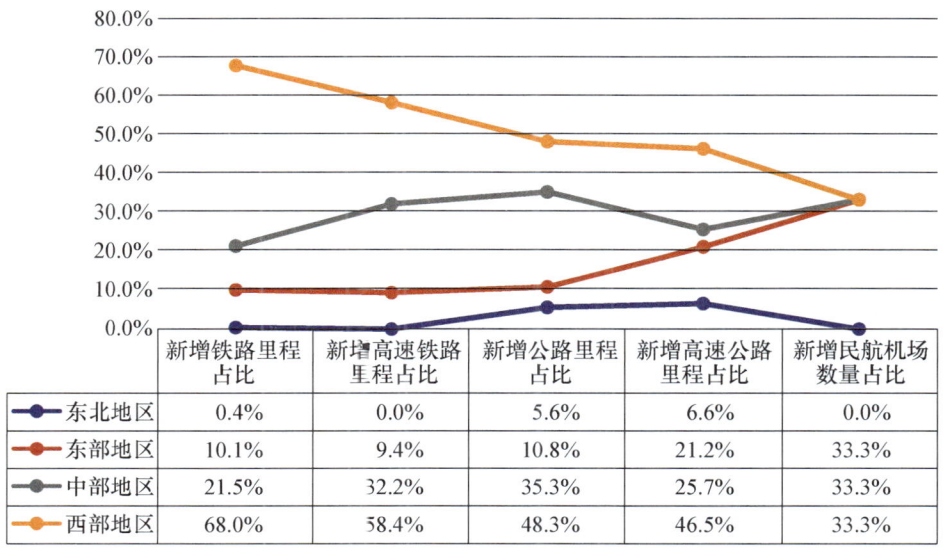

	新增铁路里程占比	新增高速铁路里程占比	新增公路里程占比	新增高速公路里程占比	新增民航机场数量占比
东北地区	0.4%	0.0%	5.6%	6.6%	0.0%
东部地区	10.1%	9.4%	10.8%	21.2%	33.3%
中部地区	21.5%	32.2%	35.3%	25.7%	33.3%
西部地区	68.0%	58.4%	48.3%	46.5%	33.3%

图 4-5　2016 年四大板块新增交通设施规模占全国比重情况

础设施网密度同比增长情况见表 4-19。以路网密度最高的东部区域
为标杆，2016 年，除东北地区外，中部、西部等板块在绝大部分路
网设施上与东部地区的差距幅度都出现了同比缩减的情况，其中，
西部地区高速铁路网密度与东部的密度差距幅度同比缩减最大，达
到 123.7%。东北中部及西部地区交通基础设施路网密度与东部地
区的差距变化情况见表 4-20。尽管东部地区的路网密度不能也不应
该作为其他板块的追求目标，但这一情况还是在一定程度上体现了
交通区域结构调整优化的效果。

表 4-19　　　　　四大板块交通基础设施路网密度同比增长情况

单位：公里/万平方公里

板块	年份及变化	铁路网	高速铁路网	公路网	高速公路网	机场
东北地区	2015 年	208.9	29.4	4833.4	141.7	0.3
	2016 年	209.0	29.4	4918.1	147.9	0.3
	增加值	0.1	0	84.7	6.2	0
	增长幅度	0.0%	0.0%	1.8%	4.4%	0.0%
东部地区	2015 年	313.5	84	12250.3	391.9	0.6
	2016 年	316.8	85.4	12392.6	409.2	0.6
	增加值	3.3	1.4	142.3	17.3	0
	增长幅度	1.1%	1.7%	1.2%	4.4%	0.0%
中部地区	2015 年	262.8	55.6	11919.9	316.5	0.3
	2016 年	269.1	59.6	12333	335.1	0.3
	增加值	6.3	4	413.1	18.6	0
	增长幅度	2.4%	7.2%	3.5%	5.9%	0.0%
西部地区	2015 年	73.2	7.6	2685	64.1	0.2
	2016 年	76.1	8.7	2769.4	69.1	0.2
	增加值	2.9	1.1	84.4	5.0	0
	增长幅度	4.0%	14.5%	3.1%	7.8%	0.0%

表 4-20　东北、中部及西部地区交通基础设施路网密度与东部地区的差距变化情况

板块	年份及变化	铁路网	高速铁路网	公路网密度	高速公路网	机场
东北区域	2015 年	50.1%	185.7%	153.5%	176.6%	100.0%
	2016 年	51.6%	190.5%	152.0%	176.7%	100.0%
	差距变幅	扩大 1.5%	扩大 4.8%	缩减 1.5%	扩大 0.1%	基本维持
中部区域	2015 年	19.3%	51.1%	2.8%	23.8%	100.0%
	2016 年	17.7%	43.3%	0.5%	22.1%	100.0%
	差距变幅	缩减 1.6%	缩减 7.8%	缩减 2.3%	缩减 1.7%	基本维持
西部区域	2015 年	328.3%	1005.3%	356.2%	511.4%	200.0%
	2016 年	316.3%	881.6%	347.5%	492.2%	200.0%
	差距变幅	缩减 12.0%	缩减 123.7%	缩减 8.8%	缩减 19.2%	基本维持

二、"三大战略"相关区域

（一）京津冀地区

京津冀地区包括北京、天津、河北三个省（直辖市），国土面积 21.6 平方公里，占我国国土面积的 2.2%。

1. 京津冀交通一体化主要进展概述

2016 年，京津冀交通一体化在规划、投融资、建设、运营等领域和环节取得一系列重要进展。在规划、标准和实施方案等顶层设计层面，国家发展改革委批复了《京津冀地区城际铁路网规划》，进一步明确了"京津冀地区城际铁路网规划近期建设项目表（2016—2020 年）"；国家民航局通过《推进京津冀民航协同发展实施意见》，为京津冀机场群功能分工提供了政策支撑；此外，京津冀三地共同编制完成了《京津冀地区高速公路命名和编号规则》等区域协同地方标准，津冀两地联合编制的《津冀港口群集疏运体系改善方案》

开始实施。在投融资方面，河北省于 2016 年正式设立了 PPP（政府与社会资本合作）京津冀协同发展基金，基金总规模初步拟定为 100 亿元；太行山高速、延崇高速、津石高速等 PPP 项目取得良好开局；河北与天津签署津冀港口合作备忘录，渤海津冀港口投资发展有限公司收购天津港南疆码头、黄骅港集装箱码头取得实质进展。在重大项目建设方面，京台高速公路北京段正式通车，首都地区环线高速公路河北境内全线（替代路线）贯通，京秦高速公路天津段建成通车，北戴河机场正式投入运营；北京新机场河北境内征拆工作全面完成，综合交通换乘中心启动建设，京开高速公路拓宽工程、新机场高速公路（南五环—新机场段）、轨道交通新机场线一期、京霸铁路北京段和城际铁路联络线一期工程机场红线内预埋段等外围交通项目开工建设；首都地区环线（通州—大兴段）永乐高架桥和采育高架桥桩基、太行山高速和延崇高速公路控制性工程、京唐城际铁路等一大批交通工程项目也已开工建设。在运营服务及管理方面，河北省提前完成公交"一卡通"任务，省内 643 条公交线路、1.2 万余部公交车与京津实现一卡通行，京津冀交通一卡通覆盖区域内全部 13 个地级及以上城市；京津冀三地联合编制了《京津冀区域联合治超工作指导意见》等，并开展了为期 3 个月的京津冀联合治超专项行动；交通设施服务能力持续增强，高速公路 ETC 联网收费实现全覆盖，电子收费通行量占总通行量比重达 35％；京津冀地区第一个海铁联运综合性集装箱铁路枢纽中铁天津集装箱中心站正式开通运营。

2. 京津冀地区交通发展情况

（1）基础设施发展情况。

2016 年，京津冀地区铁路营业里程达 9268 公里，同比增长 0.2％，其中，设计时速 250 公里及以上的高速铁路里程达 1470 公里，与上年持平。京津冀地区铁路线网密度达每万平方公里 429.5 公里，其中高速铁路网密度为每万平方公里 68.1 公里。

京津冀地区公路通车里程达 22.6 万公里，同比增长 2.5%，其中，高速公路达 0.9 万公里，同比增长 3.3%。京津冀地区公路线网密度达每万平方公里 1095.4 公里，其中高速公路网密度为每万平方公里 404.0 公里。

京津冀地区已建成的民航运输机场达 8 个，均已投入运营，机场密度达每万平方公里 0.4 个。沿海规模以上码头泊位达 375 个，同比增长 3.0%。

京津冀地区有城市轨道交通运营线路的城市为北京和天津，城市轨道交通运营里程总计 742 公里，同比增长 6.9%。其中，北京城市轨道交通运营里程达 574 公里，同比增长 3.6%；天津城市轨道交通运营里程为 168 公里，同比增长 0.2%。

2016 年京津冀地区交通基础设施基本情况见表 4-21。

表 4-21 2016 年京津冀地区交通基础设施基本情况

指标	单位	2015 年	2016 年	同比增速
铁路营业里程	公里	9251	9268	0.2%
高速铁路里程（设计时速 250 公里及以上）	公里	1470	1470	0.0%
公路通车里程	公里	221043	226490	2.5%
高速公路里程	公里	8438	8718	3.3%
民航运输机场数（已建成的）	个	8	8	0.0%
已开通运营的民航运输机场数	个	8	8	0.0%
沿海主要规模以上港口码头泊位	个	364	375	3.0%
沿海万吨级泊位	个	287	302	5.2%
城市轨道交通运营里程	公里	694	742	6.9%

注：历史数据变化是个别地方发展改革委调整了统计数据。
数据来源：根据北京、天津、河北三省（直辖市）发展改革委提供的数据及相关行业数据汇总。

（2）客货运输量情况。

2016 年，京津冀地区铁路客运量为 2.9 亿人，同比增长 8.8%，公路客运量为 10.2 亿人，同比减少 5.1%；铁路货运量为 2.5 亿吨，同比减少 8.6%，公路货运量为 24.3 亿吨，同比增长 6.5%。民航机场旅客吞吐量为 1.3 亿人次，同比增长 7.7%；货邮吞吐量达 225 万吨，同比增长 2.9%。2016 年京津冀地区客货运量及吞吐量基本情况见表 4-22。

表 4-22　　　　　　　　2016 年京津冀地区客货运量及吞吐量基本情况

指标	单位	2015 年	2016 年	同比增速
铁路客运量	万人	26580	28923	8.8%
公路客运量	万人	107713	102260	−5.1%
铁路货运量	万吨	27224	24874	−8.6%
公路货运量	万吨	228405	243301	6.5%
民航机场旅客吞吐量	万人次	11637	12535	7.7%
民航机场货邮吞吐量	万吨	219	225	2.9%

注：历史数据变化是个别地方发展改革委调整了统计数据。
数据来源：根据北京、天津、河北三省（直辖市）发展改革委提供的数据及相关行业数据汇总。

（3）重大交通项目进展情况。

2016 年，京津冀地区铁路新开工项目 7 个，建成投产项目 2 个；高速公路新开工项目 9 个，建成投产项目 5 个；民航运输机场新建项目 1 个；港口新开工项目 3 个，建成投产项目 3 个；城市轨道交通新开工项目 8 个，建成投产项目 2 个。2016 年京津冀地区重大交通项目基本情况及铁路和民航机场重大交通项目情况分别见表 4-23 和表 4-24。

表 4-23 　　　　　　　　2016 年京津冀地区重大交通项目基本情况

交通方式	新开工项目个数	建成投产项目个数
铁路	7	2
高速公路	9	5
民航机场	1	—
港口	3	3
城市轨道交通	8	2

数据来源：根据北京、天津、河北三省（直辖市）发展改革委提供的数据汇总。

表 4-24 　　　　2016 年京津冀地区铁路和民航机场重大交通项目名称

领域	新开工项目	建成投产项目
铁路	城际联络线、京唐铁路、京滨铁路宝坻南站维修工区工程、大张铁路河北段、京张铁路河北段、崇礼铁路	天津新港北铁路集装箱中心站及进港三线、曹妃甸港区铁路扩能工程
机场	北戴河机场公务机机坪扩建	—

注：北戴河机场于 2015 年建成完成校飞、试飞，于 2016 年 3 月建成通航。
资料来源：根据北京、天津、河北三省（直辖市）发展改革委提供的资料汇总。

2016 年，京津冀地区高速公路建设成就较为显著。其中，京台高速公路北京段的正式通车，使北京市的高速公路里程突破 1000 公里；首都地区环线高速公路河北境内全线（替代路线）贯通和京秦高速天津段的建成通车，有力促进了京津冀地区交通一体化的发展。铁路客运量、公路货运量及民航机场吞吐量均实现较快增长，其中北京市内的首都机场和南苑机场旅客吞吐量合计接近 1 亿人，货邮吞吐量接近 200 万吨。受宏观经济发展环境、产业结构调整等因素影响，铁路货运量仍出现了较大幅度下跌。公路客运量则进一步受到区域内城际列车快速发展的影响，也出现较大幅度下跌。

（二）长江经济带

长江经济带地区包括上海、江苏、浙江、安徽、江西、湖北、湖南、重庆、四川、云南、贵州等 11 省（直辖市），国土面积 203.8 万平方公里，占我国国土面积的 21.2%。

1. 长江干线航运情况

按照河道水文和地理特征，长江上中下游划分区段为：宜昌以上河段为上游，宜昌至湖口河段为中游，湖口以下河段为下游。按照航道养护管理的特点，长江上中下游划分区段为：宜昌以上为长江上游航道，宜昌至汉口为长江中游航道，汉口至长江口为长江下游航道。

长江干线航道上起云南水富，下至长江入海口，全长 2838 公里。其中：云南水富至四川宜宾合江门段 30 公里由四川省交通运输厅负责养护管理，湖北宜昌中水门至秭归庙河段 59 公里由长江三峡通航管理局负责养护管理，江苏太仓浏河口至上海长江口（南汊）段 120 公里由长江口航道管理局负责养护管理，其余河段由长江航道局负责养护管理。

长江是沟通东中西部的运输大动脉、名副其实的黄金水道。在沿江各种运输方式中，长江航运的货运量居于首位，沿江所需 85% 的铁矿石、83% 的电煤和 85% 的外贸货物运输量（中上游地区达 90% 以上）主要依靠长江航运来实现。在实施国家战略中，长江航运充分发挥了干流横贯东西、支流沟通南北的优势，为沿江经济社会发展提供更加畅通、高效、平安、绿色的航运服务，在长江经济带发展中提供坚强的航运保障。

2016 年，长江干线航道全年保持安全畅通，维护水深保证率 100%。其中，上游航道重庆至宜宾段航道最低维护水深由 2.7 米试运行提高至 2.9 米；中游航道全部达到或超过 I 级航道标准，武汉至城陵矶段航道最低维护水深由 3.7 米试运行提高至 4.0 米，城陵矶至荆州段航道最低维护水深由 3.5 米试运行提高至 3.8 米；下游航道福姜沙中水道航道维护水深由 4.5 米提升至 9.0 米，12.5 米深水航道初通南京。航道船闸通过能力持续提升，三峡升船机建成并试通航，客货轮、特种船舶有了过坝快速通道，三峡和葛洲坝两船闸累计通过量双超 1.3 亿吨，同比均上升 8.3%，继续保持高效运行。

2016 年，长江干线完成货物通过量 23.1 亿吨，同比增加 6.0%，再创历史新高；完成集装箱吞吐量 1520 万 TEU，同比增长 6.8%；长江干线规模以上港口完成货物吞吐量 22.7 亿吨，完成外贸货物吞吐量 3.3 亿吨，完成集装箱吞吐量 1520 万 TEU。铜陵港、马鞍山港货运吞吐量突破 1 亿吨，长江干线亿吨大港已达 14 个；长江干线生产性泊位 3922 个，比 2015 年的 3961 个减少了 39 个；万吨级泊位 572 个，比 2015 年的 502 个增加了 70 个，其中 5 万吨级泊位为 146 个。

2016 年，长江船型标准化工作稳步推进，全年改造生活污水船舶 1649 艘，拆解船舶 1015 艘，发放中央财政补贴资金 1.09 亿元。长江航务管理局加强与相关部门沟通，通过保护长江港口岸线资源、联合打击非法采砂等，共同推进长江绿色生态廊道建设。长江干线货船平均吨位达 1490 吨，通过三峡船闸的货船平均吨位达到 4240 吨，比 2015 年分别增加 110 吨和 220 吨。全年为 404 艘具备条件的三类船舶免费安装了长江电子航道图，应用覆盖率超过 74%。

2. 长江经济带交通发展情况

（1）基础设施发展情况。

2016年，长江经济带地区铁路营业里程3.7万公里，同比增长5.0%，其中，设计时速250公里及以上的高速铁路里程达8560公里，同比增长11.6%。长江经济带地区铁路线网密度达每万平方公里179.6公里，其中高速铁路网密度为每万平方公里42.0公里。

长江经济带地区公路通车里程达180.6万公里，同比增长2.3%，其中，高速公路达5.1万公里，同比增长15.9%。长江经济带地区公路线网密度达每万平方公里8861.8公里，其中高速公路网密度达每万平方公里251.1公里。

长江经济带地区已建成民航运输机场达84个，其中投入运营的有80个，每万平方公里民航机场数达到0.4个。因统计口径调整及改造减少若干泊位，沿海规模以上码头泊位数为2428个，其中万吨级泊位为528个。内河航道通航里程为9.1万公里，其中三级及以上航道里程8185公里，同比增长6.4%。此外，内河规模以上码头泊位12399个，其中万吨级泊位为417个，同比增长1.5%。

长江经济带地区已开通运营城市轨道交通的城市共有14个，分别是上海、杭州、宁波、长沙、武汉、南京、苏州、无锡、淮安、南昌、成都、重庆、昆明、合肥，城市轨道交通运营里程总计1861公里，同比增长11.6%。其中，合肥为2016年新增城市，城市轨道交通运营里程达24.7公里；武汉为181公里，2016年度新增运营里程最长，达55公里，同比增长43.7%；长沙为68.6公里，2016年度增长幅度最高，同比增长158.8%；宁波达73公里，同比增长49.0%；苏州达92.1公里，同比增长20.4%；重庆达213公里，同比增长5.4%；成都达108.5公里，同比增长23.1%；上海、杭州、南京、无锡、淮安、昆明、南昌等城市 2016 年度无新增城市轨道交通运营里程。

2016 年长江经济带地区交通基础设施基本情况见表 4-25。

表 4-25   2016 年长江经济带地区交通基础设施基本情况

指标	单位	2015 年	2016 年	同比增速
铁路营业里程	公里	34865	36604	5.0%
高速铁路里程	公里	7673	8560	11.6%
公路通车里程	公里	1766007	1806310	2.3%
高速公路里程	公里	44145	51174	15.9%
民航运输机场数（已建成的）	个	79	84	6.3%
已开通运营的民航运输机场数	个	78	80	2.6%
沿海主要规模以上港口码头泊位	个	2567	2428	−5.4%
沿海万吨级泊位	个	569	528	−7.2%
内河主要规模以上港口码头泊位	个	12490	12399	−0.7%
内河万吨级泊位	个	411	417	1.5%
内河航道通航里程	公里	91158	91213	0.1%
等级航道里程	公里	45528	46029	1.1%
三级及以上航道里程	公里	7696	8185	6.4%
城市轨道交通运营里程	公里	1669	1861	11.6%

注：1. 历史数据变化是由于统计口径变化、原始快报统计数据调整、上一年度统计数据汇总整理偏差等多种因素导致；

2. 沿海主要规模以上港口码头泊位及沿海万吨级泊位数量下降，主要是由于统计口径变化、改造减少相应泊位等因素导致，经核实，实际设施数量并未出现大幅下降。

数据来源：根据上海、江苏、浙江、安徽、江西、湖北、湖南、重庆、四川、云南、贵州十一省（直辖市）发展改革委提供的数据汇总。

（2）客货运输量情况。

2016 年，长江经济带地区铁路客运量达 11.5 亿人，同比增长 12.3%；铁路货运量达 4.9 亿吨，同比下降 2.5%。公路客运量为 80.9 亿人，同比下降 8.8%；公路货运量为 138.7 亿吨，同比增长 2.9%。沿海规模以上港口货物吞吐量达 21.0 亿吨，同比增长 2.6%，其中集装箱吞吐量为 6565 万 TEU，同比增长 2.1%。内河规模以上港口货物吞吐量达 36.2 亿吨，同比增长 3.9%，其中集装箱吞吐量为 1707 万 TEU，同比增长 7.6%。民航机场旅客吞吐量达 4.3 亿人次，同比增长 11.4%；货邮吞吐量达 791 万吨，同比增长 7.5%。2016 年长江经济带地区客货运量及吞吐量基本情况见表 4-26。

表 4-26　　　　　　2016 年长江经济带地区客货运量及吞吐量基本情况

指标	单位	2015 年	2016 年	同比增速
铁路客运量	万人	102323	114858	12.3%
公路客运量	万人	886897	808858	−8.8%
铁路货运量	万吨	50380	49121	−2.5%
公路货运量	万吨	1348329	1386879	2.9%
沿海规模以上港口货物吞吐量	万吨	205018	210314	2.6%
集装箱吞吐量	万 TEU	6429	6565	2.1%
内河规模以上港口货物吞吐量	万吨	348003	361568	3.9%
集装箱吞吐量	万 TEU	1587	1707	7.6%
民航机场旅客吞吐量	万人次	38558	42950	11.4%
民航机场货邮吞吐量	万吨	736	791	7.5%

　　注：历史数据变化是由于统计口径变化、原始快报统计数据调整、上一年度统计数据汇总整理偏差等多种因素导致。

　　数据来源：根据上海、江苏、浙江、安徽、江西、湖北、湖南、重庆、四川、云南、贵州十一省（直辖市）发展改革委提供的数据汇总。

（3）重大交通项目进展及若干典型项目基本情况。

2016 年，长江经济带省份铁路新开工项目 14 个，建成投产项目 13 个；高速公路新开工项目 70 个，建成投产项目 54 个；民航运输机场新开工项目 8 个，建成投产项目 2 个；内河航道方面新开工项目 31 个，其中长江干线航道项目 2 个，建成投产项目 9 个；港口方面新开工项目 68 个，其中万吨级以上泊位项目 18 个，建成投产项目 41 个，其中万吨级以上泊位项目 18 个；城市轨道交通新开工项目

32 个，建成投产项目 10 个。2016 年长江经济带重大交通项目基本情况及铁路和民航机场领域重大交通项目情况分别见表 4-27 和表 4-28。

表 4-27　　　　　　2016 年长江经济带重大交通项目基本情况

交通方式	新开工项目个数	建成投产项目个数
铁路	14	13
高速公路	70	54
民航机场	8	2
内河航道	31	9
长江干线航道	2	0
港口	68	41
万吨级以上港口	18	18
城市轨道交通	32	10

数据来源：根据上海、江苏、浙江、安徽、江西、湖北、湖南、重庆、四川、云南、贵州十一省（直辖市）发展改革委提供的数据汇总。

表 4-28　　　　2016 年长江经济带铁路和民航机场领域重大交通项目名称

领域	新开工项目	建成投产项目
铁路	连徐高铁、金华至宁波铁路、杭州至绍兴至台州铁路（先行段开工）、合肥至安庆、郑州至阜阳高铁、赣深客专、兴泉铁路兴国至宁化段、皖赣铁路洄溪口水库段改线工程、安九客专、郑州至万州铁路、张吉怀铁路、郑万高铁、枢纽东环线、贵阳至南宁铁路	郑徐客专、宁启铁路复线电气化改造、武汉至孝感城际铁路、长株潭城际铁路长沙站至株洲及湘潭段、渝万高铁、三万南铁路、巴达铁路、沪昆客专、云桂铁路、昆玉扩能、昆枢东南环线、沪昆客专贵阳至昆明段
机场	盐城、南通机场航站区、淮安机场飞行区扩建工程、义乌机场飞行区提升改造工程、武隆机场、万州机场改扩建、成都新机场、宜宾机场迁建、腾冲驼峰机场二期改扩建项目、德宏芒市机场跑道延长及附属设施建设项目、丽江三义机场站坪扩建工程、昭通机场跑道加铺建设项目	沧源佤山机场

资料来源：根据上海、江苏、浙江、安徽、江西、湖北、湖南、重庆、四川、云南、贵州十一省（直辖市）发展改革委提供的资料汇总。

2016 年，长江经济带区域一批重大交通基础设施的建成，进一步增强了区域内部的空间经济联系强度，改善了居民出行条件。沪昆客运专线的全线贯通，增强了沿江快速通道能力，也结束了云南省不通高速铁路的历史。宁启铁路复线电气化改造、武汉至孝感城际铁路、长株潭城际铁路的建成投产，增强了相关城市群地区的快速交通联系。渝万高铁、昆玉铁路扩能的完工，改善了重庆市区、云南省会昆明对本省市域内的辐射带动能力，改善了相对欠发达地区的快速大能力通达条件。而一批城市轨道交通项目的建成运营，改善了城市居民的出行条件。此外，杭绍台铁路、昆明轨道交通 4 号线和 5 号线等 PPP 示范项目，也在引入社会资本方面取得重要进展。

此外，值得一提的是，2016 年通过创新区域协调发展机制，打破行政区划界限和壁垒，促进了各方协同保护长江生态环境，推进基础设施互联互通，促进区域经济协调发展。2016 年 1 月，经推动长江经济带发展领导小组批准同意，领导小组办公室会同沿江 11 省市建立了覆盖全流域的长江经济带省际协商合作机制。同时，长江下游上海、江苏、浙江、安徽四省市已建立"三级运作、统分结合、务实高效"的合作协调机制。本次上游、中游区域性协商合作机制的正式建立，使长江经济带形成了多层次的协商合作机制架构。2016 年 12 月 1 日，推动长江经济带发展领导小组办公室会议暨省际协商合作机制第一次会议在北京召开。会上，长江上游重庆、四川、云南、贵州四省市签署《关于建立长江上游地区省际协商合作机制的协议》，中游湖北、江西、湖南三省签署《关于建立长江中游地区省际协商合作机制的协议》，并签署《长江中游湖泊保护与生态修复联合宣言》，标志着长江经济带省际协商合作机制全面建立。

在交通绿色发展方面，推动长江经济带发展领导小组办公室和有关部门印发了加强长江航道整治、推进船型标准化、黄金水道环境污染防控治理等相关指导性文件，并会同沿江省市进一步强化对船舶流动污染的源头控制。完善船舶污染物的接收处理，提高含油污水、化学品洗舱水等接收处置能力，重点推进港口、船舶修造厂污染物接收处理设施建设。推广使用 LNG 等清洁燃料，积极推进码头岸电设施建设和油气回收工作，严格船运危险货物运输管理。目前，长江航道治理稳步推进，长江船型标准化中央财政补贴政策延长至 2017 年年底，"黑码头"整治取得阶段性成果，长江干线共清理出 1256 个"黑码头"并进行分类处置，进一步有力推动了长江经济带交通发展深入落实生态优先绿色发展的理念。

（三）"一带一路"相关地区

1. 与周边国家互联互通重大交通项目基本情况

2016 年，我国与周边国家交通基础设施互联互通项目又取得一些进展。比如，时速 200 公里的中越中老国际铁路共用部分——昆明至玉溪段全线开通运营；中巴经济走廊"两大"公路建设项目——卡拉奇至拉合尔高速公路（苏库尔至木尔坦段）和喀喇昆仑公路升级改造二期（哈维连至塔科特段）开工建设；中俄界河黑龙江上首座跨境大桥开工建设；昆明经临沧清水河至缅甸皎漂公路中的墨江至临沧、临沧至清水河段开工建设；国道 302 线三岔至阿尔山、国道 210 线满都拉口岸至白云鄂博开工建设；中老铁路全线开工；克拉玛依至塔城铁路铁厂沟至塔城段开工建设；中泰铁路合作项目达成新的共识；中吉乌铁路三方联合工作组年内共召开两次会议，就铁路项目的技术标准、项目融资等问题进行了磋商。这些项目的实施及所取得的重要进展，将有助于加强"一带一路"沿线国家间贸易和人员交流，带动就业，促进地区经济发展。

此外，我国交通建设"走出去"取得较大成绩，比如由中国印尼企业联合体承建的印尼雅加达至万隆高铁项目5公里先导段于2016年3月实现全面开工；中远海运集团成功收购希腊比雷埃夫斯港控股股权，并全面接管港口经营；我国在非洲建设的首条全线采用中国技术、设备和标准的电气化铁路亚吉铁路于2016年10月竣工通车，这是非洲第一条跨国电气化铁路；中信建设集团牵头的联合体成功中标缅甸皎漂港和皎漂工业园项目；中铁五局成功中标塔吉克斯坦中亚连接线公路二期项目（苦盏—伊斯法拉段）；新疆北新路桥建设股份有限公司中标巴基斯坦 M－4 高速公路绍尔考特至汗尼瓦尔段项目中的第普尔至山姆考特（汗尼瓦尔）标段项目，值得一提的是，绍尔考特至汗尼瓦尔高速公路也是亚投行首个投资项目。

2. 中欧、中亚等西行班列发展的基本情况

根据各地方发展改革委提供的统计数据汇总，2016年，全国约有20个省份30余个城市，以不同形式开行了通达欧洲（含俄罗斯）、中亚地区的集装箱国际铁路班列，各种形式的西行班列总计达2460列。另据商务部的不完全统计显示，中欧班列始发城市已达25个，到达境外10个国家10余个集散地。

根据中国铁路总公司统计的数据，2016年，中欧班列共开行1702列，同比增长109%；去程开行1130列，回程开行572列，同比增长116%。其中，去程阿拉山口方向768列，霍尔果斯68列，二连浩特95列，满洲里199列；回程阿拉山口388列，霍尔果斯3列，二连浩特65列，满洲里116列。自2011年3月至2016年年底，中欧班列累计开行总数接近3000列，年均增速突破250%，累计运送货物26万标箱，实现进出口贸易总额200多亿美元。

2016 年 6 月，中国铁路正式启用中欧班列统一品牌。10 月，推进"一带一路"建设工作领导小组办公室发布中欧班列建设发展的首个顶层设计——《中欧班列建设发展规划（2016—2020 年）》（以下简称《班列规划》），全面部署未来 5 年中欧班列建设发展任务。《班列规划》提出，全面贯彻落实中央关于推进"一带一路"建设的战略部署，牢固树立和贯彻落实创新、协调、绿色、开放、共享的新发展理念，以提高发展质量和综合效率为中心，以优化服务、提供有效供给为主线，统筹兼顾当前和长远、地方和全局、陆运和海运、我国与沿线国家利益的关系，充分发挥政府、市场、企业的作用，将中欧班列打造成为具有国际竞争力和良好商誉度的世界知名物流品牌，成为"一带一路"建设的重要平台。《班列规划》明确了中欧铁路运输通道、枢纽节点和运输线路的空间布局，统筹利用中欧铁路东中西三条国际联运通道，按照铁路"干支结合、枢纽集散"的班列组织方式，在内陆主要货源地、主要铁路枢纽、沿海重要港口、沿边陆路口岸等地规划设立 43 个枢纽节点，建设发展 43 条运行线，并提出完善国际贸易通道、加强物流枢纽设施建设、加大货源整合力度、创新服务模式、建立完善价格机制、构建信息服务平台、推进便利化大通关等七大任务，着力优化运输组织及集疏运系统，提高中欧班列运行效率和效益。

随着统一品牌的实现和《班列规划》出台，中欧班列正朝向优化整合方向发展。据调研，2016 年以来，部分地方的补贴规模逐步减少，一些地方开始转变补贴方式，少数地方开始取消补贴政策，以促进市场机制的加快形成。在统一运单方面，成都青白江区政府与班列平台公司共同开启探索建立由国内主导的国际铁路联运"一票制"，以期实现国际铁路运单物权化。在回程运输方面，回程班列数量同比增长 116%，占去程班列数的 50.6%，较上年提升近 3 个百分点，重庆、郑州、武汉等地的班列运营主体也在境外业务网络布局、依托班列物流服务促进进口商品贸易发展等方面取得较大进展，为中欧班列的双向均衡对开创造了有利条件。此外，班列空箱率大幅下降，大大节约了班列运行成本。据二连浩特口岸统计显示，经该口岸出口的班列空箱率为 12.24％，同比下降 11.54％；回程班列空箱率为 9.54％，同比下降 34.32％。

三、述评：区域交通协调联动有力促进交通与区域经济匹配融合

　　2016 年，区域交通发展领域最为突出的特点是在发展新理念的指引和政策体制保障下，区域间交通协调联动步伐加快、一体化水平进一步提升，增强了交通运输对区域经济发展的匹配支撑能力，促进了交通运输与区域经济的深入融合。具体体现在以下几个方面：一是在持续深入落实西部大开发、东北振兴、中部崛起等国家区域发展战略过程中，西部地区交通基础设施建设继续保持最快增速，中部地区新增交通基础设施规模紧随其后，东北地区交通基础设施技术等级加快提升，这些地区板块的路网密度与东部地区的相对差距进一步减小；二是在进一步深入贯彻落实京津冀协同发展、长江经济带发展和"一带一路"建设等三大战略过程中，京津冀地区、长江经济带地区在跨区域政策协调体制机制保障下，加快了联动发展步伐，区域内的交通运输一体化发展水平有明显提升，"一带一路"相关地区内的国际交通互联互通继续保持高位推进态势，中欧班列加快朝优化整合方向发展，这些都有力支撑了三大战略的实施；三是在生态优先绿色发展理念的指引下，长江经济带地区交通发展

在加强长江航道整治、推进船型标准化、黄金水道环境污染防控治理等方面取得明显成效，有力促进了交通运输与生态建设协调融合；四是在高速铁路和城际交通网络化发展、民航机场和航运中心等综合枢纽一体化发展推动下，欠发达地区空间经济联系普遍增强，区域经济发展格局不断优化，通道经济、枢纽经济等交通新经济成为促进新一轮区域经济的发展的重要动力。

Chapter

第五章

发展展望

　　展望 2017 年，交通运输业生产、建设和发展的各方面或将延续 2016 年发展态势，或将呈现出不同于以往的新苗头性特点。具体而言，客运、货运和交通建设投资将基本保持 2016 年以来的发展态势，而交通运输业战略走向、规划管理、建设投资、区域发展、改革创新等则将呈现出一些新特点。

一、运输生产发展趋势

　　2017 年，运输生产将呈现出客运规模回落势头减缓、高端出行比重加大，货运回暖有望维持的基本趋势。

（一）客运回落势头有望减缓，高品质出行比重提升

1. 过去几年客运规模与结构走势

（1）铁路客运快速增长，高铁客流贡献巨大。近年来，我国铁路客运量基本保持了两位数左右的增长速度，2016 年完成 28.14 亿人，同比增长 11.0％；铁路旅客周转量则保持了 5％以上的增长速度，2016 年完成 12579.29 亿人公里，同比增长 5.2％。快速增长的铁路客运量中，高速铁路的贡献越来越大，2016 年全路高铁旅客发送量完成 11.6 亿人，旅客周转量完成 4041.0 亿人公里，分别占全路总量的 45.8％和 33.8％，旅客发送量年均增长 30％以上，发送量占全路总量的比重比 2007 年扩大了 10 倍。

（2）公路营运客运持续回落，私家车出行飞速壮大。过去几年，我国公路营运汽车客运无论是客运量还是周转量规模均出现了不同程度的回落。营运客运量自 2013 年转增为降后，连续三年出现下降，2016 年完成 156.3 亿人，同比下降 3.5％；营运旅客周转量同样连续三年下降，2016 年完成 10294.8 亿人公里，同比下降 4.2％。与之形成强烈对比，以私家车为主的高速公路七座及以下小客车观测流量却实现高速增长，2016 年同比增长 16.5％，达到 37.08 万辆次。

（3）水路客运量逐年下降，市场份额逐渐萎缩。过去几年，我国水路客运量规模一直较小，占全社会客运量的比重维持在 1.5％以下，2016 年完成 2.72 亿人，与上年基本持平。周转量方面，水路旅客周转量占全社会旅客周转量的比重更低，仅仅维持在 0.3％以下，2016 年完成 72.33 亿人公里，同比下降 1.0％，水路在旅客

运输中的作用越来越小。

（4）民航客运高速增长，国际航线增长尤其突出。近年来，我国民航客运量保持了 10％左右的高速增长态势，且增速不断加大，2016 年完成 4.88 亿人，同比增长 11.9％；旅客周转量增长更快，增速保持在 12％以上，2016 年完成 8378.13 亿人公里，同比增长 15.0％。特别是国际航线增长尤其突出，2011 年以来民航机场国际航线旅客吞吐量增速一直高于国内航线，且领先逐年加大，2016 年比国内航线增速高出近一倍。近年来我国民航机场旅客吞吐量增速变化情况见图 5-1。

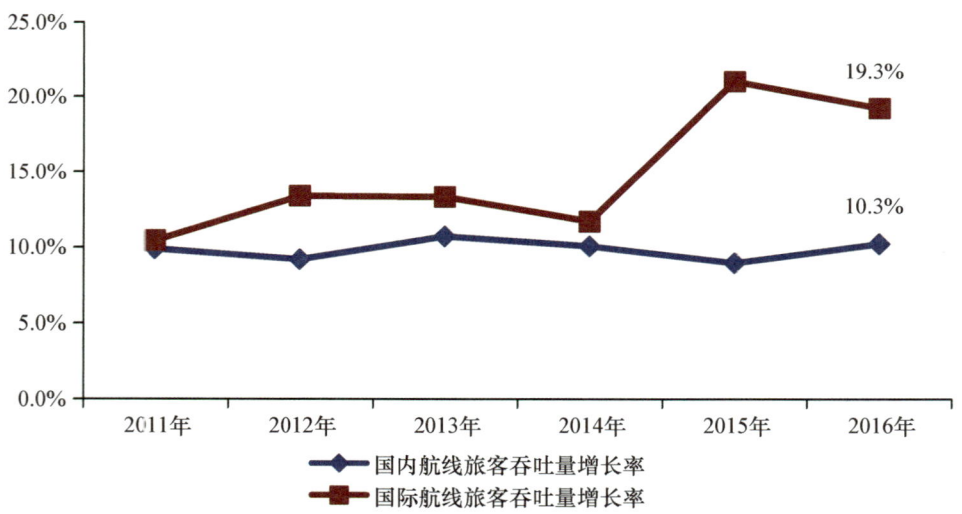

图 5-1　近年来我国民航机场旅客吞吐量增速变化情况

数据来源：历年全国机场生产统计公报。

（5）全社会营运客运规模小幅回落，高端出行比重提升。2013 年以来，我国全社会营业性客运量持续下降，2016 年完成 190.02 亿人，比 2013 年的峰值（212.30 亿人）下降了 10.5％，主要原因是公路营运客运量出现大幅下滑。但考虑到未纳入统计的私人汽车出行规模快速增加，二者相互叠加，实际全社会客运量并未大幅收缩。全社会旅客周转量则依然保持稳定增长，2016 年达到 31258.46 亿人公里，同比增长 4.0%。出行结构方面，水路、公路营运客运量规模持续回落，民航、高铁、私人小汽车出行规模快速增加，反映出更加快速、舒适、便捷的高品质出行比重大幅提升，其中，民航、铁路客运量 2016 年占全社会客运量的比重分别比 2011 年提高了 0.9 和 4.7 个百分点，而公路比重则下降了 6.0 个百分点。近年来我国全社会客运量及其增速变化情况见图 5-2，旅客周转量及其增速变化情况见图 5-3。

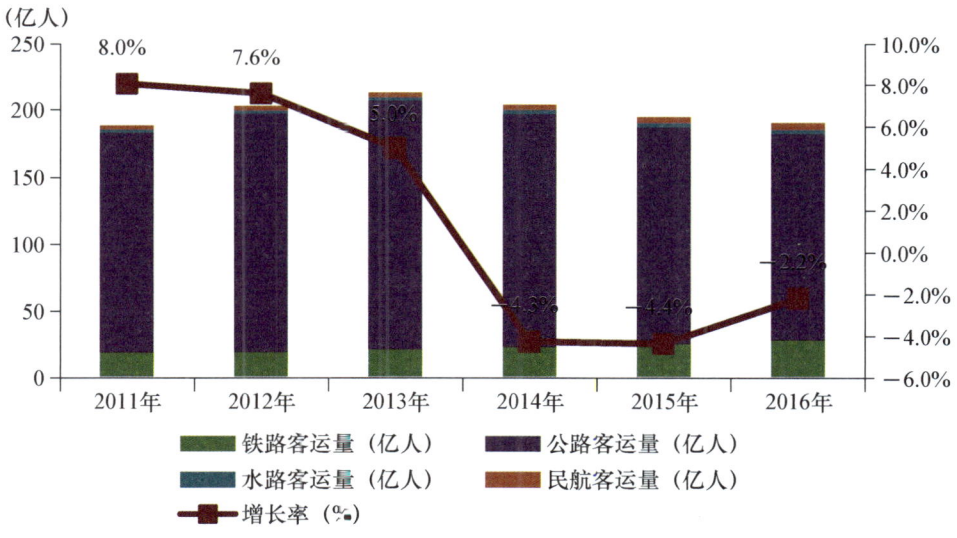

图 5-2　近年来我国全社会客运量及其增速变化情况

数据来源：综合历年铁道统计公报、交通运输（2011、2012 年为公路水路）行业发展统计公报、民航行业发展统计公报、全国机场生产统计公报数据得到，其中由于 2013 年公路、水路统计口径有调整，本图 2011、2012 年数据为新口径下推算数据。

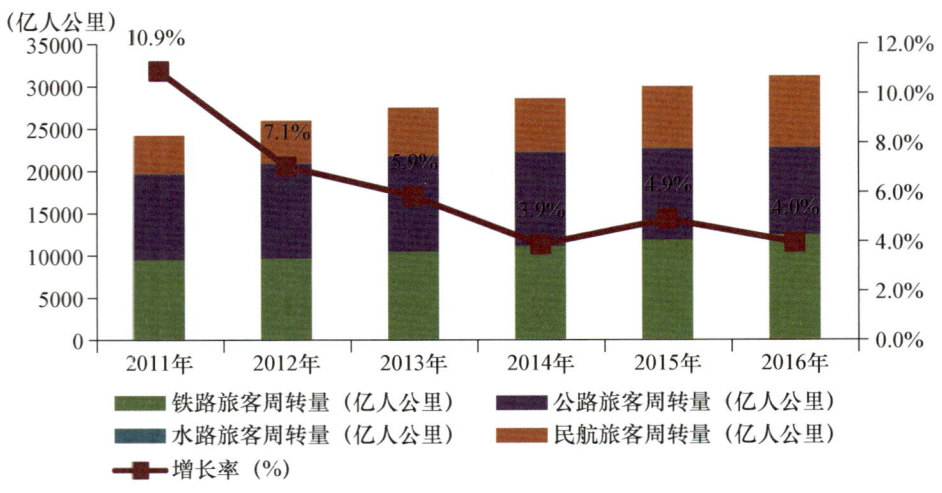

图 5-3　近年来我国全社会旅客周转量及其增速变化情况

数据来源：综合历年铁道统计公报、交通运输（2011、2012 年为公路水路）行业发展统计公报、民航行业发展统计公报、全国机场生产统计公报数据得到，其中由于 2013 年公路、水路统计口径有调整，本图 2011、2012 年数据为新口径下推算数据。

2. 2017 年客运规模与结构趋势研判

根据《关于 2016 年国民经济和社会发展计划执行情况与 2017 年国民经济和社会发展计划草案的报告》，2017 年，我国预计将城镇新增就业 1100 万人以上，比 2016 年预期目标多 100 万人，城镇登记失业率控制在 4.5％以内，就业形势将保持总体稳定。以此为保障，城乡居民收入增长将继续保持经济增长同步的势头，预计 2017 年城镇居民、农村居民人均可支配收入将分别达到 3.65 万元和 1.34 万元，全社会收入分配差距不断缩小，中等收入群体规模不断扩大，中国社会发展进入加快建设现代橄榄形社会的新阶段。随着收入的稳步提高，交通、旅游等支出占居民消费需求的比重必将进一步提高，因而 2017 年我国全社会客运总规模的回落势头有望减缓；同时，随着中等收入群体规模的不断扩大，旅客出行对价格的敏感性将进一步降低，对在途时间、舒适性等的追求将更加强烈，因而私家车、民航、高铁等高品质出行比重将进一步增加。

具体而言，从 2016 年月度数据看，全社会客运量回落幅度已经开始逐月收窄，这种势头在 2017 年有望得到继续，全社会客运量规模同比下降 2.0% 左右，回落势头比 2016 年收窄 0.2 个百分点。出行结构方面，随着高铁运营网络效益的日益凸显，铁路客运量仍将快速增长，增速达到 12.5% 左右；民航受益于我国居民境外旅游的爆发，客运量同样将快速增长，增速有望突破 12%；而公路营运客运量伴随着高铁、私家车、共享交通的分流，规模继续回落，降速在 4% 左右；水路客运量则将基本保持与 2016 年规模相当水平。旅客出行高端化趋势在 2017 年必将延续。

（二）货运回暖基础更加坚实，逐步向好目标可期

1. 过去几年货运规模与结构走势

（1）铁路货运止跌回升。过去几年，我国铁路无论是货运量还是周转量均出现连续回落，2014、2015 年货运量下降速度分别为 3.9% 和 11.9%，货物周转量下降速度分别为 5.6% 和 13.7%。2016 年铁路货运连续下降势头基本得到扭转，铁路完成货运量 33.32 亿吨，同比仅下降 0.8%，增速接近转负为正；完成货物周转量 23972.26 亿吨公里，同比增长 0.2%，增速成功实现转负为正。

（2）公路货运增速回升。过去几年，我国公路货运量经历了一段低速增长期，2014、2015 年增速均仅为 1.2%。这种势头在 2016

年同样得以扭转，全年完成货运量 336.3 亿吨，同比增长高达
6.8％；实现货物周转量 61210.10 亿吨公里，增速由 2014、2015 年
的 2.0％，提升为 5.6％。

（3）水路货运增速回升。过去几年，我国水路无论货运量还是
货物周转量均保持了低速增长态势。这种势头在 2016 年发生改变，
根据交通运输部统计公报，货运量方面，2016 年同比增长 4.0％，
增速比 2015 年提高 1.4 个百分点，最终完成货运量 63.82 亿吨；货
物周转量方面，增速由 2015 年的－1.1％转为 2016 年的 6.1％，完
成货物周转量 97338.80 亿吨公里。

（4）民航货运持续增长。过去三年，我国民航货运量增速稳定
在 6.0％左右，2016 年实现货运量 666.9 万吨。货物周转量增速经
历了 2014、2015 年 10％以上的增速后，2016 年回落至 6.9％，实现
货物周转量 221.1 亿吨公里。2016 年民航机场货邮吞吐量完成
1510.4 亿吨，同比增长 7.2％。

（5）管道货运稳定增长。过去几年，我国管道货运量基本维持
了 5％左右的稳定增长态势，2016 年同比增长 5.3％，完成货运量
7.0 亿吨。货物周转量增速近两年稳定在 6％左右，2016 年同比增
长 5.7％，完成货物周转量 4670.6 亿吨公里。

（6）港口生产增速回升。过去几年，我国港口货物吞吐量增长
速度连续放缓，由 2011 年的 12.4％下降到 2015 年的 2.4％，这种
趋势在 2016 年得到扭转。2016 年，港口完成货物吞吐量 132.01 亿
吨，同比增长 3.5％；沿海港口完成货物吞吐量 84.55 亿吨，同比增
长 3.8％；完成港口外贸货物吞吐量 38.51 亿吨，同比增长 5.2％，
三项指标的增长率均实现了回升。近年来我国港口货物吞吐量增速
变化情况见图 5-4。

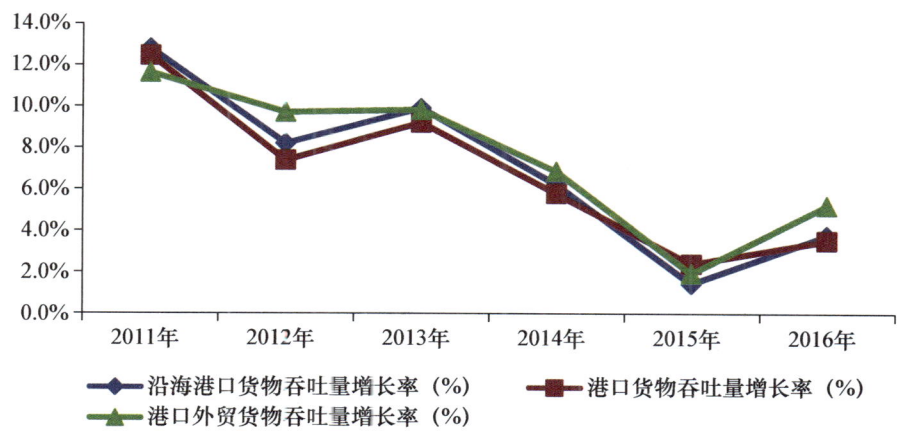

图 5-4　近年来我国港口货物吞吐量增速变化情况

数据来源：历年交通运输（2011、2012 年为公路水路）行业发展统计公报。

（7）邮政业务规模飞速增长。过去四年，我国邮政业务规模获得了飞速增长。2012 年以来年增速分别为 26.7%、33.8%、35.6%、37.4% 和 45.7%，2016 年实现邮政业务总规模 7397.24 亿吨。快递方面同样如此，2011 年以来快递企业业务量一直保持了年均 50% 以上的增长速度，2016 年实现快递企业业务量 312.83 亿件，同比增长高达 51.4%。近年来我国邮政及快递企业业务总量及其增速变化情况见图 5-5 和图 5-6。

（8）全社会货运回暖。我国货运在经历了过去几年下行之后，于 2016 年在国民经济各行业中率先实现回暖向好。2013 年以来的铁路货运量下降行将结束，公路货运增速回落的势头得以扭转，水路和港口货运增速有所回升，民航和管道货运规模持续稳定增长，邮政快递业务量飞速增长。反映到行业整体，2016 年实现全社会货运量 440.4 亿吨，同比增长 5.7%，增速较 2014、2015 两年大幅回升；实现全社会货物周转量 185294.9 亿吨公里，同比增长 4.0%，较 2015 年大幅回升。

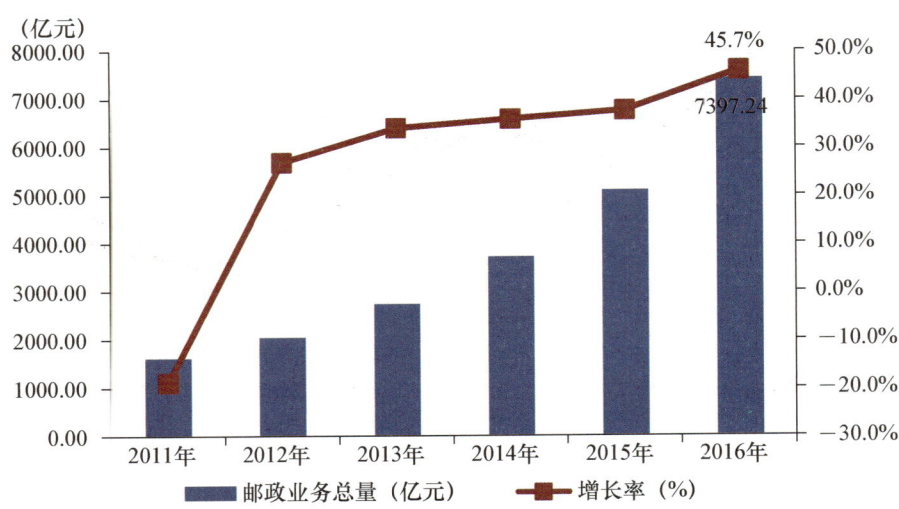

图 5-5　近年来我国邮政业务总量及其增速变化情况

数据来源：历年邮政行业发展统计公报。

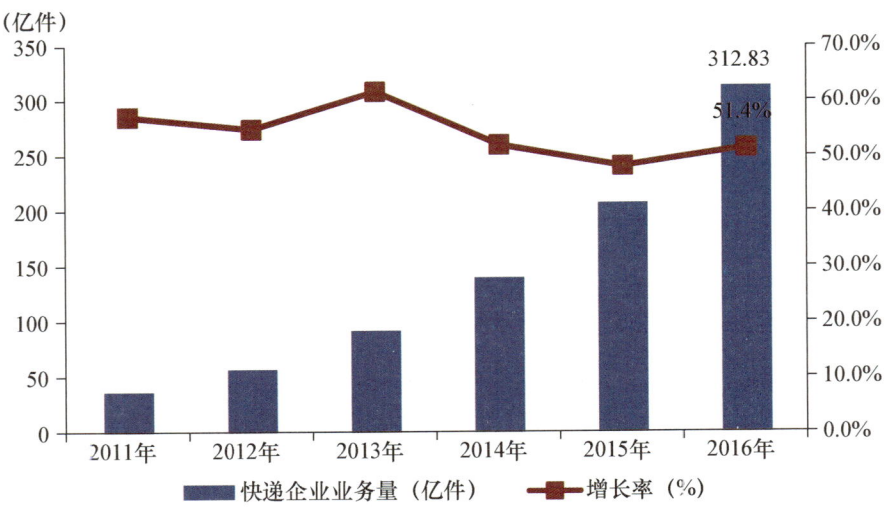

图 5-6　近年来我国快递企业业务量及其增速变化情况

数据来源：历年邮政行业发展统计公报。

　　近年来我国社会货运量、货物周转量及其增速变化情况分别见图 5-7 和图 5-8。

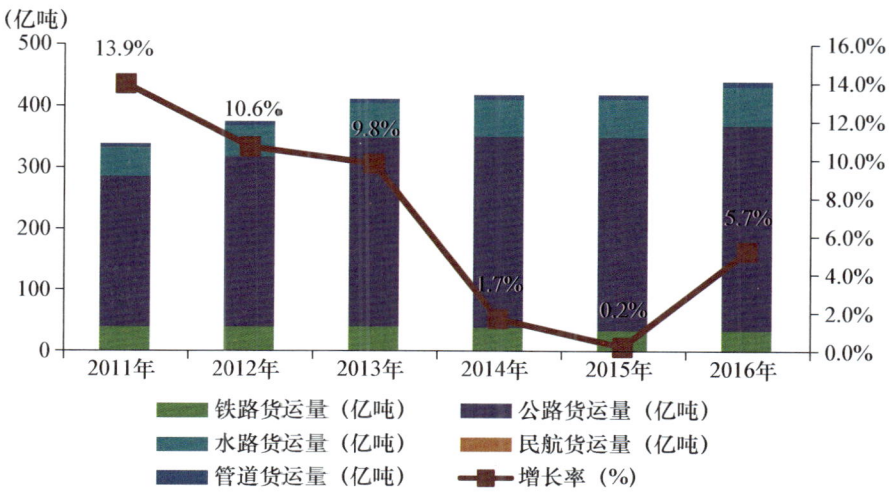

图 5-7　近年来我国全社会货运量及其增速变化情况

数据来源：综合历年铁道统计公报、交通运输（2011、2012 年为公路水路）行业发展统计公报、民航行业发展统计公报、国民经济和社会发展统计公报数据得到，其中，公路、水路由于 2013 年统计口径有调整，2011、2012 年数据为新口径下推算数据，管道 2016 年数据按增长率进行了修正。

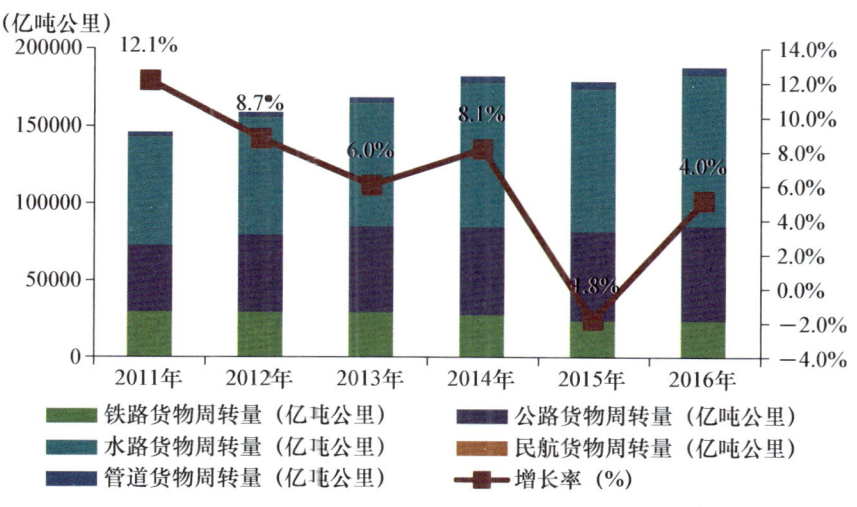

图 5-8　近年来我国全社会货物周转量及其增速变化情况

数据来源：综合历年铁道统计公报、交通运输（2011、2012 年为公路水路）行业发展统计公报、民航行业发展统计公报、国民经济和社会发展统计公报数据得到，其中，公路、水路由于 2013 年统计口径有调整，2011、2012 年数据为新口径下推算数据，管道 2016 年数据按增长率进行了修正。

2. 2017 年货运规模与结构趋势

根据《关于 2016 年国民经济和社会发展计划执行情况与 2017 年国民经济和社会发展计划草案的报告》，2017 年我国国内生产总值预期增长 6.5％左右，经济增速将继续保持在合理区间。同时，"三去一降一补"供给侧结构性改革将继续深入，特别是去产能将再压减钢铁产能 5000 万吨左右，退出煤炭产能 1.5 亿吨以上，淘汰、停建、缓建煤电产能 5000 万千瓦以上，以防范化解煤电产能过剩风险；去库存将按照"房子是用来住的、不是用来炒的"的定位，分类调控、因城施策，综合运用金融、土地、财税、投资、立法等手段，加快建立和完善促进房地产市场平稳健康发展长效机制，以遏制热点城市房价过快上涨。经济稳定增长的良好预期意味着 2017 年货运继续回暖的环境已经具备，去产能去库存的深化则将进一步强化经济发展稳中求进的动力，货运回暖的基础逐步变得牢固。

从 2016 年月度数据看，全社会各种运输方式货运量增速均出现不同程度回升，预示着 2017 年我国货运回暖有望继续。同时，考虑到 2017 年深化供给侧结构性改革，尤其是促进房地产市场平稳健康发展和深入化解钢铁、煤炭行业过剩产能的深入，钢铁、煤炭和建材价格有望继续回升，进而带动国内大宗商品贸易和运输需求进一步加大；国际上美国总统特朗普上台、英国脱欧等全球化不利因素在 2017 年将由不可预期逐渐进入平稳期，对国际贸易与运输的抑制作用将有所减弱。2017 年我国货运在回暖的基础上实现进一步向好目标，属于较大概率事件。

二、交通建设发展趋势

2017 年，经济社会发展要求综合交通网规模进一步扩大，网络结构进一步优化，交通基础设施建设需求依然旺盛，与之对应，交通投资规模仍将保持高位运行，持续发挥对经济稳增长的重要作用。

（一）设施网络规模进一步扩大，层次结构继续优化

1. 过去几年设施网络规模走势

（1）铁路网规模不断扩大，质量不断提高。过去几年，我国铁路营业里程保持了稳定增加态势，2016 年达到 12.4 万公里，同比增长 2.5％。与此同时，路网等级不断提高，铁路复线率由 2011 年的 40.7％提高到 2016 年的 54.8％，提高了 14.1 个百分点；电气化率由 46.2％提高到 2016 年的 64.5％，提高了 18.3 个百分点；高速铁路营业里程由 2013 年的 1.1 万公里增加到 2016 年的 2.2 万公里，翻了一番。近年来我国铁路电气化率和复线率变化情况见图 5-9。

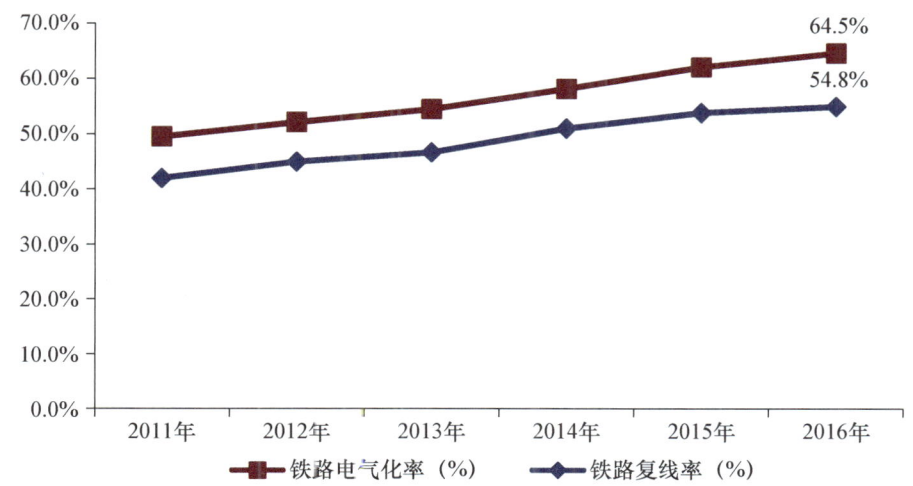

图 5-9　近年来我国铁路电气化率和复线率变化情况

数据来源：历年铁道公报。

（2）公路网规模加速增长，高速公路增长放缓。2016 年，我国公路里程增长速度稳定，年底公路里程达到 469.63 万公里，同比增长 2.6%，基本维持在 2.5% 左右。与之相反，高速公路增速有所减慢，2016 年高速公路里程达到 13.10 万公里，同比增长 6.1%，增速仅为上年（10.4%）的一半多一点。

（3）内河航道网规模保持稳定，等级结构不断优化。与自然条件有关，我国内河航道网基本形态已经形成，网络规模基本稳定维持在 12 万公里以上，2016 年内河航道网规模为 12.71 万公里，仅 2015 年增加 0.01 万公里。规模稳定的基础上，等级结构不断优化，2016 年三级以上高等级航道里程达到 1.21 万公里，比 2010 年增长 18.6%，占内河航道总里程的比重由 8.2% 提高到 9.5%，增加了 1.3 个百分点。

（4）港口泊位逐年减少，深水泊位数量位稳步增加。我国港口泊位数量进入"十二五"以后便开始缓慢减少。近两年，随着沿海沿江港口资源整合的力度加大，港口泊位数量减少速度加快，2016 年年底港口生产用码头泊位数为 30388 个，2015、2016 年同比分别下降 1.4% 和 2.8%。总量减少的同时，质量稳步提升，港口万吨级以上泊位数量由 2010 年的 1661 个逐年增加至 2016 年的 2317 个，年均增长 5.7%。

（5）民航机场数量稳步增加，航线数量快速增加。我国机场数量过去几年一直在稳步增加，2016 年全国（不含港澳台地区）民用颁证机场数量达到 218 个，与 2010 年的 170 个相比，大约平均每年增加 7 个。航线数量方面，2016 年全国民用航空航线数量达到 3792 条，按不重复距离计算的定期航班航线里程达到 634.80 万公里，同比分别增长 14.1% 和 19.4%。

（6）管道网里程稳步增加。我国输油气管道网规模多年来保持了稳步增长的态势，2016 年全国管道输油（气）里程达到 11.17 万公里，与 2011 年相比，年均增长 6.1%。

（7）城市轨道交通规模快速扩大。2011 年以来，我国城市轨道交通进入快速发展期，营运里程由 2010 年的 1471 公里快速增加到 2016 年的 3767 公里，保持了年均 15% 以上的增长速度。

（8）邮政网络稳步加密。我国邮政网络近年来保持稳步加密态势，2016 年全国邮政邮路总长度（单程）达到 658.5 万公里，同比增长 3.3%；邮政营业网点数达到 21.7 万个，同比增长 15.1%。按覆盖密度计算，全行业平均每一营业网点服务面积达到 44.3 平方公里，平均每一营业网点服务人口达到 0.6 万人。近年来我国邮政邮路总长度、营业网点数及其增速变化情况分别见图 5-10 和图 5-11。

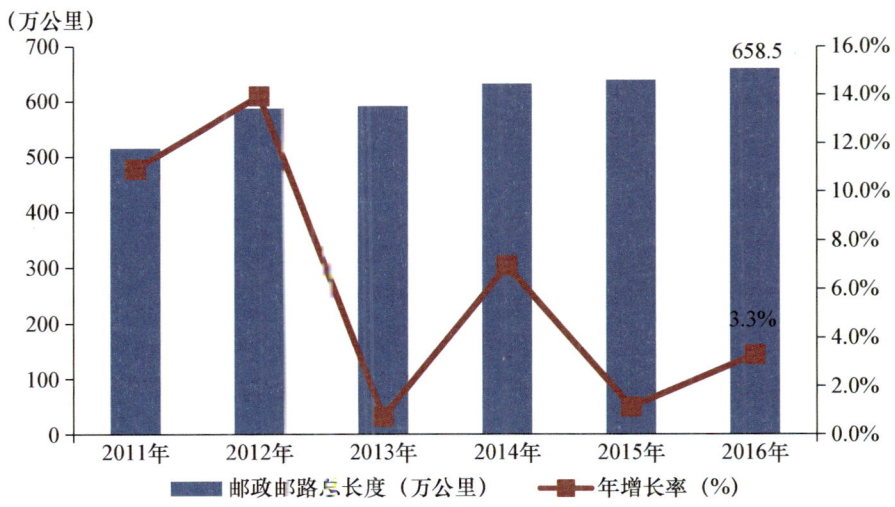

图 5-10　近年来我国邮政邮路总长度及其增速变化情况

数据来源：历年邮政行业发展统计公报。

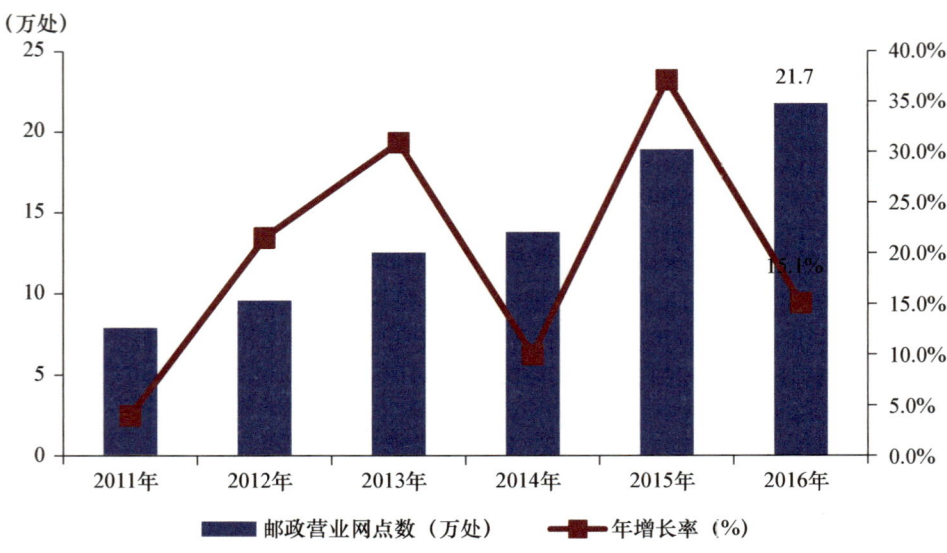

图 5-11　近年来我国邮政营业网点数及其增速变化情况

数据来源：历年邮政行业发展统计公报。

（9）综合交通网规模稳定增长，结构不断优化。过去几年我国综合交通网规模保持了持续增长势头，2016 年全国综合交通网里程（铁路、公路、航道、管道[1]和 1.8 万公里沿海岸线）达到 507.71 万公里，比 2010 年增长了 75.72 万公里，年均增速达到 2.7％。其中，高速铁路里程比 2013 年翻了一倍，高速公路里程比 2010 年增长 76.8％，三级以上内河高等级航道里程比 2010 年增长 18.6％，民航国际航线里程是 2010 年的 2.63 倍，高等级路网的快速增长，促使综合交通网结构不断升级优化。近年来我国综合交通网里程及其增速变化情况见图 5-12。

---

[1]　2016 年管道输油（气）里程数为估算数。

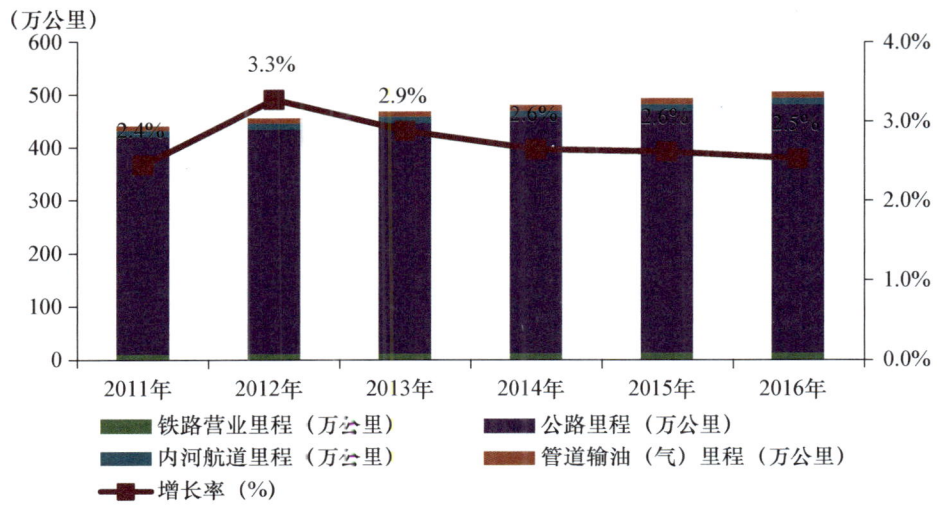

（万公里）

图 5-12　近年来我国综合交通网里程及其增速变化情况

数据来源：综合历年铁道统计公报、交通运输（2011、2012 年为公路水路）行业发展统计公报、国民经济和社会发展统计公报数据得到。

2. 2017 年设施网络发展趋势

2017 年是全面建成小康社会攻坚阶段的关键之年，实施"三大战略"的深化之年、新型城镇化建设的重要一年，对交通基础设施网络提出了更高要求。全面建成小康社会要求交通运输要补足网络设施发展短板，特别是针对贫困地区和贫困人口这一全面建成小康社会的最大短板，加快通乡联村道路建设，尽快打通对外通道，完成好今后一个时期交通建设的硬任务，为打赢脱贫攻坚战提供有力支撑。"一带一路"建设要求加快推进基础设施互联互通，京津冀协同发展要求交通一体化率先实现突破，长江经济带发展要求构建高质量综合立体交通走廊，不断增强交通运输的带动力、联通力和辐射力，为"三大战略"实施提供强有力的交通运输基础支撑。以人的城镇化为核心、以城市群为主体形态，加快推进新型城镇化，城市群人口、经济和产业联系将日益紧密，城际客货运输需求规模扩张和结构升级加快，这就要求统筹区际、城际、城乡和城市交通网络布局，优化网络功能级配，重点推进以轨道交通为主体的城际城市交通网建设，更好实现对城市群、都市圈空间格局的引导作用。国家战略深入实施要求综合交通网规模继续稳步扩大。

具体而言，铁路将以西部铁路建设为重点，优先安排有利于提高路网效率效益、实施集中连片地区脱贫攻坚、补齐发展短板、促进融合发展、形成有效供给的项目，预计投产新线 2100 公里、复线 2500 公里、电气化铁路 4000 公里。[1]公路将推进国家高速公路联网畅通，加快区际省际待贯通路段建设和交通繁忙路段扩容改造，力争实现杭瑞、包茂等国家高速公路全线贯通，同时，提高三四线城市和特大城市间基础设施的互联互通，加强国道待贯通路段建设和低等级路段升级改造，推进国省道城镇过境段、城市出入口路段改造，计划新增高速公路 5000 公里，新改建农村公路 20 万公里，新增贫困地区 7000 个建制村通硬化路。[2]水路将推进"两横一纵两网十八线"内河高等级航道建设，推进内河集约化、规模化港区和沿海港口大型综合性港区、专业化码头建设，预计新增内河高等级航道达标里程 500 公里。民航将进一步简化基础设施建设项目审批程序，放开民航基础设施设计、建设、服务等市场，鼓励社会资本以带案投标、投资建设、特许经营等模式投资建设运营民用机场等相关项目，计划新开工重点项目 10 个，续建项目 34 个。[3]管道计划推动中俄东线天然气管道、陕京四线、新疆煤制气外输管道建设，开展川气东送二线、蒙西煤制气外输管道等项目前期工作，加快重点

---

［1］　数据摘自铁路年度工作会议上盛光祖的讲话。
［2］　数据摘自交通运输部年度工作会议上李小鹏的讲话。
［3］　数据摘自民航局年度工作会议讲话。

地区和气化率较低地区汇气管道建设，推进页岩气等非常规天然气配套外输管道建设。

（二）交通稳增长作用持续发挥，新兴领域投资亮点纷呈

1. 过去几年交通建设投资走势

（1）铁路建设投资规模保持稳定，但增速有所放缓。从投资规模看，我国铁路固定资产投资规模自 2014 年突破 8000 亿元以来，近三年一直保持在 8000 亿元以上水平，2016 年达到 8015 亿元，规模基本保持稳定。增速变化方面，由于基数越来越大，在保持同等规模新增投资的情况下，增长速度表现为下降态势，2016 年为 −2.7%，为 2012 年以来最低。

（2）公路建设投资规模稳步增加，增速保持稳定。从投资规模看，近年来我国公路固定资产投资规模保持逐年增加态势，2016 年完成 17976 亿元，比 2011 年增加了 41.2%。增速变化方面，2013 年以来增速分别为 7.7%、12.9%、6.8%、8.9%，可以说增速保持在了 7% 左右。

（3）水路建设投资规模逐年下降，沿海下降尤其明显。从投资规模看，我国水路固定资产投资近三年出现连续下降，2016 年完成 1417 亿元，比 2013 年下降了 2.8%。其中，沿海建设投资规模下降是主要原因，2012 年以来降速分别为 0.3%、2.2%、3.1%、4.3% 和 5.0%，降速逐年扩大。

（4）民航建设投资规模稳步增长，但比重依然较小。从投资规模看，近年来我国民航固定资产投资规模保持稳步增长态势，2011 以来年均增长约 20 亿元，2016 年达到 782 亿元，同比增长 1.7%。然而，尽管规模持续增长，但民航固定资产投资占交通投资（不含

管道，以下同）比重较小的局面并未得到改变，依然维持在 2.5%
左右。

（5）城市轨道交通建设投资规模快速增长，比重持续加大。从
投资规模看，近年来我国城市轨道交通（不含港、澳、台地区）固
定投资实现快速增长，根据中国城市轨道交通协会统计，包括城市
有轨电车在内，2016 年城市轨道交通投资达到 3847 亿元，比 2011
年增长 136.3%。受益于高增长，城市轨道交通固定资产投资占交
通投资（不含管道投资）的比重持续加大，由 2011 年的 6.9% 增长
到 2016 年的 11.6%，成为交通建设投资的重要新兴领域。

（6）交通行业固定资产投资维持高位，稳增长作用依然突出。
综合铁路、公路、水路、民航和城市交通建设投资情况，近年来，
我国交通行业建设投资维持高位运行态势，2014 年突破 3 万亿以
来，继续小幅上升，2016 年达到 3.3 万亿元（不含公路水运其他建
设投资）。从稳增长的作用来看，2011 年以来，交通建设投资[1]占
GDP 的比率一直在 5% 左右，交通固定资产投资[2]占全社会固定资
产投资的比重在 10% 左右，交通基础设施投资的稳增长作用依然非
常突出。近年来我国交通（不含管道）固定资产投资及其增速变化
情况见图 5-13。

2. 2017 年交通建设投资趋势

中央经济工作会议强调，2017 年贯彻好稳中求进工作总基调具
有特别重要的意义，必须发挥好投资在稳定经济增长中的作用，加
大关键领域和薄弱环节补短板工作力度，精准扩大有效投资。根据
《关于 2016 年国民经济和社会发展计划执行情况与 2017 年国民经济

---

[1]　指行业统计公报发布的铁路、公路、水路、民航和城市轨道交通建设投资额合计数。
[2]　指统计年鉴中发布的交通运输业固定资产投资额（含仓储、邮政业）。

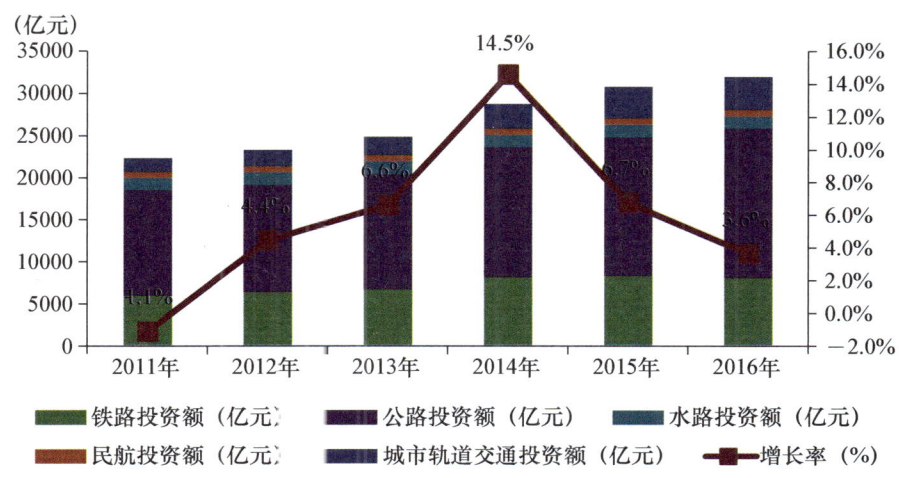

图 5-13　近年来我国交通（不含管道）固定资产投资及其增速变化情况

数据来源：综合历年铁道统计公报、交通运输（2011、2012 年为公路水路）行业发展统计公报、民航行业发展统计公报、中国城市轨道交通协会《城市轨道交通统计和分析报告》（2015、2016 年度）数据得到。

和社会发展计划草案的报告》，预计 2017 年全社会固定资产投资增长 9.0% 左右，拟安排中央预算内投资 5076 亿元，集中用于重大战略、重大工程和重点建设任务。同时，着力激发民间投资活力，认真落实有关鼓励支持政策，向民间资本进一步放开基础电信领域竞争性业务、油气勘探开发、国防科技等领域的市场准入。交通基础设施投资历来是稳增长的重要引擎，根据《"十三五"现代综合交通运输体系发展规划》的实施目标和主要任务粗略测算，"十三五"时期交通投资总规模约 15 万亿元，平均每年 3 万亿元。2017 年，在稳中求进工作总基调下，交通行业投资规模很可能将高于 3 万亿元这一平均水平，继续对稳增长发挥重要作用。

具体而言，铁路建设从过去几年走势看，投资规模很难在上年基础上继续增加，将保持在 8000 亿元水平；公路建设投资规模将在上年基础上小幅增加，其中农村公路将成为主要增长点；水路建设投资规模将在上年基础上有所回落，其中沿海港口投资回落明显，预计公路、水运合计完成固定资产投资 1.8 万亿元以上。民航受益于《全国民用运输机场布局规划》发布和通用航空发展加速，投资规模将在上年基础上实现较大幅度增加，达到 800 亿元左右；城市轨道交通按照国家发展改革委、交通运输部《交通基础设施重大工程建设三年行动计划》安排，2017 年将迎来建设和投资的高峰期；同时，在长期制约综合交通运输网络整体能效发挥的多式联运交通枢纽方面，也将成为又一个新的投资增长点。此外，在资金来源方面，可以预见，随着交通投资 PPP 模式逐渐步入正轨，社会资本比重将大幅增加。

三、交通运输业发展改革方向

2017 年是实施"十三五"规划的重要一年，是供给侧结构性改革的深化之年，交通运输业发展将呈现出战略走向与经济社会融合，项目管理强化规划后监管，建设投资向短板和新兴领域倾斜、区域发展重点支撑"三大战略"、改革创新进入攻坚阶段等新特点新趋势。

（一）交通与经济社会融合成为发展趋势

经过多年建设发展，我国交通基础设施供给能力不足的问题已基本解决，到 2016 年年底，全国高速铁路营业里程、高速公路通车里程、城市轨道交通运营里程、沿海港口万吨级及以上泊位数量均位居世界第一。同时，运输服务水平也获得了整体提升，全球集装箱吞吐量排名前十位的港口我国占 7 席，港口货物吞吐量和内河水运量多年位居世界第一，快递业务总规模位居世界第一，北京首都机场旅客吞吐量位列全球第二。可以说，从与经济社会发展的适应性来看，我国交通运输已经进入由"追随型"向"引领型"发展的新阶段。新时期新常态下我国经济发展转入中高速增长，产业结构调整步伐加快，传统运输需求格局发生重大变化，个性化、多样化需求日益增多，依托"互联网＋"等信息技术，跨界合作、资源共享、融合发展正逐步成为趋势。

交通运输实现对经济社会发展的引领，就必须及时响应新的生产方式、新的业态模式和新的战略需求，主动拓展发展新领域新业态，培育促进经济发展的新动能。《"十三五"现代综合交通运输体系发展规划》首次提出拓展交通运输新领域新业态的战略任务，并在引导交通运输新消费、壮大交通运输新动能、打造交通物流融合新模式、推进交通空间综合开发利用等方面提出了明确要求，与经济社会发展深度融合将成为 2017 年及之后一段时期内交通运输业发展的战略走向，并在促进交通与物流、交通与经济、交通与民生、交通与开放"四个融合"方面取得突破。

（二）事中事后监督成为管理转型方向

我国逐步形成"中长期布局规划＋五年发展建设规划＋年度滚动实施方案"相结合的规划体系，在推动我国交通运输跨越式发展中发挥重要作用。截至 2016 年年底，在我国交通运输业中长期布局规划体系中，1981 年编制的《国家干线公路网（试行方案）》和2004 年编制的《国家高速公路网规划》，已于 2013 年完成修编并统一为《国家公路网规划（2013—2030 年）》；2004 年编制、2008 年调整的《中长期铁路网规划》，已于 2016 年完成再次修编并获国务院批准通过；2008 年国务院批准实施的《全国民用运输机场布局规划》完成修编工作待批。《全国沿海港口布局规划》《全国内河航道与港口布局规划》《全国油气管网布局规划》《综合交通网（基础设施）中长期规划》等中长期规划修编研究工作正在开展。五年发展规划方面，综合交通运输体系、铁路、公路水运、民航、邮政等行业"十三五"发展规划均已编制完成。

进入 2017 年，在我国交通运输规划体系日趋完善、交通运输领域行政审批制度改革走向深化的双重背景下，建立健全交通项目审批（核准）权限下放后的事中事后监管，将成为重大交通项目管理方式的转型方向。一是强化对列入国家批准规划中的交通投资项目的信息备案，明确监管项目清单；二是建立全国投资项目在线审批监管平台，对列入规划内项目开展多部门并联式审核；三是采取定期抽查和第三方机构全覆盖评估相结合的方式，加强项目建设的事中事后监管；四是借助全国信用信息共享平台，将违规主体纳入诚信黑名单，加大违规惩罚力度；五是优化审批（核准）权下放后的项目管理服务，协助审批（核准）事项承接部门开展好项目全流程管理。

（三）短板和新兴领域成为交通投资热点

2017 年是推进交通运输供给侧结构性改革的深化一年，这意味着交通基础设施建设将有所侧重，优先聚焦扶贫交通、多式联运、大城市交通等短板领域开展投资。在扶贫交通方面，根据交通扶贫"双百"工程计划，一是实施好"百万公里农村公路工程"，加快农村公路建设步伐，使贫困地区农村公路在规模和质量上逐步达到全国平均水平；二是实施好"百项交通扶贫骨干通道工程"，强化贫困地区骨干网络，着力增强交通"造血"功能。在多式联运方面，根据多式联运示范工程安排，一是强化多式联运基础设施衔接，加强港口、铁路、公路货运枢纽的对外专用通道建设，提高不同运输方式间基础设施衔接水平；二是推进多式联运信息系统建设，完善国家交通运输物流公共信息平台功能，建立全国性或区域性交通运输信息系统。在大城市交通方面，一是加强干线公路与城市道路有效衔接，提升进出城道路能力，改造重要拥堵节点，增设干线公路进出城出入口，调整客货运枢纽布局；二是加大城市停车场建设，以交通枢纽、居住区、商业区、医院、旅游景区等为重点，建设停车楼、地下停车场、机械立体停车库等集约化停车设施，年新建公共停车位约 200 万个。

2017 年是交通运输与经济社会融合发展深入推进的一年，这意味着交通基础设施建设在通用航空、国家公路港、邮轮游艇、汽车营地、城市交通空间开发等新兴领域必将加大投资力度。在通用航空方面，加快通用机场建设，以及通用航空短途运输网络、通用航空旅游网络、通用航空飞行营地等配套设施建设；在国家公路港方面，围绕交通枢纽，按照功能不同，分类建设一批综合型、基地型和驿站型公路港；在邮轮游艇方面，有序推进天津、大连、秦皇岛、青岛、上海、厦门、广州、深圳、北海、三亚、重庆、武汉等邮轮码头建设；在汽车营地方面，依托重点生态旅游目的地、精品生态旅游线路和国家旅游风景道，规划建设一批服务自驾车、房车等停靠式和综合型汽车营地；在城市交通空间开发方面，以高速铁路客运站、城际铁路客运站、机场为主体，建设一批集交通、商业、商务、会展、文化、休闲于一体的开放式城市功能区。

（四）"三大战略"成为区域交通发展重点

　　2017 年，在"一带一路"建设全面推进的关键节点，我国将在北京主办"一带一路"国际合作高峰论坛，与沿线沿路国家一道总结过去、规划未来，共商合作大计，这必将激励和引发又一轮交通基础设施互联互通建设的高潮。可以预见，以新疆为核心区，乌鲁木齐和喀什为支点，连接陕、甘、宁、青等内陆省份，依托陆桥和西北北部运输通道，面向中亚、西亚分别至欧洲、北非的西北国际运输走廊区域；以云南昆明、广西南宁为支点，依托上海至瑞丽、临河至磨憨、济南至昆明等运输通道，推进西藏与尼泊尔等国交通合作，面向南亚和东南亚地区的西南国际运输走廊区域；以东北三省和内蒙古为重点，连接绥芬河至满洲里、珲春至二连浩特、黑河至港澳、南北沿海等运输通道，面向俄罗斯远东、蒙古、朝鲜半岛的东北国际运输走廊区域；以及以福建为核心区，依托沿海港口和海外战略支点布局，连通内陆、辐射全球的国际运输大通道区域，将迎来交通基础设施建设的蓬勃发展。

　　交通一体化作为京津冀协调发展的优先领域，2017 年进入三年率先突破的收官之年。为早日实现"四纵四横一环"为主骨架、多节点、网格状的世界级城市群交通体系的总目标，北京、天津、河北三省市交通建设的步伐将更加快速。北京市将加快建设兴延、延崇等高速公路，完善北京新机场"五纵两横"综合交通主干网络，建成京开高速拓宽工程，推进轨道交通新机场线、新机场高速以及新机场外围市政交通项目建设，开工建设新机场北线高速；天津将加快京滨、京唐城际铁路前期工作，开展京沪高铁二通道、津保忻、津承铁路通道研究，改造京哈铁路蓟州南站，加快建设互联互通公路项目，加快建设北方国际航运核心区；河北省将加快推进太行山、京秦等高速公路建设，力争建成京秦京冀和冀津接线段，开工建设津石、唐廊等高速公路项目，建成松兰、京蒋等 5 个普通干线对接路，力争国道 G105 京冀界段年内开工，国道 G230 京冀界段争取年内建成通车。促进形成区域协调发展交通新格局。

交通基础设施互联互通作为推动长江经济带发展的先手棋，2017 年将重点实施港口多式联运工程，提升长江黄金水道功能。一是加强上海港、宁波—舟山港、南京港、武汉港、重庆港等枢纽港口铁路、公路连接线和内河支线航道建设，实现重要港区与铁路、高等级公路高效衔接；二是加强连云港港、南通港、苏州港、温州港、马鞍山港、芜湖港、九江港、岳阳港、泸州港、宜宾港等重点港口集疏运通道建设，鼓励设计年通过能力达到 500 万吨（内河）、1000 万吨（沿海）的一般港区建设铁路专用线，并提升完善疏港公路，实现所有港区与二级以上公路衔接；三是适度支持嘉兴内河港、杭州港、湖州港、无锡港、扬州港、镇江港、泰州港、徐州港、铜陵港、安庆港、池州港、合肥港、蚌埠港、南昌港、长沙港、黄石港、荆州港、宜昌港、襄阳港、永川港和水富港等一般港口集疏运通道建设，鼓励设计年通过能力达到 500 万吨（内河）、1000 万吨（沿海）的一般港区建设铁路专用线，并进一步强化疏港公路，实现所有港区均有等级公路衔接。

（五）交通运输改革亟待发力"啃硬骨头"

过去的 2016 年，交通运输改革创新取得巨大成果。一是全面下放审批核准事项，国家发展改革委在 2015 年已减少审批项目 75％的基础上再次减少 60％以上，保留事项约占原有数量的 10％；在《政府核准的投资项目目录（2016 年本）》中，除涉及中央事权的新建运输机场和跨境独立公（铁）路桥梁、隧道项目外，将交通领域项目核准事项全部下放。二是深化投融资体制改革，首批推出 8 个社会资本投资铁路示范项目并取得积极进展，杭温高铁列入国家首批混合所有制改革试点，杭绍台铁路、三门峡至禹州铁路、神木至瓦塘铁路等 5 个项目相继获得核准；明确国家高速公路网新建 PPP 项目批复方式；组织召开专题会议，推介城市轨道交通投融资机制创新经验。三是简化行政审批流程，国家发展改革委会同有关部门继续对铁路项目开辟绿色通道，提前委托预评估，将项目审批时限压缩至 10 天以内；下发《关于做好公路建设项目联合委托咨询评估及相关工作的通知》，将交通运输部的行业审查与国家发展改革委的委托评估进行简并。

2017 年，全面深化交通运输领域改革进入深水区，一些亟待解决的"硬骨头"将成为改革政策的发力方向。一是空域管理体制改革，重点是推进空域规划、精细化改革试点和"低慢小"飞行管理改革、航线审批改革，结合通用航空发展，实现低空空域开放等。二是油气管网运营体制改革，方向是推动油气企业管网业务独立，通过组建国有资本控股、投资主体多元的油气管道公司和全国油气运输调度中心，实现网运分离。

（六）绿色智能发展导向更加凸显

随着我国经济发展新旧动能转换的逐渐深入，更加依赖技术创新、更加强调节能环保正日益成为各行各业发展的共同追求。在这一背景下，绿色、智能成为未来现代综合交通运输体系的重要特征。《"十三五"现代综合交通运输体系发展规划》提出了"智能技术广泛应用"、"绿色安全水平提升"的发展目标与发展导向，要求"十三五"时期，智能交通方面力争实现交通基础设施、运载装备、经营业户和从业人员等基本要素信息全面实现数字化，各种交通方式信息交换取得突破；全国交通枢纽站点无线接入网络广泛覆盖；铁路信息化水平大幅提升，货运业务实现网上办理，客运网上售票比例明显提高；基本实现重点城市群内交通一卡通互通，车辆安装使用 ETC 比例大幅提升；交通运输行业北斗卫星导航系统前装率和使用率显著提高。绿色交通方面力争实现城市公共交通、出租车和城市配送领域新能源汽车快速发展；资源节约集约利用和节能减排成效显著，交通运输主要污染物排放强度持续下降。

2017 年，交通运输业为响应和落实绿色智能发展导向，必将在智能化、绿色化发展上取得更加深入进展：

交通发展智能化方面　一是通过实施"互联网＋"行动计划，培育和壮大智能交通产业，促进交通产业智能化变革；二是通过推行信息服务"畅行中国"，支撑"一站式"、"一单制"运输组织，推动智能化运输服务升级；三是通过建立支撑高效运转的管理控制系统，提升装备和载运工具智能化和自动化水平，优化交通运行和管理控制；四是健全智能决策支持与监管；五是夯实交通发展智能化基础。

交通绿色化发展方面　一是通过推广使用新能源交通工具，鼓励采用低碳绿色出行方式，推动低碳交通方式普及应用；二是通过结构优化促节能、新技术应用促节能、管理创新促节能，加大交通运输节能减排力度；三是节约集约利用交通资源，加强资源综合循环利用；四是通过全过程全周期加强生态保护，强化大气、水污染防治，加强环境影响动态监测，加强生态保护和污染治理。

Chapter 06

第六章
重大问题研究

一、我国现代交通运输发展战略研究

"两个一百年"奋斗目标，绘制了全面建成小康社会、加快推进社会主义现代化的宏伟蓝图。我国到 2020 年将全面建成小康社会，到 2050 年基本实现现代化。交通运输作为对国民经济发展具有全局性、先导性影响的基础产业，是实现"两个一百年"奋斗目标的有力保障。在全面建成小康社会奋斗目标即将实现之际，面向未来，交通运输应以全球视野、领先思维，实施面向 2050 年的现代化战略，为建成富强、民主、文明、和谐的社会主义现代化国家做出积极贡献。课题深入分析我国交通发展现状和面临形势，借鉴发达国家经验，构建了交通运输现代化指标体系，提出了现代交通运输发展战略目标、主要任务和保障措施。

课题构建交通运输现代化指标体系，建立由目标层、准则层和测度层构成的综合评价指标体系，主要从交通设施网络规模和技术水平、运输服务水平、交通技术水平、以人为本水平、资源利用与环境影响水平等五个方面来选择具体指标以衡量和反映交通运输发展的现代化水平。系统总结了改革开放后我国交通运输发展的"优先战略"，提出改革开放以后，我国以非均衡理论为指导，在区域上，优先发展沿海，后发展内地；在产业上，优先发展交通、能源等基础设施先导产业，后发展其他产业；在交通上，优先发展基础设施，后发展运输服务；在基础设施建设上，优先发展主通道，后推进网络。优先领域发展至今已取得很大成果，我国交通运输发展的基本矛盾已由供给不足转向需求约束，交通运输发展必须实施由"优先发展"向"平衡发展"进而向"引领发展"的战略转变。2030年前，我国交通运输应从"优先发展战略"向"平衡发展战略"转变。发展理念由"以物为本"向"以人为本"转变，发展方式由粗放型向集约型转变，管理模式由部门分治、条块分离向综合一体转变。2030年以后，我国交通运输应不断推动和加强技术和运营管理创新，支持国家经济社会进步和国防发展，引领全球交通运输前行。在"四个全面"战略布局和五大发展理念的背景下，围绕交通运输率先实现现代化的战略目标，持续加大交通基础设施网络建设力度，不断推动信息系统与技术设备升级换代，有效推进管理体系与手段创新，切实优化全程化、一体化服务，打造高效、公平、安全、绿色的交通运输体系。

二、我国现代交通发展战略——交通运输低碳智能发展研究

　　交通运输作为支撑引领经济社会发展、促进国家重大发展战略实施的先行官，在国家经济社会发展新常态背景下，面临着贯彻落实五大发展理念、支撑"三大战略"实施、引领新型城镇化创新发展以及应对气候变化新要求等一系列重大挑战。低碳智能发展是交通运输现代化的必由之路。交通运输现代化，是中国经济社会现代化的重要组成部分和必要条件，是新时期、新常态下交通运输行业必须面临的深刻变革，是交通运输未来的发展方向。贯彻落实创新、协调、绿色、开放、共享的发展理念，转变交通发展方式，走资源节约、环境友好、创新低碳智能发展道路，是交通运输现代化与可持续发展的必然选择。

　　课题研究以贯彻落实创新、协调、绿色、开放、共享的发展理念为基本原则，遵循理论与实践相结合、中国国情与国际经验相结合、前瞻性与现实性相结合、低碳与智能融合发展的方针，以系统工程学、低碳经济、公共政策、可持续发展、管理学等相关基础理论为指导，以文献综述和典型调研为基础，充分吸收借鉴国内外交通运输节能减排与智能交通最新理论成果与实践经验，以构建低碳社会为目标，以调整能源消费结构为重点，立足中国交通运输低碳智能发展现状与未来发展趋向，借鉴发达国家经验，研究提出了我国交通运输低碳智能发展的总体思路和 2020 年、2030 年、2050 年的阶段性目标任务，特别是从综合交通系统、交通基础设施、交通运输装备、交通运输组织、交通运输管理等五个方面构建了我国交

通运输低碳智能发展的重点任务和发展路径，在此基础上筛选并聚焦了新一代国家交通控制网建设工程、城市群轨道交通智能化建设工程等若干重点工程，进而提出相应的对策措施和政策建议，为相关部门统筹规划和科学部署中国交通运输低碳智能发展提供决策参考。

三、交通投资对经济增长的拉动作用研究

投资是经济增长的重要动力源，是经济增长的重要条件。交通基础设施作为国民经济和社会发展重要的基础性设施，具有投资规模大、建设周期长、高沉没性等特点；作为全社会投资的重要领域和方向，对于经济发展特别是经济增长具有重要的带动和支撑作用。本课题是交通引领经济发展增长的专题研究，总结了近年来我国交通投资趋势变化，测算了交通投资对经济增长的拉动效益，对"十三五"我国交通投资拉动效益进行了预测，并提出"十三五"增强交通有效投资的总体思路与建议。

课题指出，交通投资对经济增长拉动效益明显，从长时间序列看，交通投资的拉动效益经历了两次转折，目前正进入新一轮的转折期；交通投资对相关产业形成市场需求，有效带动关联产业发展，并直接创造就业岗位，对稳定就业具有重要作用；交通的持续投资有效服务了区域经济发展，未来传统交通投资提升区域经济服务能力的空间已相对有限；未来交通投资的效益和方向将发生转变，对交通投资的领域和目标追求应做出调整。未来，要按照"四个全面"战略布局，适应经济发展新常态，增强交通对经济发展的支撑和引领作用，聚焦市场亟需、群众关切、带动力强和影响持久的交通运

输领域，扩大有效投资，全面提升交通整体效率，引导消费升级并释放新需求，形成促投资、稳增长的新动力，支撑开放型经济新体系。要在围绕传统交通设施领域短板弥补、保证必要交通投资的基础上，着眼综合枢纽、城际交通、多式联运、智能交通、物流快递、旅游交通、绿色交通等领域，进行战略前瞻性投资建设，重点实施一批技术含量高、带动示范性强、综合效益明显的重大工程，推动我国综合交通体系内涵更加丰富、服务更加优质、层次更加多样、发展更加现代。

四、交通物流融合发展研究

物流业是融合运输、仓储、货代、信息等产业的复合型服务业，交通运输是物流的基础环节和依托载体。课题研究认为，交通物流融合就是在现代产业运行方式变革和互联网为引领的信息化进程中，通过服务创新、业态创新、设施互联、功能互补等途径，逐渐突破各自的发展边界，形成密切关联、相互促进的发展关系。交通物流融合改变了传统互为环节、功能支撑的发展认识和格局，尤其是基于供应链服务、产业链关联的串接、整合和联动，二者日益成为密不可分的有机整体，在促进交通物流整体发展效率与水平提升的同时，对支撑经济社会发展发挥了重要的基础性、战略性作用。

近年来，我国交通与物流基础设施建设取得了巨大成就，交通运输业、物流业整体服务能力明显提升，尤其在现代信息技术迅猛发展趋势下，"互联网＋"便捷交通、"互联网＋"高效物流不断取得创新与突破。但相比于全面建成小康社会、供给侧结构性改革等新时期的新任务、新要求，交通物流融合发展不足，交通仍然是串接生产与消费的辅助环节，没有与物流的产业组织功能深度融合，充分发挥支撑保障实体经济高效运行、产业运行方式创新的作用。因此，需要破除交通与物流融合发展中的瓶颈制约，构建引领经济新常态的交通与物流融合发展新体系，补齐交通与物流发展短板，提升综合效率效益，支撑实体经济降本增效，为经济持续稳定增长和产业结构调整升级提供支撑和发掘动力。

五、构建基础产业新型宏观调控机制及推动交通提质增效引领新消费、新供给、新业态研究

近年来，我国交通运输发展取得显著成就，有力地促进了经济社会发展和人民生活条件改善，但仍然存在薄弱环节和发展短板。当前，我国经济发展进入新常态，经济运行下行压力加大，在全面建成小康社会的目标要求下，稳增长、促改革、调结构、惠民生、防风险的任务繁重。交通作为基础性、先导性和服务性产业，应主动响应新的生产方式、新的业态模式和新的战略需求，在继续加快建设铁路、公路、水路、机场等基础设施重大工程的同时，积极拓展新的建设领域和方向，提升供给服务能力，培育新兴消费和投资增长点，推动提质增效，更好实现促投资、稳增长、增后劲。

课题组认真总结了基础产业宏观调控机制特征及机理，深刻分析了经济新常态下交通需求的深刻变化，研究提出交通运输提质增效下构建基础产业调控机制的总体思路、主要任务和保障措施。课题研究提出，从政府调控及其机制运行来看，未来更多是要厘清调控的对象、范围和内容，分类、差异、有针对性地"因地制宜、因类施策"，加快转变包括交通运输在内的基础产业政府调控方式与手

段，同时结合新的形势和要求，积极拓展交通运输发展的新领域，形成支撑经济发展的新模式和新动能。同时，围绕基础产业政府调控思路与主要任务，结合交通运输新领域新业态拓展，未来应重点从管理体制、市场体系建设、投融资管理、规划协调等方面进一步完善相关制度框架，营造良好的实施和运行环境。

六、我国交通能源运行形势分析以及交能运行指数研究

为准确把握我国交通、能源行业运行动态，及时发现苗头性、倾向性、潜在性问题，并探索指数方法在形势跟踪中的应用，特开展本课题研究。研究内容包括交通运输形势跟踪、能源形势跟踪、交通运行指数设计和能源运行指数设计四部分，基本结论是：一是通过对交通运输统计指标的月度跟踪分析，发现 2016 年交通基础设施投资规模已接近顶点，旅客运输规模保持稳定但高端化出行比重上升，货物运输结束下行开始回暖；预计 2017 年交通投资仍将维持高位但投资重点将向短板和新兴领域侧重，客运规模小幅回落但旅客出行高端化趋势必将继续，货运将回暖站稳但能否进一步向好尚有待观察。二是通过对能源统计指标的月度跟踪分析，发现 2016 年能源消费总量温和增长，原油净进口首超美国，天然气消费增幅回升，煤炭生产和消费连续下降，电力消费增速加快；预计 2017 年能源消费总量将维持低速增长，原油对外依存度将稳中趋升，天然气消费增幅将保持稳定增势，煤炭生产和消费仍将呈下降趋势，电力消费增速将继续回落。三是在综合考虑交通运输领域指数应用现状和交通运输形势跟踪对指数编制要求的基础上，设计得到一种综合反映交通运输业运行波动情况的交通运行指数，该指数为月度指数，

由综合指数以及投资指数、运量指数和价格指数三个分项指数构成，基本涵盖了交通运输业投入、产出和市场的波动情况。四是在综合考虑能源领域指数应用现状和能源形势跟踪对指数编制要求的基础上，设计得到一种综合反映能源行业运行波动情况的能源运行指数，该指数为月度指数，基本涵盖了能源行业生产和消费各个方面，由综合指数和价格指数、消费结构指数、利用效率指数、安全发展指数、行业经营指数等五类分项指数构成。

七、"互联网＋"便捷交通研究

"互联网＋"是把互联网的创新成果与经济社会各领域深度融合，推动技术进步、效率提升和组织变革，提升实体经济创新力和生产力，形成更广泛的以互联网为基础设施和创新要素的经济社会发展新形态。在全球新一轮科技革命和产业变革中，互联网与各领域的融合发展具有广阔前景和无限潜力，成为不可阻挡的时代潮流，正对各国经济社会发展产生战略性和全局性的影响。本课题研究主要是为落实国务院《关于积极推进"互联网＋"行动的指导意见》，编制其中要求的"互联网＋"便捷交通方面的实施方案，着重研究互联网与交通运输行业中客运部分的融合问题。

课题提出，"互联网＋"便捷交通发展要充分发挥互联网的优势，拓展互联网与交通运营管理、建设领域融合的广度和深度，全面释放"互联网＋"便捷交通融合发展的潜力，提升交通行业创新的活力和发展的动力。以方便群众出行、提升服务品质为出发点，加大体制机制和管理创新的力度，营造良好的营商环境，支持互联网企业、运输企业等发挥主体作用，打造交通互联网化新的增长点，明确了强化互联网交通应用基础建设、加强互联网企业与政府有效合作、推进互联网与运输企业融合发展等方面重点任务。同时，课题针对互联网交通对运输交易、组织方式、生产经营模式等产生的颠覆性影响，建议政府行业管理部门应顺势而为，紧跟发展态势，在鼓励创新的原则下，加强引导，创新监管方式，提出准确判定企业主体和业务属性，分类管理，明确界定各参与主体的责任，预防行业垄断行为，以要素、行为作为监管对象，强化部门间协同。

八、促进综合交通枢纽有机衔接和便利化研究

近年来，特别是"十二五"时期以来，综合交通枢纽建设步伐加快，以北京、上海等为代表的全国性综合交通枢纽建设取得了阶段性成果，一批高效、现代化的，以铁路、公路、航空、水运等方式为主的综合交通枢纽拔地而起，为较好地满足客货运输服务需求提供了支撑和保障。但也存在交通枢纽衔接不畅、规划不统一、建设时序不同步、运营管理不协调、一体化服务发展滞后等问题，给客货运输带来许多不便，降低了旅客出行效率，增加了货物换装成本，严重制约着运输服务能力和服务质量。课题系统梳理了现阶段我国综合交通枢纽发展过程中取得的成绩和存在问题，并对其原因进行详细剖析，选取具有典型代表性的全国性综合交通枢纽城市，以各种运输方式为主的综合交通枢纽进行重点研究。

课题坚持问题导向，创造性提出了促进我国综合交通枢纽有机衔接和便利化的实施方案，明确了综合交通枢纽形成机制、建设模式、相关标准、运营管理模式等相关任务，并从科学合理编制综合交通枢纽发展规划、优化综合交通枢纽建设管理模式、创新综合交

通枢纽投融资政策、加快制定综合交通枢纽相关标准体系、加强信息技术在综合交通枢纽中的应用、建立综合交通枢纽后评价制度等政策措施，为政府相关部门决策管理提供参考和依据。

九、促进我国通用航空发展的对策研究

通用航空是我国民航业重要的组成部分，直接为工业、农林业等国民经济建设提供专业飞行服务，为居民提供航空飞行、航空旅游等消费服务，在我国历次重大自然灾害、突发公共事件的应急处置中发挥了不可替代的作用，为我国短距离提供运输服务，是国民经济建设和社会发展不可或缺的重要组成部分。近年来，在各级政府的高度重视和大力推动下，社会发展通用航空热情高涨，通用航空已逐步形成以区域经济社会发展需求为导向、以拉动消费为核心，集成飞机制造、飞机运营、机场建设、地面保障、金融服务、会展经济等多个环节的产业链条。从行业发展看，通用航空呈现出部分发展要素快速集聚、新兴业态加快发展、传统作业稳步提升的格局，在部分区域通用航空开始呈现较好的经济效益和巨大的社会效益。课题分析了我国通用航空存在的问题，研究面临的形势和要求，明确未来的发展方向和重点政策导向，提出我国通用航空发展的对策研究，为推动我国通用航空发展提供有益建议。

课题研究认为，通用航空整体规模小、基础能力弱、运营服务滞后等问题难以适应社会经济发展需求，需要在"十三五"时期至中长期逐步解决。总体思路是促改革、保安全、扩规模、调结构、强基础、重保障，即：深化改革，释放体系机制改革带来的活力；确保持续安全，夯实行业发展基础；扩大行业发展规模，促进实现

规模化发展；调整行业发展结构，重点促进消费型和公共服务类通用航空发展；加快基础设施发展，提升保障能力，为行业持续健康发展提供良好的外部环境。到2020年，初步建立放管科学、权责明晰的通用航空管理体系，建立特色鲜明、创新能力强的通用航空制造体系，建立起功能完备、应用广泛、布局合理、安全规范的通用航空服务运营体系，引导建立统一开放、竞争有序的市场体系，初步实现通用航空规模化发展，质量、效益、特色显著提升。

十、中长期油气管网发展研究

与其他运输方式相比，利用管道输送石油天然气具有运输能力大、安全性强、成本低、损耗小、污染少、管理方便和计量交接简便等优点。据统计，通过管道运输成品油，能耗与水运相当，仅为铁路运输的15％，公路的5％～7％；占地仅为铁路的1％，公路的3％左右。从运价上看，管道输送仅为铁路运输的55％，公路运输的20％，具有较大的成本优势。随着经济社会发展和油气需求快速增长，我国油气管网设施从无到有、从少到多并逐步实现网络化。我国原油管网已初步形成东北、华北、华东和中南地区的东部输油管网；西北各油田内部管网相对完善，外输管道初具规模；海上进口原油登陆输送已基本实现管道化。成品油管道与东北成品油下海南运航线，初步构成全国性的成品油基干管网。天然气管道等基础设施建设持续推进，四大天然气进口通道战略布局基本成形。液化天然气（LNG）接收站、中小型LNG转运站和LNG储备建设取得新进展。

课题研究提出，以"一带一路"等国家战略和新型城镇化建设为契机，以推动能源生产和消费革命为抓手，以保障能源安全供应和提高清洁能源比重为目标，统筹国内国外两种资源，合理把握市场需求，创新体制机制，完善四大能源进口通道，提高陆域能源进口比例，完善国内油气管网和配套设施建设，做好与公路、铁路、船运等运输方式衔接，构建安全、稳定、经济、环保、高效的油气储运体系，保障经济、社会持续稳定发展。至2030年，陆上通道进口比例由目前的10%提高至25%，油气通过管道运输比例占油气输送比例达到85%以上，油气储运能力达到发达国家水平。

CHINA
TRANSPORTATION
DEVELOPMENT REPORT

2017

附　　录

附录一
主要统计数据

我国经济社会发展主要指标

附表 1-1 　　　　　国民经济和社会发展部分指标

指标	2000 年	2005 年	2010 年	2015 年	2016 年
国内生产总值（亿元）	100280	187319	413030	685506	744127
国内生产总值增速（%）	8.5	11.4	10.5	6.9	6.7
全社会固定资产投资（亿元）	32918	88774	278122	562000	606466
人口数量（万人）	126743	130756	134091	137462	138271

数据来源：2000、2005、2010、2015 年数据来自于《中国统计年鉴》，2016 年数据来自于《中华人民共和国 2016 年国民经济和社会发展统计公报》。

附表 1-2 　　　　　三次产业增加值占国内生产总值比重

单位：%

指标	2000 年	2005 年	2010 年	2015 年	2016 年
第一产业	14.7	11.6	9.5	8.9	8.6
第二产业	45.5	47.0	46.4	40.9	39.8

续表

指标	2000 年	2005 年	2010 年	2015 年	2016 年
第三产业	39.8	41.3	44.1	50.2	51.6

数据来源：2000、2005、2010、2015 年数据来自于《中国统计年鉴》，2016 年数据来自于《中华人民共和国 2016 年国民经济和社会发展统计公报》。

附表 1-3　　　　　　　　　**城乡居民家庭人均收入**

单位：元

指标	2000 年	2005 年	2010 年	2015 年	2016 年
全国居民	—	—	—	21966	23821
城镇	6280	10493	19109	31195	33616
农村	2253	3255	5919	11422	12363

注：2000、2005、2010 年农村居民人均收入数据采用农村居民家庭人均纯收入，2015、2016 年数据为农村居民家庭人均可支配收入。

数据来源：2000、2005、2010、2015 年数据来自于《中国统计年鉴》，2016 年数据来自于《中华人民共和国 2016 年国民经济和社会发展统计公报》。

基础设施指标

附表 1-4　　　　　　　　**我国综合交通基础设施线路里程**

单位：万公里

指标	2000 年	2005 年	2010 年	2015 年	2016 年
综合交通网总里程	159.03	212.92	422.34	482.53	494.73
铁路营业里程	6.9	7.5	9.1	12.1	12.4
铁路复线里程	2.5	2.6	3.7	6.4	6.8
铁路电气化里程	1.7	2.0	4.2	7.4	8.0
高速铁路里程	—	—	—	1.9	2.2
公路里程	140.27	193.05	400.82	457.73	469.63
等级公路里程	121.61	159.18	330.47	404.63	422.65
二级及以上公路里程	18.91	32.58	44.73	57.49	60.12
高速公路里程	1.63	4.10	7.41	12.35	13.10

续表

指标	2000 年	2005 年	2010 年	2015 年	2016 年
内河航道里程	11.9	12.3	12.4	12.7	12.7
内河等级航道里程	6.14	6.10	6.23	6.63	6.64
内河三级及以上航道里程	0.83	0.86	0.93	1.15	1.21

注：不含管道里程。

数据来源：历年的交通运输行业（公路水路）发展统计公报和铁道统计公报。

附表 1-5   **我国港口泊位及机场数量**

单位：个

指标	2000 年	2005 年	2010 年	2015 年	2016 年
全国港口拥有生产用码头泊位	32858	35242	31634	31259	30388
沿海	3700	4298	5453	5899	5887
内河	29158	30944	26181	25360	24501
全国港口万吨级及以上泊位	784	1034	1661	2221	2317
沿海	651	847	1343	1807	1894
内河	133	187	318	414	423
民用航空（颁证）机场	139	142	175	210	218

数据来源：历年的交通运输行业（公路水路）发展统计公报和民航机场生产统计公报。

交通投资完成情况

附表 1-6   **我国交通固定资产投资数额**

单位：亿元

指标	2000 年	2005 年	2010 年	2015 年	2016 年
合　计	3456	8021	22286	27428	28685
铁路	805	1364	8427	8238	8015
公路	2316	5485	11482	16513	17976
高速公路	—	—	6862	7950	8235
国省道	—	—	2696	5336	6081
农村公路	—	—	1924	3227	3659

续表

指标	2000 年	2005 年	2010 年	2015 年	2016 年
水运	135	689	1171.41	1457	1417
沿海	80	576	837	911	865
内河	55	113	335	547	552
民航	79	212	647	769	782
公路水运其他建设投资	121	271	559	450	494

数据来源：历年的交通运输行业（公路水路）发展统计公报、民航行业发展统计公报、铁道统计公报，2016 年数据来自行业部门快报数。

全社会运输生产完成情况

附表 1-7　　　　　　　　　我国客运量情况

单位：亿人次

指标	2000 年	2005 年	2010 年	2015 年	2016 年
合　计	147.9	184.7	327.0	194.3	192.0
铁路客运量	10.5	11.6	16.8	25.4	28.1
公路客运量	134.7	169.7	305.3	161.9	156.3
水运客运量	1.9	2.0	2.2	2.7	2.7
民航客运量	0.7	1.4	2.7	4.4	4.9

数据来源：2000、2005、2010、2015 年数据来自于《中国统计年鉴》，2016 年数据来自于《中华人民共和国 2016 年国民经济和社会发展统计公报》。

附表 1-8　　　　　　　　　我国旅客周转量情况

单位：亿人公里

指标	2000 年	2005 年	2010 年	2015 年	2016 年
合　计	12261.1	17466.7	27894.3	30058.9	31305.7
铁路旅客周转量	4532.6	6062.0	8762.2	11960.6	12579.3
公路旅客周转量	6657.4	9292.1	15020.8	10742.7	10294.8
水运旅客周转量	100.5	67.2	72.3	73.1	72.0
民航旅客周转量	970.5	2044.9	4039.0	7282.6	8359.5

数据来源：2000、2005、2010、2015 年数据来自于《中国统计年鉴》，2016 年数据来自于《中华人民共和国 2016 年国民经济和社会发展统计公报》。

附表 1-9   我国旅客运输平均运距情况

单位：公里

指标	2000 年	2005 年	2010 年	2015 年	2016 年
旅客平均运距	83	95	85	155	163
铁路平均运距	431	524	523	472	448
公路平均运距	49	55	49	66	66
水运平均运距	52	34	32	27	267
民航平均运距	1444	1479	1509	1670	1706

数据来源：2000、2005、2010、2015 年数据来自于《中国统计年鉴》，2016 年数据根据《中华人民共和国 2016 年国民经济和社会发展统计公报》公布的旅客周转量和客运量数据推算。

附表 1-10   我国货运量情况

单位：亿吨

指标	2000 年	2005 年	2010 年	2015 年	2016 年
合 计	135.9	186.2	324.2	417.6	440.4
铁路货运量	17.9	26.9	36.4	33.6	33.3
公路货运量	103.9	134.2	244.8	315.0	336.3
水运货运量	12.2	22.0	37.9	61.4	63.6
民航货运量	0.01967	0.03067	0.05630	0.06293	0.06669
管道货运量	1.9	3.1	5.0	7.6	7.0

数据来源：2000、2005、2010、2015 年数据来自于《中国统计年鉴》，2016 年数据来自于《中华人民共和国 2016 年国民经济和社会发展统计公报》。

附表 1-11   我国货物周转量情况

单位：亿吨公里

指标	2000 年	2005 年	2010 年	2015 年	2016 年
合 计	44321	80258	141837	178356	185295
铁路货物周转量	13771	20726	27644	23754	23792
公路货物周转量	6129	8693	43310	57956	61211
水运货物周转量	23734	49672	68428	91773	95400

续表

指标	2000 年	2005 年	2010 年	2015 年	2016 年
民航货物周转量	50	79	179	208	221
管道货物周转量	636	1088	2197	4665	4671

数据来源：2000、2005、2010、2015 年数据来自于《中国统计年鉴》，2016 年数据来自于《中华人民共和国 2016 年国民经济和社会发展统计公报》。

附表 1-12　　　　　我国货物运输平均运距情况

单位：公里

指标	2000 年	2005 年	2010 年	2015 年	2016 年
货物平均运距	326	431	438	427	421
铁路平均运距	771	770	759	707	714
公路平均运距	59	65	177	184	182
水运平均运距	1939	2261	1806	1496	1498
民航平均运距	2555	2572	3177	3306	3315
管道平均运距	340	350	440	615	667

数据来源：2000、2005、2010、2015 年数据来自于《中国统计年鉴》，2016 年数据根据《中华人民共和国 2016 年国民经济和社会发展统计公报》公布的货物周转量和货运量数据推算。

附表 1-13　　　　　我国水路货物运输情况

单位：亿吨

指标	2000 年	2005 年	2010 年	2015 年	2016 年
合　计	12.2	22.0	37.9	61.4	63.8
内河	6.9	10.6	18.9	34.6	35.7
沿海	3.1	6.5	13.2	19.3	20.1
远洋	2.3	4.9	5.8	7.5	8.0

数据来源：历年的交通运输行业（公路、水路）发展统计公报。

附表 1-14　　　　　我国水路货物周转量情况

单位：亿吨公里

指标	2000 年	2005 年	2010 年	2015 年	2016 年
合　计	23734	49672	68428	91772	97339

续表

指标	2000 年	2005 年	2010 年	2015 年	2016 年
内河	1551	2626	5536	13112	14092
沿海	5110	8495	16893	24224	25173
远洋	17073	38552	45999	54236	58075

数据来源：历年的交通运输行业（公路、水路）发展统计公报。

附表 1-15　　　　　　全国港口完成旅客吞吐量

单位：亿人

指标	2000 年	2005 年	2010 年	2015 年	2016 年
合　计	**0.86**	**2.06**	**1.77**	**1.85**	**1.85**
沿海	0.58	0.78	0.73	0.82	0.82
内河	0.28	1.29	1.04	1.04	1.03

注：2000 年数据为全国主要港口完成旅客吞吐量数据。
数据来源：历年的交通运输行业（公路、水路）发展统计公报。

附表 1-16　　　　　　全国港口完成主要货物吞吐量

指标	2000 年	2005 年	2010 年	2015 年	2016 年
合计（亿吨）	**22.1**	**48.5**	**89.3**	**127.5**	**132.0**
沿海（亿吨）	12.9	30.1	56.5	81.5	84.6
内河（亿吨）	9.1	18.5	32.9	46.0	47.5
集装箱吞吐量（亿 TEU）	**0.2**	**0.8**	**1.5**	**2.1**	**2.2**
沿海（亿 TEU）	0.2	0.7	1.3	1.9	2.0
内河（万 TEU）	——	562	1468	2249	2415
外贸吞吐量（亿吨）	**5.7**	**13.7**	**25.0**	**36.6**	**38.5**
沿海（亿吨）	5.2	12.5	22.9	33.0	34.5
内河（亿吨）	0.5	1.1	2.1	3.6	4.0

数据来源：历年的交通运输行业（公路、水路）发展统计公报。

附表 1-17　　　　　　　　　　民航旅客运输量情况

单位：亿人次

指标	2000 年	2005 年	2010 年	2015 年	2016 年
总　计	0.67	1.38	2.68	4.36	4.88
国际航线	0.07	0.12	0.19	0.42	0.52
国内航线	0.60	1.26	2.48	3.94	4.36
其中：港澳台航线	0.04	0.05	0.07	0.10	0.10

数据来源：历年的民航行业发展统计公报。

附表 1-18　　　　　　　　　　民航货物运输量情况

单位：万吨

指标	2000 年	2005 年	2010 年	2015 年	2016 年
总　计	196.7	307.0	563.0	629.3	668.0
国际航线	49.2	77.0	192.6	186.8	193.2
国内航线	147.5	230.0	370.4	442.4	474.8
其中：港澳台航线	13.5	17.0	21.7	22.1	22.0

数据来源：历年的民航行业发展统计公报。

附表 1-19　　　　　　　　民航机场旅客、货邮吞吐量情况

指标	2000 年	2005 年	2010 年	2015 年	2016 年
机场旅客吞吐量（亿人次）	1.34	2.84	5.64	9.15	10.16
机场货邮吞吐量（万吨）	399.2	633.1	1129.0	1409.4	1510.4

数据来源：历年的民航行业发展统计公报。

附表 1-20　　　　　　　　　快递服务行业业务情况

指标	2010 年	2015 年	2016 年
快递服务企业业务量（亿件）	23.4	206.7	312.8

续表

指标		2010 年	2015 年	2016 年
业务类型	其中：同城（亿件）	5.4	54	74.1
	异地（亿件）	16.7	148.4	232.5
	国际及港澳台（亿件）	1.3	4.3	6.2
区域分布	其中：东部（亿件）	18.5	169.6	253.2
	中部（亿件）	2.7	23.1	37.1
	西部（亿件）	2.1	14	22.5
邮政业务总量（亿元）		1985.3	5078.7	7397.2
快递业务收入（亿元）		574.6	2769.6	3974.4

数据来源：历年的邮政（行业）发展统计公报。

全社会交通运输装备拥有情况

附表 1-21　　　　　　　我国主要运输装备规模

指标	2000 年	2005 年	2010 年	2015 年	2016 年
铁路机车拥有量（万台）	1.4	1.7	1.9	2.1	2.1
内燃机车（万台）	1.04	1.13	1.10	0.91	0.88
电力机车（万台）	0.35	0.51	0.84	1.19	1.22
全国铁路客车拥有量（万辆）	3.6	4.0	5.2	6.5	7.1
动车组（辆）	—	—	480	1883	2586
和谐号车辆数（辆）	—	—	4628	17648	20688
全国铁路货车拥有量（万辆）	44.0	54.2	62.2	72.3	76.4
公路营运汽车拥有量（万辆）	535.07	733.22	1133.32	1473.12	1435.77
载客汽车（万辆）	98.84	128.40	83.13	83.93	84.00
载货汽车（万辆）	436.23	604.82	1050.19	1389.19	1351.77
水上运输船舶（万艘）	22.97	20.73	17.84	16.59	16.01
内河（万艘）	21.93	19.58	16.57	15.23	14.72
沿海（万艘）	0.76	0.94	1.05	1.07	1.05

续表

	2000 年	2005 年	2010 年	2015 年	2016 年
远洋（万艘）	0.28	0.21	0.22	0.27	0.24
水上运输船舶净载重量（万吨）	**5128**	**10179**	**18041**	**27244**	**26623**
内河（万吨）	2052	4481	7436	12494	13361
沿海（万吨）	853	2048	4979	6858	6739
远洋（万吨）	2223	3649	5626	7892	6523
民航全行业运输在册飞机（架）	**527**	**863**	**1597**	**2650**	**2950**
通用航空企业在册航空器（架）	**455**	**523**	**1010**	**1904**	**2096**

数据来源：历年的交通运输行业（公路、水路）发展统计公报、民航行业发展统计公报、铁道统计公报。

其他交通运输行业发展评价指标

附表 1-22　　　　　　　　其他交通运输行业发展评价指标

指标	2000 年	2005 年	2010 年	2015 年	2016 年
全社会物流总额（万亿元）	—	**48.1**	**125.4**	**219.2**	**229.7**
工业品物流总额（万亿元）	—	—	113.1	204.0	214.0
进口货物物流总额（万亿元）	—	—	9.4	10.4	10.5
农产品物流总额（万亿元）	—	—	—	3.5	3.6
再生资源物流总额（万亿元）	—	—	—	0.9	0.9
单位与居民物品物流总额（万亿元）	—	—	—	0.5	0.7
全社会物流总费用（万亿元）	—	**3.4**	**7.1**	**10.8**	**11.1**
运输费用（万亿元）	—	1.9	3.8	5.8	6.0
保管费用（万亿元）	—	1.1	2.4	3.7	3.7
管理费用（万亿元）	—	0.5	0.9	1.4	1.4
物流业总收入（万亿元）	—	**1.9**	—	**7.6**	**7.9**
民用航空航线（条）	**1165**	**1257**	**1880**	**3326**	**3794**
国内（条）	1032	1024	1578	2666	3055
国际（条）	133	233	302	660	739
民航航班正常率（%）	—	**82.0**	**75.8**	**68.3**	**76.8**

续表

指标	2000 年	2005 年	2010 年	2015 年	2016 年
民航正班客座率（％）	61.2	71.5	80.2	82.1	82.6
邮政平均每营业网点服务面积（平方公里）	—	—	126.8	51	44.3
邮政平均每一营业网点服务人口（万人）	2.1	2	1.8	0.7	0.6

数据来源：历年的民航行业发展统计公报、邮政（行业）发展统计公报和全国物流运行情况通报。

附录二
重要文件摘录

"十三五"现代综合交通运输体系发展规划

国发〔2017〕11 号

交通运输是国民经济中基础性、先导性、战略性产业，是重要的服务性行业。构建现代综合交通运输体系，是适应把握引领经济发展新常态，推进供给侧结构性改革，推动国家重大战略实施，支撑全面建成小康社会的客观要求。根据《中华人民共和国国民经济和社会发展第十三个五年规划纲要》，并与"一带一路"建设、京津冀协同发展、长江经济带发展等规划相衔接，制定本规划。

一、总体要求

（一）发展环境。

"十二五"时期，我国各种交通运输方式快速发展，综合交通运输体系不断完善，较好完成规划目标任务，总体适应经济社会发展要求。交通运输基础设施累计完成投资 13.4 万亿元，是"十一五"时期的 1.6 倍，高速铁路营业里程、高速公路通车里程、城市轨道交通运营里程、沿海港口万吨级及以上泊位数量均位居世界第一，天然气管网加快发展，交通运输基础设施网络初步形成。铁路、民航客运量年均增长率超过 10%，铁路客运动车组列车运量比重达到 46%，全球集装箱吞吐量排名前十位的港口我国占 7 席，快递业务量年均增长 50% 以上，城际、城市和农村交通服务能力不断增强，现代化综合交通枢纽场站一体化衔接水平不断提升。高速铁路装备制造科技创新取得重大突破，电动汽车、特种船舶、国产大型客机、中低速磁悬浮轨道交通等领域技术研发和应用取得进展，技术装备水平大幅提高，交通重大工程施工技术世界领先，走出去步伐不断加快。高速公路电子不停车收费系统（ETC）实现全国联网，新能源运输装备加快推广，交通运输安全应急保障能力进一步提高。铁路管理体制改革顺利实施，大部门管理体制初步建立，交通行政审批改革不断深化，运价改革、投融资改革扎实推进。

专栏1　"十二五"末交通基础设施完成情况				
指标	单位	2010 年	2015 年	2015 年规划目标
铁路营业里程	万公里	9.1	12.1	12
其中：高速铁路	万公里	0.51	1.9	—
铁路复线率	%	41	53	50
铁路电气化率	%	47	61	60
公路通车里程	万公里	400.8	458	450
其中：国家高速公路	万公里	5.8	8.0	8.3
普通国道二级及以上比重	%	60	69.4	70

续表

指标	单位	2010 年	2015 年	2015 年规划目标
乡镇通沥青（水泥）路率	％	96.6	98.6	98
建制村通沥青（水泥）路率	％	81.7	94.5	90
内河高等级航道里程	万公里	1.02	1.36	1.3
油气管网旦程	万公里	7.9	11.2	15
城市轨道交通运营里程	公里	1400	3300	3000
沿海港口万吨级及以上泊位数	个	1774	2207	2214
民用运输机场数	个	175	207	230

注：国家高速公路里程统计口径为原"7918"国家高速公路网。

"十三五"时期，交通运输发展面临的国内外环境错综复杂。从国际看，全球经济在深度调整中曲折复苏，新的增长动力尚未形成，新一轮科技革命和产业变革正在兴起，区域合作格局深度调整，能源格局深刻变化。从国内看，"十三五"时期是全面建成小康社会决胜阶段，经济发展进入新常态，生产力布局、产业结构、消费及流通格局将加速变化调整。与"十三五"经济社会发展要求相比，综合交通运输发展水平仍然存在一定差距，主要是：网络布局不完善，跨区域通道、国际通道连通不足，中西部地区、贫困地区和城市群交通发展短板明显；综合交通枢纽建设相对滞后，城市内外交通衔接不畅，信息开放共享水平不高，一体化运输服务水平亟待提升，交通运输安全形势依然严峻；适应现代综合交通运输体系发展的体制机制尚不健全，铁路市场化、空域管理、油气管网运营体制、交通投融资等方面改革仍需深化。

综合判断，"十三五"时期，我国交通运输发展正处于支撑全面建成小康社会的攻坚期、优化网络布局的关键期、提质增效升级的转型期，将进入现代化建设新阶段。站在新的发展起点上，交通运输要准确把握经济发展新常态下的新形势、新要求，切实转变发展思路、方式和路径，优化结构、转换动能、补齐短板、提质增效，更好满足多元、舒适、便捷等客运需求和经济、可靠、高效等货运需求；要突出对"一带一路"建设、京津冀协同发展、长江经济带发展三大战略和新型城镇化、脱贫攻坚的支撑保障，着力消除瓶颈制约，提升运输服务的协同性和均等化水平；要更加注重提高交通安全和应急保障能力，提升绿色、低碳、集约发展水平；要适应国际发展新环境，提高国际通道保障能力和互联互通水平，有效支撑全方位对外开放。

（二）指导思想。

全面贯彻党的十八大和十八届二中、三中、四中、五中、六中全会精神，深入贯彻习近平总书记系列重要讲话精神和治国理政新理念新思想新战略，认真落实党中央、国务院决策部署，统筹推进"五位一体"总体布局和协调推进"四个全面"战略布局，牢固树立和贯彻落实新发展理念，以提高发展质量和效益为中心，深化供给侧结构性改革，坚持交通运输服务人民，着力完善基础设施网络、加强运输服务一体衔接、提高运营管理智能水平、推行绿色安全发展模式，加快完善现代综合交通运输体系，更好地发挥交通运输的支撑引领作用，为全面建成小康社会奠定坚实基础。

（三）基本原则。

衔接协调、便捷高效。充分发挥各种运输方式的比较优势和组合效率，提升网络效应和规模效益。加强区域城乡交通运输一体化发展，增强交通公共服务能力，积极引导新生产消费流通方式和新业态新模式发展，扩大交通多样化有效供给，全面提升服务质量效率，实现人畅其行、货畅其流。

适度超前、开放融合。　有序推进交通基础设施建设，完善功能布局，强化薄弱环节，确保运输能力适度超前，更好发挥交通先行官作用。坚持建设、运营、维护并重，推进交通与产业融合。积极推进与周边国家互联互通，构建国际大通道，为更高水平、更深层次的开放型经济发展提供支撑。

创新驱动、安全绿色。 全面推广应用现代信息技术，以智能化带动交通运输现代化。深化体制机制改革，完善市场监管体系，提高综合治理能力。牢固树立安全第一理念，全面提高交通运输的安全性和可靠性。将生态保护红线意识贯穿到交通发展各环节，建立绿色发展长效机制，建设美丽交通走廊。

（四）主要目标。

到 2020 年，基本建成安全、便捷、高效、绿色的现代综合交通运输体系，部分地区和领域率先基本实现交通运输现代化。

网络覆盖加密拓展。 高速铁路覆盖 80％以上的城区常住人口100 万以上的城市，铁路、高速公路、民航运输机场基本覆盖城区常住人口 20 万以上的城市，内河高等级航道网基本建成，沿海港口万吨级及以上泊位数稳步增加，具备条件的建制村通硬化路，城市轨道交通运营里程比 2015 年增长近一倍，油气主干管网快速发展，综合交通网总里程达到 540 万公里左右。

综合衔接一体高效。 各种运输方式衔接更加紧密，重要城市群核心城市间、核心城市与周边节点城市间实现 1～2 小时通达。打造一批现代化、立体式综合客运枢纽，旅客换乘更加便捷。交通物流枢纽集疏运系统更加完善，货物换装转运效率显著提高，交邮协同发展水平进一步提升。

运输服务提质升级。 全国铁路客运动车服务比重进一步提升，民航航班正常率逐步提高，公路交通保障能力显著增强，公路货运车型标准化水平大幅提高、货车空驶率大幅下降，集装箱铁水联运比重明显提升，全社会运输效率明显提高。公共服务水平显著提升，实现村村直接通邮、具备条件的建制村通客车，城市公共交通出行比例不断提高。

智能技术广泛应用。交通基础设施、运载装备、经营业户和从业人员等基本要素信息全面实现数字化，各种交通方式信息交换取得突破。全国交通枢纽站点无线接入网络广泛覆盖。铁路信息化水平大幅提升，货运业务实现网上办理，客运网上售票比例明显提高。基本实现重点城市群内交通一卡通互通，车辆安装使用 ETC 比例大幅提升。交通运输行业北斗卫星导航系统前装率和使用率显著提高。

绿色安全水平提升。城市公共交通、出租车和城市配送领域新能源汽车快速发展。资源节约集约利用和节能减排成效显著，交通运输主要污染物排放强度持续下降。交通运输安全监管和应急保障能力显著提高，重特大事故得到有效遏制，安全水平明显提升。

专栏2　"十三五"综合交通运输发展主要指标			
指标名称	2015 年	2020 年	属性
铁路营业里程（万公里）	12.1	15	预期性
高速铁路营业里程（万公里）	1.9	3.0	预期性
铁路复线率（%）	53	60	预期性
铁路电气化率（%）	61	70	预期性
公路通车里程（万公里）	458	500	预期性
高速公路建成里程（万公里）	12.4	15	预期性
内河高等级航道里程（万公里）	1.36	1.71	预期性
沿海港口万吨级及以上泊位数（个）	2207	2527	预期性
民用运输机场数（个）	207	260	预期性
通用机场数（个）	300	500	预期性
建制村通硬化路率（%）	94.5	99	约束性
城市轨道交通运营里程（公里）	3300	6000	预期性
油气管网里程（万公里）	11.2	16.5	预期性

基础设施（左侧合并单元格，贯穿"铁路营业里程"至"油气管网里程"各行）

续表

指标名称		2015 年	2020 年	属性
运输服务	动车组列车承担铁路客运量比重（%）	46	60	预期性
	民航航班正常率（%）	67	80	预期性
	建制村通客车率（%）	94	99	约束性
	公路货运车型标准化率（%）	50	80	预期性
	集装箱铁水联运量年均增长率（%）	10		预期性
	城区常住人口 100 万以上城市建成区公交站点 500 米覆盖率（%）	90	100	约束性
智能交通	交通基本要素信息数字化率（%）	90	100	预期性
	铁路客运网上售票率（%）	60	70	预期性
	公路客车 ETC 使用率（%）	30	50	预期性
绿色安全	交通运输 CO_2 排放强度下降率（%）	7*	预期性	
	道路运输较大以上等级行车事故死亡人数下降率（%）	20*	约束性	

注：①硬化路一般指沥青（水泥）路，对于西部部分建设条件特别困难、高海拔高寒和交通需求小的地区，可扩展到石质、砼预制块、砖铺、砂石等路面的公路。
②通用机场统计含起降点。
③排放强度指按单位运输周转量计算的 CO_2（二氧化碳）排放。
④＊：与"十二五"末相比。

二、完善基础设施网络化布局

（一）建设多向连通的综合运输通道。

构建横贯东西、纵贯南北、内畅外通的"十纵十横"综合运输大通道，加快实施重点通道连通工程和延伸工程，强化中西部和东北地区通道建设。贯通上海至瑞丽等运输通道，向东向西延伸西北北部等运输通道，将沿江运输通道由成都西延至日喀则。推进北京至昆明、北京至港澳台、烟台至重庆、二连浩特至湛江、额济纳至广州等纵向新通道建设，沟通华北、西北至西南、华南等地区；推进福州至银川、厦门至喀什、汕头至昆明、绥芬河至满洲里等横向新通道建设，沟通西北、西南至华东地区，强化进出疆、出入藏通道建设。做好国内综合运输通道对外衔接。规划建设环绕我国陆域的沿边通道。

专栏3　综合运输通道布局

（一）纵向综合运输通道。

1. 沿海运输通道。起自同江，经哈尔滨、长春、沈阳、大连、秦皇岛、天津、烟台、青岛、连云港、南通、上海、宁波、福州、厦门、汕头、广州、湛江、海口，至防城港、至三亚。

2. 北京至上海运输通道。起自北京，经天津、济南、蚌埠、南京，至上海、至杭州。

3. 北京至港澳台运输通道。起自北京，经衡水、菏泽、商丘、九江、南昌、赣州、深圳，至香港（澳门）；支线经合肥、黄山、福州，至台北。

4. 黑河至港澳运输通道。起自黑河，经齐齐哈尔、通辽、沈阳、北京、石家庄、郑州、武汉、长沙、广州，至香港（澳门）。

5. 二连浩特至湛江运输通道。起自二连浩特，经集宁、大同、太原、洛阳、襄阳、宜昌、怀化，至湛江。

6. 包头至防城港运输通道。起自包头（满都拉），经延安、西安、重庆、贵阳、南宁，至防城港。

7. 临河至磨憨运输通道。起自临河（甘其毛都），经银川、平凉、宝鸡、重庆、昆明，至磨憨、至河口。

8. 北京至昆明运输通道。起自北京，经太原、西安、成都（重庆），至昆明。

9. 额济纳至广州运输通道。起自额济纳（策克），经酒泉（嘉峪关）、西宁（兰州）、成都、泸州（宜宾）、贵阳、桂林，至广州。

10. 烟台至重庆运输通道。起自烟台，经潍坊、济南、郑州、南阳、襄阳，至重庆。

（二）横向综合运输通道。

1. 绥芬河至满洲里运输通道。起自绥芬河，经牡丹江、哈尔滨、齐齐哈尔，至满洲里。

2. 珲春至二连浩特运输通道。起自珲春，经长春、通辽、锡林浩特，至二连浩特。

3. 西北北部运输通道。起自天津（唐山、秦皇岛），经北京、呼和浩特、临河、哈密、吐鲁番、库尔勒、喀什，至吐尔尕特、至伊尔克什坦、至红其拉甫；西端支线自哈密，经将军庙，至阿勒泰（吉木乃）。

4. 青岛至拉萨运输通道。起自青岛，经济南、德州、石家庄、太原、银川、兰州、西宁、格尔木，至拉萨。

5. 陆桥运输通道。起自连云港，经徐州、郑州、西安、兰州、乌鲁木齐、精河，至阿拉山口、至霍尔果斯。

6. 沿江运输通道。起自上海，经南京、芜湖、九江、武汉、岳阳、重庆、成都、林芝、拉萨、日喀则，至亚东、至樟木。

7. 上海至瑞丽运输通道。起自上海（宁波），经杭州、南昌、长沙、贵阳、昆明，至瑞丽。

8. 汕头至昆明运输通道。起自汕头，经广州、梧州、南宁、百色，至昆明。

9. 福州至银川运输通道。起自福州，经南昌、九江、武汉、襄阳、西安、庆阳，至银川。

10. 厦门至喀什运输通道。起自厦门，经赣州、长沙、重庆、成都、格尔木、若羌，至喀什。

（二）构建高品质的快速交通网。

以高速铁路、高速公路、民用航空等为主体，构建服务品质高、运行速度快的综合交通骨干网络。

推进高速铁路建设。加快高速铁路网建设，贯通京哈—京港澳、陆桥、沪昆、广昆等高速铁路通道，建设京港（台）、呼南、京昆、包（银）海、青银、兰（西）广、京兰、厦渝等高速铁路通道，拓展区域连接线，扩大高速铁路覆盖范围。

完善高速公路网络。加快推进由 7 条首都放射线、11 条北南纵线、18 条东西横线，以及地区环线、并行线、联络线等组成的国家高速公路网建设，尽快打通国家高速公路主线待贯通路段，推进建设年代较早、交通繁忙的国家高速公路扩容改造和分流路线建设。有序发展地方高速公路。加强高速公路与口岸的衔接。

完善运输机场功能布局。打造国际枢纽机场，建设京津冀、长三角、珠三角世界级机场群，加快建设哈尔滨、深圳、昆明、成都、重庆、西安、乌鲁木齐等国际航空枢纽，增强区域枢纽机场功能，实施部分繁忙干线机场新建、迁建和扩能改造工程。科学安排支线机场新建和改扩建，增加中西部地区机场数量，扩大航空运输服务覆盖面。推进以货运功能为主的机场建设。优化完善航线网络，推进国内国际、客运货运、干线支线、运输通用协调发展。加快空管基础设施建设，优化空域资源配置，推进军民航空管融合发展，提高空管服务保障水平。

专栏 4　快速交通网重点工程

（一）高速铁路。

建成北京至沈阳、北京至张家口至呼和浩特、大同至张家口、哈尔滨至牡丹江、石家庄至济南、济南至青岛、徐州至连云港、宝鸡至兰州、西安至成都、成都至贵阳、商丘至合肥至杭州、武汉至十堰、南昌至赣州等高速铁路。

建设银川至西安、贵阳至南宁、重庆至昆明、北京至商丘、济南至郑州、福州至厦门、西宁至成都、成都至自贡、兰州至中卫、黄冈至黄梅、十堰至西安、西安至延安、银川至包头、盐城至南通、杭州至绍兴至台州、襄阳至宜昌、赣州至深圳、长沙至赣州、南昌至景德镇至黄山、池州至黄山、安庆至九江、上海至湖州、杭州至温州、广州至汕尾、沈阳至敦化、牡丹江至佳木斯、郑州至万州、张家界至怀化、合肥至新沂等高速铁路。

（二）高速公路。

实施京新高速（G7）、呼北高速（G59）、银百高速（G69）、银昆高速（G85）、汕昆高速（G78）、首都地区环线（G95）等 6 条区际省际通道贯通工程；推进京哈高速（G1）、京沪高速（G2）、京台高速（G3）、京港澳高速

（G4）、沈海高速（G15）、沪蓉高速（G42）、连霍高速（G30）、兰海高速（G75）等 8 条主通道扩容工程。推进深圳至中山跨江通道建设，新建精河至阿拉山口、二连浩特至赛汗塔拉、靖西至龙邦等连接口岸的高速公路。

（三）民用航空。

建成北京新机场、成都新机场以及承德、霍林郭勒、松原、白城、建三江、五大连池、上饶、信阳、武冈、岳阳、巫山、巴中、仁怀、澜沧、陇南、祁连、莎车、若羌、图木舒克、绥芬河、芜湖/宣城、瑞金、商丘、荆州、鄂州/黄冈、郴州、湘西、玉林、武隆、甘孜、黔北、红河等机场。

建设青岛、厦门、呼和浩特新机场，邢台、正蓝旗、丽水、安阳、乐山、元阳等机场。建设郑州等以货运功能为主的机场。研究建设大连新机场、聊城等机场。开展广州、三亚、拉萨新机场前期研究。

扩建上海浦东、广州、深圳、昆明、重庆、西安、乌鲁木齐、哈尔滨、长沙、武汉、郑州、海口、沈阳、贵阳、南宁、福州、兰州、西宁等机场。

推进京沪、京广、中韩、沪哈、沪昆、沪广、沪兰、胶昆等单向循环空中大通道建设，基本形成以单向运行为主的民航干线航路网格局。

（三）强化高效率的普通干线网。

以普速铁路、普通国道、港口、航道、油气管道等为主体，构建运行效率高、服务能力强的综合交通普通干线网络。

完善普速铁路网。 加快中西部干线铁路建设，完善东部干线铁路网络，加快推进东北地区铁路提速改造，增强区际铁路运输能力，扩大路网覆盖面。实施既有铁路复线和电气化改造，提升路网质量。拓展对外通道，推进边境铁路建设，加强铁路与口岸的连通，加快实现与境外通道的有效衔接。

推进普通国道提质改造。 加快普通国道提质改造，基本消除无铺装路面，全面提升保障能力和服务水平，重点加强西部地区、集中连片特困地区、老少边穷地区低等级普通国道升级改造和未贯通路段建设。推进口岸公路建设。加强普通国道日常养护，科学实施养护工程，强化大中修养护管理。推进普通国道服务区建设，提高服务水平。

完善水路运输网络。优化港口布局，推动资源整合，促进结构调整。强化航运中心功能，稳步推进集装箱码头项目，合理把握煤炭、矿石、原油码头建设节奏，有序推进液化天然气、商品汽车等码头建设。提升沿海和内河水运设施专业化水平，加快内河高等级航道建设，统筹航道整治与河道治理，增强长江干线航运能力，推进西江航运干线和京杭运河高等级航道扩能升级改造。

强化油气管网互联互通。巩固和完善西北、东北、西南和海上四大油气进口通道。新建和改扩建一批原油管道，对接西北、东北、西南原油进口管道和海上原油码头。结合油源供应、炼化基地布局，完善成品油管网，逐步提高成品油管输比例。大力推动天然气主干管网、区域管网和互联互通管网建设，加快石油、成品油储备项目和天然气调峰设施建设。

专栏5　普通干线网重点工程

（一）普速铁路。

建成蒙西至华中、库尔勒至格尔木、成昆扩能等工程。建设川藏铁路、和田至若羌、黑河至乌伊岭、酒泉至额济纳、沪通铁路太仓至四团、兴国至永安至泉州、建宁至冠豸山、瑞金至梅州、宁波至金华等铁路，实施渝怀、集通、焦柳、中卫至固原等铁路改造工程。

（二）普通国道。

实现G219、G331等沿边国道三级及以上公路基本贯通，G228等沿海国道二级及以上公路基本贯通。建设G316、G318、G346、G347等4条长江经济带重要线路，实施G105、G107、G206、G310等4条国道城市群地区拥堵路段扩能改造，提升G211、G213、G215、G216、G335、G345、G356等7条线路技术等级。推进G219线昭苏至都拉塔口岸、G306线乌里雅斯太至珠恩嘎达布其口岸、G314 线布伦口至红其拉甫口岸等公路升级改造。

（三）沿海港口。

稳步推进天津、青岛、上海、宁波—舟山、厦门、深圳、广州等港口集装箱码头建设。推进唐山、黄骅等北方港口煤炭装船码头以及南方公用煤炭接卸中转码头建设。实施黄骅、日照、宁波—舟山等港口铁矿石码头项目。推进唐山、日照、宁波—舟山、揭阳、洋浦等港口原油码头建设。有序推进商品汽车、液化天然气等专业化码头建设。

（四）内河高等级航道。

推进长江干线航道系统治理，改善上游航道条件，提升中下游航道水深，加快南京以下 12.5 米深水航道建设，研究实施武汉至安庆航道整治工程、长江口深水航道减淤治理工程。继续推进西江航运干线扩能，推进贵港以下一级航道建设。加快京杭运河山东段、江苏段、浙江段航道扩能改造以及长三角高等级航道整治工程。加快合裕线、淮河、沙颍河、赣江、信江、汉江、沅水、湘江、嘉陵江、乌江、岷江、右江、北盘江—红水河、柳江—黔江、黑龙江、松花江、闽江等高等级航道建设。

（五）油气管网。

建设中俄原油管道二线、仪长复线、连云港—仪征、日照—洛阳、日照—沾化、董家口—东营原油管道。新建樟树—株洲、湛江—北海、洛阳—临汾、三门峡—西安、永坪—晋中、鄂渝沿江等成品油管道，改扩建青藏成品油管道，适时建设蒙西、蒙东煤制油外输管道。建设中亚 D 线、中俄东线、西气东输三线（中段）、西气东输四线、西气东输五线、陕京四线、川气东送二线、新疆煤制气外输、鄂尔多斯—安平—沧州、青岛—南京、重庆—贵州—广西、青藏、闽粤、海口—徐闻等天然气管道，加快建设区域管网，适时建设储气库和煤层气、页岩气、煤制气外输管道。

（四）拓展广覆盖的基础服务网。

以普通省道、农村公路、支线铁路、支线航道等为主体，通用航空为补充，构建覆盖空间大、通达程度深、惠及面广的综合交通基础服务网络。

合理引导普通省道发展。积极推进普通省道提级、城镇过境段改造和城市群城际路段等扩容工程，加强与城市干道衔接，提高拥挤路段通行能力。强化普通省道与口岸、支线机场以及重要资源地、农牧林区和兵团团场等有效衔接。

全面加快农村公路建设。除少数不具备条件的乡镇、建制村外，全面完成通硬化路任务，有序推进较大人口规模的撤并建制村和自然村通硬化路建设，加强县乡村公路改造，进一步完善农村公路网络。加强农村公路养护，完善安全防护设施，保障农村地区基本出行条件。积极支持国有林场林区道路建设，将国有林场林区道路按属性纳入各级政府相关公路网规划。

积极推进支线铁路建设。推进地方开发性铁路、支线铁路和沿边铁路建设。强化与矿区、产业园区、物流园区、口岸等有效衔接，增强对干线铁路网的支撑作用。

加强内河支线航道建设。推进澜沧江等国际国境河流航道建设。加强长江、西江、京杭运河、淮河重要支流航道建设。推进金沙江、黄河中上游等中西部地区库湖区航运设施建设。

加快推进通用机场建设。以偏远地区、地面交通不便地区、自然灾害多发地区、农产品主产区、主要林区和旅游景区等为重点，推进 200 个以上通用机场建设，鼓励有条件的运输机场兼顾通用航空服务。

完善港口集疏运网络。加强沿海、长江干线主要港口集疏运铁路、公路建设。

专栏 6　基础服务网重点工程

（一）农村公路。

　除少数不具备条件的乡镇、建制村外，全部实现通硬化路，新增 3.3 万个建制村通硬化路。改造约 25 万公里窄路基或窄路面路段。对约 65 万公里存在安全隐患的路段增设安全防护设施，改造约 3.6 万座农村公路危桥。有序推进较大人口规模的撤并建制村通硬化路 13.5 万公里。

（二）港口集疏运体系建设。

优先推进上海、大连、天津、宁波—舟山、厦门、南京、武汉、重庆等港口的铁路、公路连接线建设。加快推进营口、青岛、连云港、福州等其他主要港口的集疏运铁路、公路建设。支持唐山、黄骅、湄洲湾等地区性重要港口及其他港口的集疏运铁路、公路建设。新开工一批港口集疏运铁路，建设集疏运公路 1500 公里以上。

三、强化战略支撑作用

（一）打造"一带一路"互联互通开放通道。

着力打造丝绸之路经济带国际运输走廊。以新疆为核心区，以乌鲁木齐、喀什为支点，发挥陕西、甘肃、宁夏、青海的区位优势，连接陆桥和西北北部运输通道，逐步构建经中亚、西亚分别至欧洲、北非的西北国际运输走廊。发挥广西、云南开发开放优势，建设云南面向南亚东南亚辐射中心，构建广西面向东盟国际大通道，以昆明、南宁为支点，连接上海至瑞丽、临河至磨憨、济南至昆明等运输通道，推进西藏与尼泊尔等国交通合作，逐步构建衔接东南亚、南亚的西南国际运输走廊。发挥内蒙古联通蒙俄的区位优势，加强黑龙江、吉林、辽宁与俄远东地区陆海联运合作，连接绥芬河至满洲里、珲春至二连浩特、黑河至港澳、沿海等运输通道，构建至俄罗斯远东、蒙古、朝鲜半岛的东北国际运输走廊。积极推进与周边国家和地区铁路、公路、水运、管道连通项目建设，发挥民航网络灵活性优势，率先实现与周边国家和地区互联互通。

加快推进 21 世纪海上丝绸之路国际通道建设。以福建为核心区，利用沿海地区开放程度高、经济实力强、辐射带动作用大的优势，提升沿海港口服务能力，加强港口与综合运输大通道衔接，拓展航空国际支撑功能，完善海外战略支点布局，构建连通内陆、辐射全球的 21 世纪海上丝绸之路国际运输通道。

加强"一带一路"通道与港澳台地区的交通衔接。 强化内地与港澳台的交通联系，开展全方位的交通合作，提升互联互通水平。支持港澳积极参与和助力"一带一路"建设，并为台湾地区参与"一带一路"建设做出妥善安排。

（二）构建区域协调发展交通新格局。

强化区域发展总体战略交通支撑。 按照区域发展总体战略要求，西部地区着力补足交通短板，强化内外联通通道建设，改善落后偏远地区通行条件；东北地区提高进出关通道运输能力，提升综合交通网质量；中部地区提高贯通南北、连接东西的通道能力，提升综合交通枢纽功能；东部地区着力优化运输结构，率先建成现代综合交通运输体系。

构建京津冀协同发展的一体化网络。 建设以首都为核心的世界级城市群交通体系，形成以"四纵四横一环"运输通道为主骨架、多节点、网格状的区域交通新格局。重点加强城际铁路建设，强化干线铁路与城际铁路、城市轨道交通的高效衔接，加快构建内外疏密有别、高效便捷的轨道交通网络，打造"轨道上的京津冀"。加快推进国家高速公路待贯通路段建设，提升普通国省干线技术等级，强化省际衔接路段建设。加快推进天津北方国际航运核心区建设，加强港口规划与建设的协调，构建现代化的津冀港口群。加快构建以枢纽机场为龙头、分工合作、优势互补、协调发展的世界级航空机场群。完善区域油气储运基础设施。

建设长江经济带高质量综合立体交通走廊。 坚持生态优先、绿色发展，提升长江黄金水道功能。统筹推进干线航道系统化治理和支线航道建设，研究建设三峡枢纽水运新通道。优化长江岸线利用与港口布局，积极推进专业化、规模化、现代化港区建设，强化集疏运配套，促进区域港口一体化发展。发展现代航运服务，建设武汉、重庆长江中上游航运中心及南京区域性航运物流中心和舟山江海联运服务中心，实施长江船型标准化。加快铁路建设步伐，建设沿江高速铁路。统筹推进高速公路建设，加快高等级公路建设。完善航空枢纽布局与功能，拓展航空运输网络。建设沿江油气主干管道，推动管网互联互通。

（三）发挥交通扶贫脱贫攻坚基础支撑作用。

强化贫困地区骨干通道建设。以革命老区、民族地区、边疆地区、集中连片特殊困难地区为重点，加强贫困地区对外运输通道建设。加强贫困地区市（地、州、盟）之间、县（市、区、旗）与市（地、州、盟）之间高等级公路建设，实施具有对外连接功能的重要干线公路提质升级工程。加快资源丰富和人口相对密集贫困地区开发性铁路建设。在具备水资源开发条件的农村地区，统筹内河航电枢纽建设和航运发展。

夯实贫困地区交通基础。实施交通扶贫脱贫"双百"工程，加快推动既有县乡公路提级改造，增强县乡城镇中心的辐射带动能力。加快通乡连村公路建设，鼓励有需求的相邻县、相邻乡镇、相邻建制村之间建设公路。改善特色小镇、农村旅游景点景区、产业园区和特色农业基地等交通运输条件。

（四）发展引领新型城镇化的城际城市交通。

推进城际交通发展。加快建设京津冀、长三角、珠三角三大城市群城际铁路网，推进山东半岛、海峡西岸、中原、长江中游、成渝、关中平原、北部湾、哈长、辽中南、山西中部、呼包鄂榆、黔中、滇中、兰州—西宁、宁夏沿黄、天山北坡等城市群城际铁路建设，形成以轨道交通、高速公路为骨干，普通公路为基础，水路为补充，民航有效衔接的多层次、便捷化城际交通网络。

加强城市交通建设。完善优化超大、特大城市轨道交通网络，推进城区常住人口 300 万以上的城市轨道交通成网。加快建设大城市市域（郊）铁路，有效衔接大中小城市、新城新区和城镇。优化城市内外交通，完善城市交通路网结构，提高路网密度，形成城市快速路、主次干路和支路相互配合的道路网络，打通微循环。推进城市慢行交通设施和公共停车场建设。

四、加快运输服务一体化进程

（一）优化综合交通枢纽布局。

完善综合交通枢纽空间布局。结合全国城镇体系布局，着力打造北京、上海、广州等国际性综合交通枢纽，加快建设全国性综合交通枢纽，积极建设区域性综合交通枢纽，优化完善综合交通枢纽布局，完善集疏运条件，提升枢纽一体化服务功能。

专栏 7　综合交通枢纽布局

（一）国际性综合交通枢纽。

重点打造北京—天津、上海、广州—深圳、成都—重庆国际性综合交通枢纽，建设昆明、乌鲁木齐、哈尔滨、西安、郑州、武汉、大连、厦门等国际性综合交通枢纽，强化国际人员往来、物流集散、中转服务等综合服务功能，打造通达全球、衔接高效、功能完善的交通中枢。

（二）全国性综合交通枢纽。

全面提升长春、沈阳、石家庄、青岛、济南、南京、合肥、杭州、宁波、福州、海口、太原、长沙、南昌—九江、贵阳、南宁、兰州、呼和浩特、银川、西宁、拉萨、秦皇岛—唐山、连云港、徐州、湛江、大同等综合交通枢纽功能，提升部分重要枢纽的国际服务功能。推进烟台、潍坊、齐齐哈尔、吉林、营口、邯郸、包头、通辽、榆林、宝鸡、泉州、喀什、库尔勒、赣州、上饶、蚌埠、芜湖、洛阳、商丘、无锡、温州、金华—义乌、宜昌、襄阳、岳阳、怀化、泸州—宜宾、攀枝花、酒泉—嘉峪关、格尔木、大理、曲靖、遵义、桂林、柳州、汕头、三亚等综合交通枢纽建设，优化中转设施和集疏运网络，促进各种运输方式协调高效，扩大辐射范围。

（三）区域性综合交通枢纽及口岸枢纽。

推进一批区域性综合交通枢纽建设，提升对周边的辐射带动能力，加强对综合运输大通道和全国性综合交通枢纽的支撑。

推进丹东、珲春、绥芬河、黑河、满洲里、二连浩特、甘其毛都、策克、巴克图、吉木乃、阿拉山口、霍尔果斯、吐尔尕特、红其拉甫、樟木、亚东、瑞丽、磨憨、河口、龙邦、凭祥、东兴等沿边重要口岸枢纽建设。

提升综合客运枢纽站场一体化服务水平。按照零距离换乘要求，在全国重点打造 150 个开放式、立体化综合客运枢纽。科学规划设计城市综合客运枢纽，推进多种运输方式统一设计、同步建设、协同管理，推动中转换乘信息互联共享和交通导向标识连续、一致、明晰，积极引导立体换乘、同台换乘。

促进货运枢纽站场集约化发展。按照无缝衔接要求，优化货运枢纽布局，推进多式联运型和干支衔接型货运枢纽（物流园区）建设，加快推进一批铁路物流基地、港口物流枢纽、航空转运中心、快递物流园区等规划建设和设施改造，提升口岸枢纽货运服务功能，鼓励发展内陆港。

促进枢纽站场之间有效衔接。强化城市内外交通衔接，推进城市主要站场枢纽之间直接连接，有序推进重要港区、物流园区等直通铁路，实施重要客运枢纽的轨道交通引入工程，基本实现利用城市轨道交通等骨干公交方式连接大中型高铁车站以及年吞吐量超过1000 万人次的机场。

（二）提升客运服务安全便捷水平。

推进旅客联程运输发展。促进不同运输方式运力、班次和信息对接，鼓励开展空铁、公铁等联程运输服务。推广普及电子客票、联网售票，健全身份查验制度，加快完善旅客联程、往返、异地等出行票务服务系统，完善铁路客运线上服务功能。推行跨运输方式异地候机候车、行李联程托运等配套服务。鼓励第三方服务平台发展"一票制"客运服务。

完善区际城际客运服务。优化航班运行链条，着力提升航班正常率，提高航空服务能力和品质。拓展铁路服务网络，扩大高铁服务范围，提升动车服务品质，改善普通旅客列车服务水平。发展大站快车、站站停等多样化城际铁路服务，提升中心城区与郊区之间的通勤化客运水平。按照定线、定时、定点要求，推进城际客运班车公交化运行。探索创新长途客运班线运输服务模式。

发展多层次城市客运服务。大力发展公共交通，推进公交都市建设，进一步提高公交出行分担率。强化城际铁路、城市轨道交通、地面公交等运输服务有机衔接，支持发展个性化、定制化运输服务，因地制宜建设多样化城市客运服务体系。

推进城乡客运服务一体化。推动城市公共交通线路向城市周边延伸，推进有条件的地区实施农村客运班线公交化改造。鼓励发展镇村公交，推广农村客运片区经营模式，实现具备条件的建制村全部通客车，提高运营安全水平。

（三）促进货运服务集约高效发展。

推进货物多式联运发展。以提高货物运输集装化和运载单元标准化为重点，积极发展大宗货物和特种货物多式联运。完善铁路货运线上服务功能，推动公路甩挂运输联网。制定完善统一的多式联运规则和多式联运经营人管理制度，探索实施"一单制"联运服务模式，引导企业加强信息互联和联盟合作。

统筹城乡配送协调发展。加快建设城市货运配送体系，在城市周边布局建设公共货运场站，完善城市主要商业区、社区等末端配送节点设施，推动城市中心铁路货场转型升级为城市配送中心，优化车辆便利化通行管控措施。加快完善县、乡、村三级物流服务网络，统筹交通、邮政、商务、供销等农村物流资源，推广"多站合一"的物流节点建设，积极推广农村"货运班线"等服务模式。

促进邮政快递业健康发展。以邮区中心局为核心、邮政网点为支撑、村邮站为延伸，加快完善邮政普遍服务网络。推动重要枢纽的邮政和快递功能区建设，实施快递"上车、上船、上飞机"工程，鼓励利用铁路快捷运力运送快件。推进快递"向下、向西、向外"工程，推动快递网络下沉至乡村，扩大服务网络覆盖范围，基本实现乡乡设网点、村村通快递。

推进专业物流发展。加强大件运输管理，健全跨区域、跨部门联合审批机制，推进网上审批、综合协调和互联互认。加快发展冷链运输，完善全程温控相关技术标准和服务规范。加强危险货物全程监管，健全覆盖多种运输方式的法律体系和标准规范，创新跨区域联网联控技术手段和协调机制。

（四）增强国际化运输服务能力。

完善国际运输服务网络。完善跨境运输走廊，增加便利货物和人员运输协定过境站点和运输线路。有效整合中欧班列资源，统一品牌，构建"点对点"整列直达、枢纽节点零散中转的高效运输组织体系。加强港航国际联动，鼓励企业建设海外物流中心，推进国际陆海联运、国际甩挂运输等发展。拓展国际航空运输市场，建立海外运营基地和企业，提升境外落地服务水平。完善国际邮件处理中心布局，支持建设一批国际快件转运中心和海外仓，推进快递业跨境发展。

提高国际运输便利化水平。进一步完善双多边运输国际合作机制，加快形成"一站式"口岸通关模式。推动国际运输管理与服务信息系统建设，促进陆路口岸信息资源交互共享。依托区域性国际网络平台，加强与"一带一路"沿线国家和地区在技术标准、数据交换、信息安全等方面的交流合作。积极参与国际和区域运输规则制修订，全面提升话语权与影响力。

鼓励交通运输走出去。推动企业全方位开展对外合作，通过投资、租赁、技术合作等方式参与海外交通基础设施的规划、设计、建设和运营。积极开展轨道交通一揽子合作，提升高铁、城市轨道交通等重大装备综合竞争力，加快自主品牌汽车走向国际，推动各类型国产航空装备出口，开拓港口机械、液化天然气船等船舶和海洋工程装备国际市场。

（五）发展先进适用的技术装备。

推进先进技术装备自主化。提升高铁、大功率电力机车、重载货车、中低速磁悬浮轨道交通等装备技术水平，着力研制和应用中国标准动车组谱系产品，研发市域（郊）铁路列车，创新发展下一代高速列车，加快城市轨道交通装备关键技术产业化。积极发展公路专用运输车辆、大型厢式货车和城市配送车辆，鼓励发展大中型高档客车，大力发展安全、实用、经济型乡村客车。发展多式联运成套技术装备，提高集装箱、特种运输等货运装备使用比重。继续发展大型专业化运输船舶。实施适航攻关工程，积极发展国产大飞机和通用航空器。

促进技术装备标准化发展。加快推进铁路多式联运专用装备和机具技术标准体系建设。积极推动载货汽车标准化，加强车辆公告、生产、检测、注册登记、营运使用等环节的标准衔接。加快推进内河运输船舶标准化，大力发展江海直达船舶。推广应用集装化和单元化装载技术。建立共享服务平台标准化网络接口和单证自动转换标准格式。

专栏 8　提升综合运输服务行动计划

（一）旅客联程运输专项行动。

建设公众出行公共信息服务平台，为旅客提供一站式综合信息服务。推进跨运输方式的客运联程系统建设，实现不同运输方式间有效衔接。鼓励企业完善票务服务系统，提高联程、往返和异地票务服务便捷性。

（二）多式联运专项行动。

加快完善货运枢纽多式联运服务功能，支持运载单元、快速转运设备、运输工具、停靠与卸货站点的标准化建设改造，加快多式联运信息资源共享，鼓励组织模式、管理模式和重大技术创新，培育一批具有跨运输方式货运组织能力并承担全程责任的多式联运经营企业。

（三）货车标准化专项行动。

按照"政策引导消化存量、强化标准严把增量"的原则，引导发展符合国家标准要求、技术性能先进的车辆运输车、液体危险货物罐车、模块化汽车列车等货运车辆，强化对非法改装、超限超载货运车辆的治理，推动建立门类齐备、技术合理的货运车型标准体系，推进标准化货运车型广泛应用。

（四）城乡交通一体化专项行动。

选取 100 个左右县级行政区组织开展城乡交通一体化推进行动，完善农村客货运服务网络，支持农村客货运场站网络建设和改造，鼓励创新农村客运和物流配送组织模式，推广应用农村客运标准化车型，推进城乡客运、城乡配送协调发展。

（五）公交都市建设专项行动。

在地市级及以上城市全面推进公交都市建设，新能源公交车比例不低于35%，城区常住人口 300 万以上城市基本建成公交专用道网络，整合城市公交运输资源，发展新型服务模式，全面提升城市公共交通服务效率和品质。

五、提升交通发展智能化水平

（一）促进交通产业智能化变革。

实施"互联网＋"便捷交通、高效物流行动计划。将信息化智能化发展贯穿于交通建设、运行、服务、监管等全链条各环节，推动云计算、大数据、物联网、移动互联网、智能控制等技术与交通运输深度融合，实现基础设施和载运工具数字化、网络化，运营运行智能化。利用信息平台集聚要素，驱动生产组织和管理方式转变，全面提升运输效率和服务品质。

培育壮大智能交通产业。以创新驱动发展为导向，针对发展短板，着眼市场需求，大力推动智能交通等新兴前沿领域创新和产业化。鼓励交通运输科技创新和新技术应用，加快建立技术、市场和资本共同推动的智能交通产业发展模式。

（二）推动智能化运输服务升级。

推行信息服务"畅行中国"。推进交通空间移动互联网化，建设形成旅客出行与公务商务、购物消费、休闲娱乐相互渗透的"交通移动空间"。支持互联网企业与交通运输企业、行业协会等整合完善各类交通信息平台，提供综合出行信息服务。完善危险路段与事故区域的实时状态感知和信息告警推送服务。推进交通一卡通跨区（市）域、跨运输方式互通。

发展"一站式"、"一单制"运输组织。推动运营管理系统信息化改造，推进智能协同调度。研究铁路客票系统开放接入条件，与其他运输方式形成面向全国的"一站式"票务系统，加快移动支付在交通运输领域应用。推动使用货运电子运单，建立包含基本信息的电子标签，形成唯一赋码与电子身份，推动全流程互认和可追溯，加快发展多式联运"一单制"。

（三）优化交通运行和管理控制。

建立高效运转的管理控制系统。建设综合交通运输运行协调与应急调度指挥中心，推进部门间、运输方式间的交通管理联网联控在线协同和应急联动。全面提升铁路全路网列车调度指挥和运输管理智能化水平。开展新一代国家交通控制网、智慧公路建设试点，推动路网管理、车路协同和出行信息服务的智能化。建设智慧港航和智慧海事，提高港口管理水平和服务效率，提升内河高等级航道运行状态在线监测能力。发展新一代空管系统，加强航空公司运行控制体系建设。推广应用城市轨道交通自主化全自动运行系统、基于无线通信的列车控制系统等，促进不同线路和设备之间相互联通。优化城市交通需求管理，提升城市交通智能化管理水平。

提升装备和载运工具智能化自动化水平。拓展铁路计算机联锁、编组站系统自动化应用，推进全自动集装箱码头系统建设，有序发展无人机自动物流配送。示范推广车路协同技术，推广应用智能车载设备，推进全自动驾驶车辆研发，研究使用汽车电子标识。建设智能路侧设施，提供网络接入、行驶引导和安全告警等服务。

（四）健全智能决策支持与监管。

完善交通决策支持系统。增强交通规划、投资、建设、价格等领域信息化综合支撑能力，建设综合交通运输统计信息资源共享平台。充分利用政府和企业的数据信息资源，挖掘分析人口迁徙、公众出行、枢纽客货流、车辆船舶行驶等特征和规律，加强对交通发展的决策支撑。

提高交通行政管理信息化水平。推动在线行政许可"一站式"服务，推进交通运输许可证件（书）数字化，促进跨区域、跨部门行政许可信息和服务监督信息互通共享。加强全国治超联网管理信息系统建设，加快推动交通运输行政执法电子化，推进非现场执法系统试点建设，实现异地交换共享和联防联控。加强交通运输信用信息、安全生产等信息系统与国家相关平台的对接。

（五）加强交通发展智能化建设。

打造泛在的交通运输物联网。推动运行监测设备与交通基础设施同步建设。强化全面覆盖交通网络基础设施风险状况、运行状态、移动装置走行情况、运行组织调度信息的数据采集系统，形成动态感知、全面覆盖、泛在互联的交通运输运行监控体系。

构建新一代交通信息基础网络。加快车联网、船联网等建设。在民航、高铁等载运工具及重要交通线路、客运枢纽站点提供高速无线接入互联网公共服务。建设铁路下一代移动通信系统，布局基于下一代互联网和专用短程通信的道路无线通信网。研究规划分配智能交通专用频谱。

推进云计算与大数据应用。增强国家交通运输物流公共信息平台服务功能。强化交通运输信息采集、挖掘和应用，促进交通各领域数据资源综合开发利用和跨部门共享共用。推动交通旅游服务等大数据应用示范。鼓励开展交通大数据产业化应用，推进交通运输电子政务云平台建设。

保障交通网络信息安全。构建行业网络安全信任体系，基本实现重要信息系统和关键基础设施的安全可控，提升抗毁性和容灾恢复能力。加强大数据环境下防攻击、防泄露、防窃取的网络安全监测预警和应急处置能力建设。加强交通运输数据保护，防止侵犯个人隐私和滥用用户信息等行为。

专栏 9　交通运输智能化发展重点工程

（一）高速铁路、民用航空器接入互联网工程。

选取示范高速铁路线路，提供基于车厢内公众移动通信和无线网的高速宽带互联网接入服务。选取示范国内民用航空器，提供空中接入互联网服务。

（二）交通运输数据资源共享开放工程。

建设综合交通运输大数据中心，形成数据开放共享平台。增强国家交通运输物流公共信息平台服务功能，着力推动跨运输方式、跨部门、跨区域、跨国界交通物流信息开放与共享。

（三）综合交通枢纽协同运行与服务示范工程。

在京津冀、长江经济带开展综合交通枢纽协同运行与服务示范，建设信息共享与服务平台、应急联动和协调指挥调度决策支持平台，实现城市公交与对外交通之间动态组织、灵活调度。

（四）新一代国家交通控制网示范工程。

选取公路路段和中心城市，在公交智能控制、营运车辆智能协同、安全辅助驾驶等领域开展示范工程，应用高精度定位、先进传感、移动互联、智能控制等技术，提升交通调度指挥、运输组织、运营管理、安全应急、车路协同等领域智能化水平。

（五）高速公路电子不停车收费系统（ETC）应用拓展工程。

提高全国高速公路 ETC 车道覆盖率。提高 ETC 系统安装、缴费等便利性，着重提升在道路客运车辆、出租汽车等各类营运车辆上的使用率。研究推进标准厢式货车不停车收费。提升客服网点和省级联网结算中心服务水平，建设高效结算体系。实现 ETC 系统在公路沿线、城市公交、出租汽车、停车、道路客运等领域广泛应用。

（六）北斗卫星导航系统推广工程。

加快推动北斗系统在通用航空、飞行运行监视、海上应急救援和机载导航等方面的应用。加强全天候、全天时、高精度的定位、导航、授时等服务对车联网、船联网以及自动驾驶等的基础支撑作用。鼓励汽车厂商前装北斗用户端产品，推动北斗模块成为车载导航设备和智能手机的标准配置，拓宽在列车运行控制、港口运营、车辆监管、船舶监管等方面的应用。

六、促进交通运输绿色发展

（一）推动节能低碳发展。

优化交通运输结构，鼓励发展铁路、水运和城市公共交通等运输方式，优化发展航空、公路等运输方式。科学划设公交专用道，完善城市步行和自行车等慢行服务系统，积极探索合乘、拼车等共享交通发展。鼓励淘汰老旧高能耗车船，提高运输工具和港站等节能环保技术水平。加快新能源汽车充电设施建设，推进新能源运输工具规模化应用。制定发布交通运输行业重点节能低碳技术和产品推广目录，健全监督考核机制。

（二）强化生态保护和污染防治。

将生态环保理念贯穿交通基础设施规划、建设、运营和养护全过程。积极倡导生态选线、环保设计，利用生态工程技术减少交通对自然保护区、风景名胜区、珍稀濒危野生动植物天然集中分布区等生态敏感区域的影响。严格落实生态保护和水土保持措施，鼓励开展生态修复。严格大城市机动车尾气排放限值标准，实施汽车检测与维护制度，探索建立重点区域交通运输温室气体与大气污染物排放协同联控机制。落实重点水域船舶排放控制区管理政策，加强近海以及长江、西江等水域船舶溢油风险防范和污染排放控制。有效防治公路、铁路沿线噪声、振动，减缓大型机场噪声影响。

（三）推进资源集约节约利用。

统筹规划布局线路和枢纽设施，集约利用土地、线位、桥位、岸线等资源，采取有效措施减少耕地和基本农田占用，提高资源利用效率。在工程建设中，鼓励标准化设计及工厂预制，综合利用废旧路面、疏浚土、钢轨、轮胎和沥青等材料以及无害化处理后的工业废料、建筑垃圾，循环利用交通生产生活污水，鼓励企业加入区域资源再生综合交易系统。

专栏 10　交通运输绿色化发展重点工程

（一）交通节能减排工程。

支持高速公路服务区充电桩、加气站，以及长江干线、西江干线、京杭运河沿岸加气站等配套设施规划与建设。推进原油、成品油码头油气回收治理，推进靠港船舶使用岸电。在京津冀、长三角、珠三角三大区域，开展船舶污染物排放治理，到 2020 年硫氧化物、氮氧化物、颗粒物年排放总量在2015 年基础上分别下降 65%、20%、30%。

（二）交通装备绿色化工程。

加快推进天然气等清洁运输装备、装卸设施以及纯电动、混合动力汽车应用，鼓励铁路推广使用交—直—交电力机车，逐步淘汰柴油发电车。加速淘汰一批长江等内河老旧客运、危险品运输船舶。

（三）交通资源节约工程。

提高土地和岸线利用效率，提升单位长度码头岸线设计通过能力。积极推广公路服务区和港口水资源综合循环利用。建设一批资源循环利用试点工程。

（四）交通生态环保工程。

建设一批港口、装卸站、船舶修造厂和船舶含油污水、生活污水、化学品洗舱水和垃圾等污染物的接收设施，并与城市公共转运处置设施衔接。在枢纽、高速公路服务区建设一批污水治理和循环利用设施。

七、加强安全应急保障体系建设

（一）加强安全生产管理。

强化交通运输企业安全管理主体责任，推动企业依法依规设置安全生产管理机构，健全安全生产管理制度，加强安全生产标准化建设和风险管理。实施从业人员安全素质提升工程，加强安全生产培训教育。重点围绕基础设施、装备设施、运输工具、生产作业等方面安全操作与管理，打造全寿命周期品质工程。强化对安全生产法律法规和安全常识的公益宣传引导，广泛传播交通安全价值观与理念。

（二）加快监管体系建设。

构建安全生产隐患排查治理和风险分级管控体系，加强重大风险源动态全过程控制，健全交通安全事故调查协调机制。完善集监测、监控和管理于一体的铁路网络智能安全监管平台和信息传输系统。完善国家公路网运行监测体系，实时监测东中部全部路段和西部重点路段的高速公路运行情况，全面实现重点营运车辆联网联控。完善近海和内河水上交通安全监管系统布局，加强远海动态巡航执法能力建设，加强"四类重点船舶"运行监测。提升民航飞机在线定位跟踪能力，建立通用航空联合监管机制，实现全过程、可追溯监管。加快城市公交安全管理体系建设，加强城市轨道交通运营安全监管和物流运行监测。实施邮政寄递渠道安全监管"绿盾"工程，实现货物来源可追溯、运输可追踪、责任可倒查。加快实现危险货物运输全链条协同监管，强化应对危险化学品运输中泄漏的应急处理能力，防范次生突发环境事件。

（三）推进应急体系建设。

加强交通运输部门与公安、安全监管、气象、海洋、国土资源、水利等部门的信息共享和协调联动，完善突发事件应急救援指挥系统。完善全国交通运输运行监测与应急指挥系统，加快建设省级和中心城市运行监测与应急指挥系统。加快建设铁路、公路和民航应急救援体系。完善沿海、长江干线救助打捞飞行基地和船舶基地布局，加强我国管辖海域应急搜救能力和航海保障建设。提升深海远洋搜寻和打捞能力，加强海外撤侨等国际应急救援合作。

专栏 11　交通运输安全应急保障重点工程

（一）深海远海监管搜救工程。

研究启动星基船舶自动识别系统，配置中远程监管救助载人机和无人机，提升大型监管救助船舶远海搜救适航性能，推动深海远海分布式探测作业装备研发与应用。提升南海、东海等重点海域监管搜救能力。

（二）长江干线交通安全工程。

完善长江干线船舶交通管理系统、船舶自动识别系统和视频监控系统，强化长江海事巡航救助一体化船舶、公安巡逻船和消防船舶配置，建设大型起重船及辅助装备、库区深潜器等成套打捞系统。加强长江干线船舶溢油应急设备库建设。

（三）铁路安保工程。

加快建设国家铁路应急救援基地，加强高铁运行、监控、防灾预警等安全保障系统建设；加大道口平交改立交及栅栏封闭等安全防护设施建设力度。

（四）公路安全应急工程。

继续实施公路安全生命防护工程。持续开展农村公路隐患治理，加强农村公路隧道隐患整治，继续开展农村公路危桥改造。不断完善道路交通应急体系，提高应急保障能力。

（五）航空安全工程。

建设民航安保体系，提高民航空防安全保障和反恐怖防范能力。加强适航审定能力建设，建设全国民航安全保卫信息综合应用平台。依托航空运输等企业加快构建民航应急运输和搜救力量。

（六）邮政寄递渠道安全监管"绿盾"工程。

建设行政执法、运行监测、安全预警、应急指挥、决策支持、公共服务等六类信息系统，完善国家邮政安全监控中心，建设省级和重点城市邮政安全监控中心。

八、拓展交通运输新领域新业态

（一）积极引导交通运输新消费。

促进通用航空与旅游、文娱等相关产业联动发展，扩大通用航空消费群体，强化与互联网、创意经济融合，拓展通用航空新业态。有序推进邮轮码头建设，拓展国际国内邮轮航线，发展近海内河游艇业务，促进邮轮游艇产业发展。大力发展自驾车、房车营地，配套建设生活服务功能区。鼓励企业发展城市定制公交、农村定制班车、网络预约出租汽车、汽车租赁等新型服务，稳妥推进众包服务，鼓励单位、个人停车位等资源错时共享使用。

（二）培育壮大交通运输新动能。

以高速铁路通道为依托，以高铁站区综合开发为载体，培育壮大高铁经济，引领支撑沿线城镇、产业、人口等合理布局，密切区域合作，优化资源配置，加速产业梯度转移和经济转型升级。基本建成上海国际航运中心，加快建设天津北方、大连东北亚、厦门东南国际航运中心，提升临港产业发展水平，延伸和拓展产业链。建设北京新机场、郑州航空港等临空经济区，聚集航空物流、快件快递、跨境电商、商务会展、科技创新、综合保障等产业，形成临空经济新兴增长极。

（三）打造交通物流融合新模式。

打通衔接一体的全链条交通物流体系，以互联网为纽带，构筑资源共享的交通物流平台，创新发展模式，实现资源高效利用，推动交通与物流一体化、集装化、网络化、社会化、智能化发展。推进"平台＋"物流交易、供应链、跨境电商等合作模式，鼓励"互联网＋城乡配送"、"物联网＋供应链管理"等业态模式的创新发展。推进公路港等枢纽新业态发展，积极发展无车承运人等互联网平台型企业，整合公路货运资源，鼓励企业开发"卡车航班"等运输服务产品。

（四）推进交通空间综合开发利用。

依据城市总体规划和交通专项规划，鼓励交通基础设施与地上、地下、周边空间综合利用，融合交通与商业、商务、会展、休闲等功能。打造依托综合交通枢纽的城市综合体和产业综合区，推动高铁、地铁等轨道交通站场、停车设施与周边空间的联动开发。重点推进地下空间分层开发，拓展地下纵深空间，统筹城市轨道交通、地下道路等交通设施与城市地下综合管廊的规划布局，研究大城市地下快速路建设。

专栏 12　交通运输新领域建设重点工程

（一）通用航空工程。

积极发展通用航空短途运输，鼓励有条件的地区发展公务航空。在适宜地区开展空中游览活动，发展飞行培训，提高飞行驾驶执照持有比例。利用会展、飞行赛事、航空文化交流等活动，支持通用航空俱乐部、通用航空爱好者协会等社团发展。规划建设一批航空飞行营地，完善航空运动配套服务，开展航空体育与体验飞行。

（二）国家公路港网络建设工程。

以国际性、全国性综合交通枢纽为重点，建设与铁路货运站、港口、机场等有机衔接的综合型公路港；以区域性综合交通枢纽为重点，建设与主干运输通道快速连通的基地型公路港；以国家高速公路沿线城市为重点，形成一批与综合型和基地型公路港有效衔接、分布广泛的驿站型公路港。

（三）邮轮游艇服务工程。

有序推进天津、大连、秦皇岛、青岛、上海、厦门、广州、深圳、北海、三亚、重庆、武汉等邮轮码头建设，在沿海沿江沿湖等地区发展公共旅游和私人游艇业务，完善运动船艇配套服务。

（四）汽车营地建设工程。

依托重点生态旅游目的地、精品生态旅游线路和国家旅游风景道，规划建设一批服务自驾车、房车等停靠式和综合型汽车营地，利用环保节能材料和技术配套建设生活服务等功能区。

（五）城市交通空间开发利用工程。

重点在国际性、全国性综合交通枢纽，以高速铁路客运站、城际铁路客运站、机场为主体，建设一批集交通、商业、商务、会展、文化、休闲于一体的开放式城市功能区。鼓励建设停车楼、地下停车场、机械式立体停车库等集约化停车设施，并按照一定比例配建充电设施。

（六）步道自行车路网建设工程。

规划建设城市步行和自行车交通体系，逐步打造国家步道系统和自行车路网，重点建设一批山地户外营地、徒步骑行服务站。

九、全面深化交通运输改革

（一）深化交通管理体制改革。

深入推进简政放权、放管结合、优化服务改革，最大程度取消和下放审批事项，加强规划引导，推动交通项目多评合一、统一评审，简化审批流程，缩短审批时间；研究探索交通运输监管政策和管理方式，加强诚信体系建设，完善信用考核标准，强化考核评价监督。完善"大交通"管理体制，推进交通运输综合行政执法改革，建设正规化、专业化、规范化、标准化的执法队伍。完善收费公路政策，逐步建立高速公路与普通公路统筹发展机制。全面推进空域管理体制改革，扎实推进空域规划、精细化改革试点和"低慢小"飞行管理改革、航线审批改革等重点工作，加快开放低空空域。加快油气管网运营体制改革，推动油气企业管网业务独立，组建国有资本控股、投资主体多元的油气管道公司和全国油气运输调度中心，实现网运分离。

（二）推进交通市场化改革。

加快建立统一开放、竞争有序的交通运输市场，营造良好营商环境。加快开放民航、铁路等行业的竞争性业务，健全准入与退出机制，促进运输资源跨方式、跨区域优化配置。健全交通运输价格机制，适时放开竞争性领域价格，逐步扩大由市场定价的范围。深化铁路企业和客货运输改革，建立健全法人治理结构，加快铁路市场化运行机制建设。有序推进公路养护市场化进程。加快民航运输市场化进程，有序发展专业化货运公司。积极稳妥深化出租汽车行业改革，完善经营权管理制度。

（三）加快交通投融资改革。

建立健全中央与地方投资联动机制，优化政府投资安排方式。在试点示范的基础上，加快推动政府和社会资本合作（PPP）模式在交通运输领域的推广应用，鼓励通过特许经营、政府购买服务等方式参与交通项目建设、运营和维护。在风险可控的前提下，加大政策性、开发性等金融机构信贷资金支持力度，扩大直接融资规模，支持保险资金通过债权、股权等多种方式参与重大交通基础设施建设。积极利用亚洲基础设施投资银行、丝路基金等平台，推动互联互通交通项目建设。

十、强化政策支持保障

（一）加强规划组织实施。

各有关部门要按照职能分工，完善相关配套政策措施，做好交通军民融合工作，为本规划实施创造有利条件；做好本规划与国土空间开发、重大产业布局、生态环境建设、信息通信发展等规划的衔接，以及铁路、公路、水运、民航、油气管网、邮政等专项规划对本规划的衔接落实；加强部际合作和沟通配合，协调推进重大项目、重大工程，加强国防交通规划建设；加强规划实施事中事后监管和动态监测分析，适时开展中期评估、环境影响跟踪评估和建设项目后评估，根据规划落实情况及时动态调整。地方各级人民政府要紧密结合发展实际，细化落实本规划确定的主要目标和重点任务，各地综合交通运输体系规划要做好对本规划的衔接落实。

（二）加大政策支持力度。

健全公益性交通设施与运输服务政策支持体系，加强土地、投资、补贴等组合政策支撑保障。切实保障交通建设用地，在用地计划、供地方式等方面给予一定政策倾斜。加大中央投资对铁路、水运等绿色集约运输方式的支持力度。充分发挥各方积极性，用好用足铁路土地综合开发、铁路发展基金等既有支持政策，尽快形成铁路公益性运输财政补贴的制度性安排，积极改善铁路企业债务结构。统筹各类交通建设资金，重点支持交通扶贫脱贫攻坚。充分落实地方政府主体责任，采用中央与地方共建等方式推动综合交通枢纽一体化建设。

（三）完善法规标准体系。

研究修订铁路法、公路法、港口法、民用航空法、收费公路管理条例、道路运输条例等，推动制定快递条例，研究制定铁路运输条例等法规。加快制定完善先进适用的高速铁路、城际铁路、市域（郊）铁路、城市轨道交通、联程联运、综合性交通枢纽、交通信息化智能化等技术标准，强化各类标准衔接，加强标准、计量、质量监督，构建综合交通运输标准体系和统计体系。完善城市轨道交通装备标准规范体系，开展城市轨道交通装备认证。依托境外交通投资项目，带动装备、技术和服务等标准走出去。

（四）强化交通科技创新。

发挥重点科研平台、产学研联合创新平台作用，加大基础性、战略性、前沿性技术攻关力度，力争在特殊重大工程建设、交通通道能力和工程品质提升、安全风险防控与应急技术装备、综合运输智能管控和协同运行、交通大气污染防控等重大关键技术上取得突破。发挥企业的创新主体作用，鼓励企业以满足市场需求为导向开展技术、服务、组织和模式等各类创新，提高科技含量和技术水平，不断向产业链和价值链高端延伸。

（五）培育多元人才队伍。

加快综合交通运输人才队伍建设，培养急需的高层次、高技能人才，加强重点领域科技领军人才和优秀青年人才培养。加强人才使用与激励机制建设，提升行业教育培训的基础条件和软硬件环境。做好国外智力引进和国际组织人才培养推送工作，促进人才国际交流与合作。

附件：1. 重点任务分工方案

2. 综合运输大通道和综合交通枢纽示意图

3. "十三五"铁路规划建设示意图

4. "十三五"国家高速公路规划建设示意图

5. "十三五"民用运输机场规划建设示意图

6. "十三五"内河高等级航道规划建设示意图

7. "十三五"原油、成品油、天然气管道规划建设示意图

国务院

2017 年 2 月 3 日

附件 1

重点任务分工方案

序号	任务	责任单位
1	建设多向连通的综合运输通道	国家发展改革委、交通运输部牵头，国家铁路局、中国民航局、中国铁路总公司等按职责分工负责
2	构建高品质的快速交通网。推进高速铁路建设，完善高速公路网络，完善运输机场功能布局	国家发展改革委、交通运输部、国家铁路局、中国民航局、中国铁路总公司等按职责分工负责
3	强化高效率的普通干线网。完善普速铁路网，推进普通国道提质改造，完善水路运输网络，强化油气管网互联互通	交通运输部、国家发展改革委牵头，国家能源局、国家铁路局、中国民航局、中国铁路总公司等按职责分工负责
4	拓展广覆盖的基础服务网。合理引导普通省道发展，全面加快农村公路建设，积极推进支线铁路建设，加强内河支线航道建设，加快推进通用机场建设，完善港口集疏运网络	交通运输部、国家发展改革委牵头，国家铁路局、中国民航局、中国铁路总公司等按职责分工负责

续表

序号	任务	责任单位
5	打造"一带一路"互联互通开放通道。着力打造丝绸之路经济带国际运输走廊，加快推进 21 世纪海上丝绸之路国际通道建设，加强"一带一路"通道与港澳台地区的交通衔接	国家发展改革委牵头，交通运输部、外交部、商务部、国家铁路局、中国民航局、中国铁路总公司等按职责分工负责
6	构建京津冀协同发展的一体化网络。打造"轨道上的京津冀"，完善综合交通网络	国家发展改革委牵头，交通运输部、住房城乡建设部、国家铁路局、中国民航局、中国铁路总公司等按职责分工负责
7	建设长江经济带高质量综合立体交通走廊。打造长江黄金水道，构建立体交通走廊	国家发展改革委牵头，交通运输部、水利部、环境保护部、国家铁路局、中国民航局、中国铁路总公司等按职责分工负责
8	发挥交通扶贫脱贫攻坚基础支撑作用。强化贫困地区骨干通道建设，夯实贫困地区交通基础	交通运输部、国家发展改革委牵头，国务院扶贫办、国家铁路局、中国民航局、中国铁路总公司等按职责分工负责
9	发展引领新型城镇化的城际城市交通。推进城际交通发展，加强城市交通建设	国家发展改革委、交通运输部、住房城乡建设部牵头，国家铁路局、中国民航局、中国铁路总公司等按职责分工负责
10	优化综合交通枢纽布局。完善综合交通枢纽空间布局，提升综合客运枢纽站场一体化服务水平，促进货运枢纽站场集约化发展，促进枢纽站场之间有效衔接	交通运输部、国家发展改革委牵头，住房城乡建设部、国家铁路局、中国民航局、国家邮政局、中国铁路总公司等按职责分工负责
11	提升客运服务安全便捷水平。推进旅客联程运输发展，完善区际城际客运服务，发展多层次城市客运服务，推进城乡客运服务一体化	交通运输部牵头，国家发展改革委、国家铁路局、中国民航局、中国铁路总公司等按职责分工负责
12	促进货运服务集约高效发展。推进货物多式联运发展，统筹城乡配送协调发展，促进邮政快递业健康发展，推进专业物流发展	交通运输部牵头，国家发展改革委、商务部、质检总局、国家铁路局、中国民航局、国家邮政局、中国铁路总公司等按职责分工负责
13	增强国际化运输服务能力。完善国际运输服务网络，提高国际运输便利化水平，鼓励交通运输走出去	交通运输部牵头，国家发展改革委、商务部、海关总署、质检总局、国家铁路局、中国民航局、国家邮政局、中国铁路总公司等按职责分工负责

续表

序号	任务	责任单位
14	发展先进适用的技术装备。推进先进技术装备自主化，促进技术装备标准化发展	国家发展改革委、交通运输部、工业和信息化部牵头，科技部、公安部、质检总局、国家铁路局、中国民航局、国家邮政局、中国铁路总公司等按职责分工负责
15	促进交通产业智能化变革。实施"互联网＋"行动计划，培育壮大智能交通产业	国家发展改革委、交通运输部牵头，工业和信息化部、科技部、国家铁路局、中国民航局、中国铁路总公司等按职责分工负责
16	推动智能化运输服务升级。推行信息服务"畅行中国"，发展"一站式"、"一单制"运输组织	交通运输部、国家发展改革委牵头，工业和信息化部、国家铁路局、中国民航局、中国铁路总公司等按职责分工负责
17	优化交通运行和管理控制。建立高效运转的管理控制系统，提升装备和载运工具智能化自动化水平	交通运输部牵头，国家发展改革委、工业和信息化部、公安部、国家铁路局、中国民航局、中国铁路总公司等按职责分工负责
18	健全智能决策支持与监管。完善交通决策支持系统，提高交通行政管理信息化水平	交通运输部牵头，工业和信息化部、国家铁路局、中国民航局、中国铁路总公司等按职责分工负责
19	加强交通发展智能化建设。打造泛在的交通运输物联网，构建新一代交通信息基础网络，推进云计算与大数据应用，保障交通网络信息安全	国家发展改革委、交通运输部牵头，工业和信息化部、国家国防科工局、国家铁路局、中国民航局、中国铁路总公司等按职责分工负责
20	推动节能低碳发展。优化运输结构，推广应用节能低碳技术和产品	交通运输部、住房城乡建设部牵头，国家发展改革委、环境保护部、国家能源局、国家铁路局、中国民航局、中国铁路总公司等按职责分工负责
21	强化生态保护和污染防治。加强全过程全周期生态保护，强化大气、水、噪声污染防治	交通运输部牵头，国家发展改革委、环境保护部、国家铁路局、中国民航局、中国铁路总公司等按职责分工负责
22	推进资源集约节约利用。提高交通资源利用效率，加强资源综合循环利用	交通运输部牵头，工业和信息化部、环境保护部、国家铁路局、中国民航局、中国铁路总公司等按职责分工负责
23	加强交通运输安全生产管理	交通运输部牵头，公安部、安全监管总局、国家铁路局、中国民航局、中国铁路总公司等按职责分工负责

续表

序号	任务	责任单位
24	加快交通安全监管体系建设	交通运输部牵头，公安部、安全监管总局、国家铁路局、中国民航局、国家邮政局、中国铁路总公司等按职责分工负责
25	推进交通运输应急体系建设	交通运输部牵头，公安部、安全监管总局、国家铁路局、中国民航局、中国铁路总公司等按职责分工负责
26	积极引导交通运输新消费	国家发展改革委、交通运输部牵头，工业和信息化部、住房城乡建设部、国家旅游局、中国民航局、国家邮政局、中国铁路总公司等按职责分工负责
27	培育壮大交通运输新动能	国家发展改革委、交通运输部牵头，商务部、海关总署、国家旅游局、体育总局、中国铁路总公司等按职责分工负责
28	打造交通物流融合新模式	国家发展改革委、交通运输部牵头，商务部、工业和信息化部、海关总署、中国铁路总公司等按职责分工负责
29	推进交通空间综合开发利用	国家发展改革委、交通运输部、住房城乡建设部牵头，国土资源部等按职责分工负责
30	深化交通管理体制改革	国家发展改革委、交通运输部牵头，工商总局、国家铁路局、中国民航局、中国铁路总公司等按职责分工负责
31	推进交通市场化改革	国家发展改革委、交通运输部牵头，工商总局、国家铁路局、中国民航局、中国铁路总公司等按职责分工负责
32	加快交通投融资改革	国家发展改革委、财政部、交通运输部牵头，国土资源部、人民银行、银监会、证监会、保监会、国家铁路局、中国民航局、中国铁路总公司等按职责分工负责
33	完善法规体系	交通运输部牵头，国务院法制办、国家铁路局、中国民航局、国家邮政局、国家交通战备办公室、中国铁路总公司等按职责分工负责
34	强化标准支撑	质检总局、交通运输部牵头，工业和信息化部、科技部、住房城乡建设部、国家铁路局、中国民航局、国家邮政局、中国铁路总公司等按职责分工负责

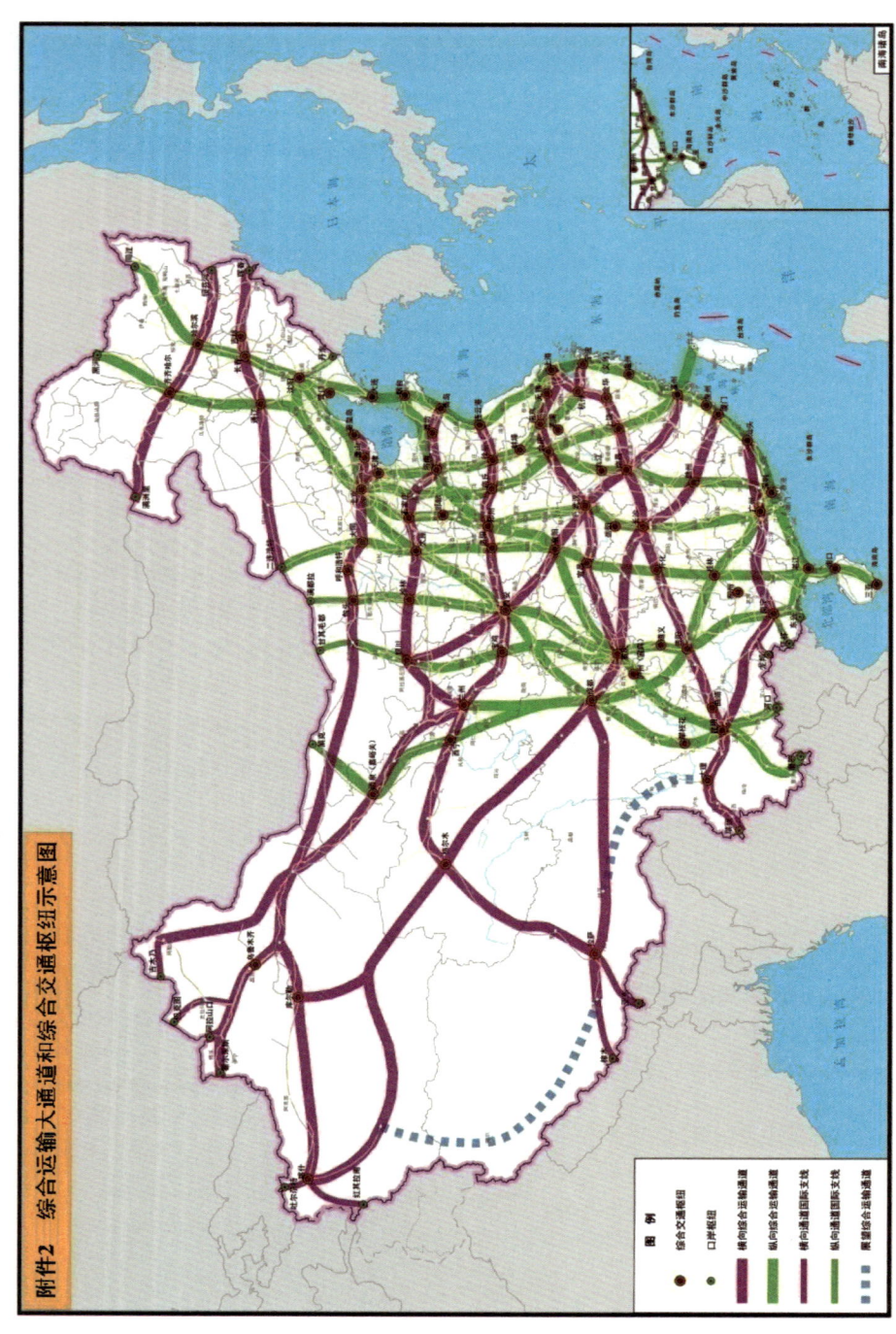

附件2　综合运输大通道和综合交通枢纽示意图

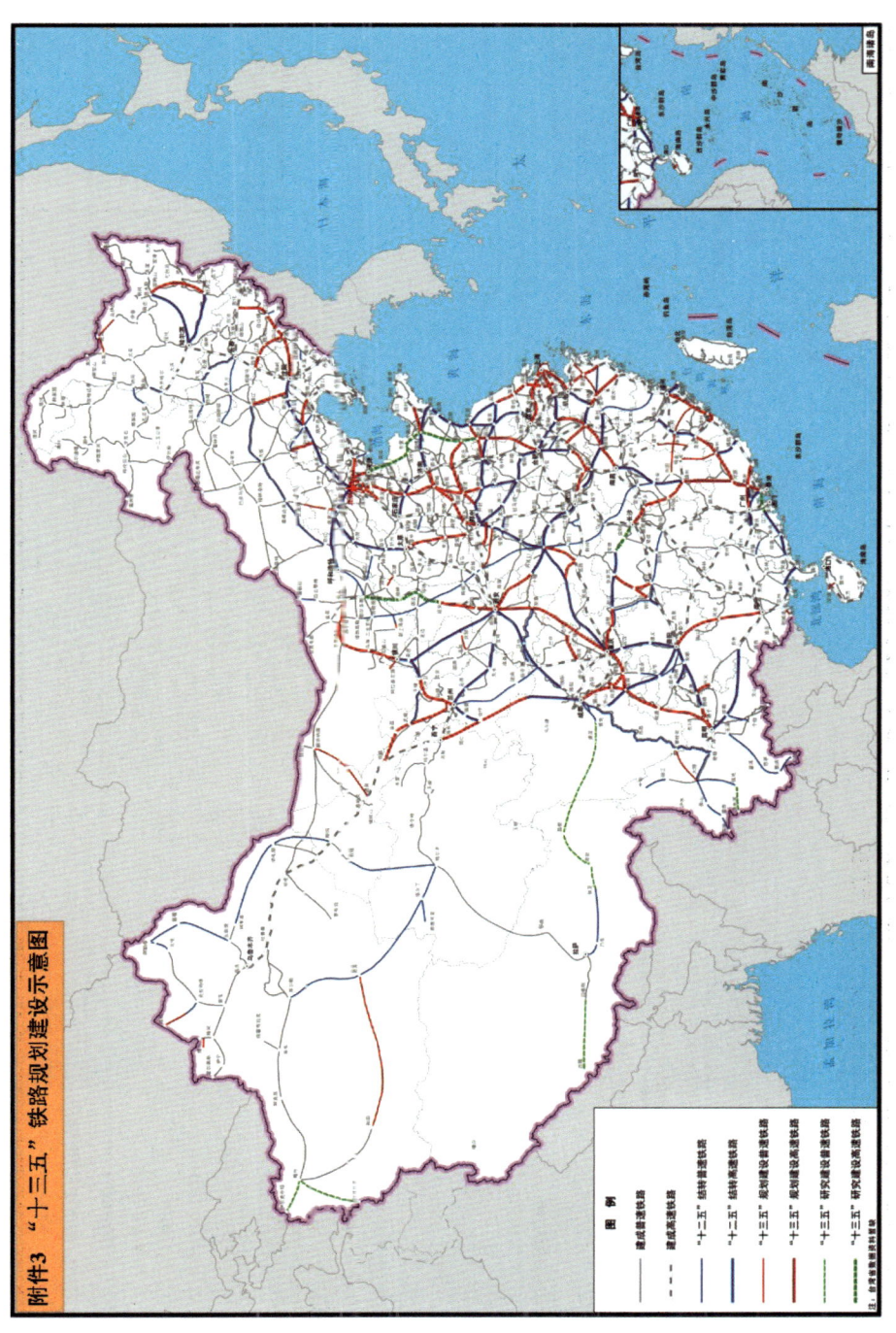

附件3 "十三五"铁路规划建设示意图

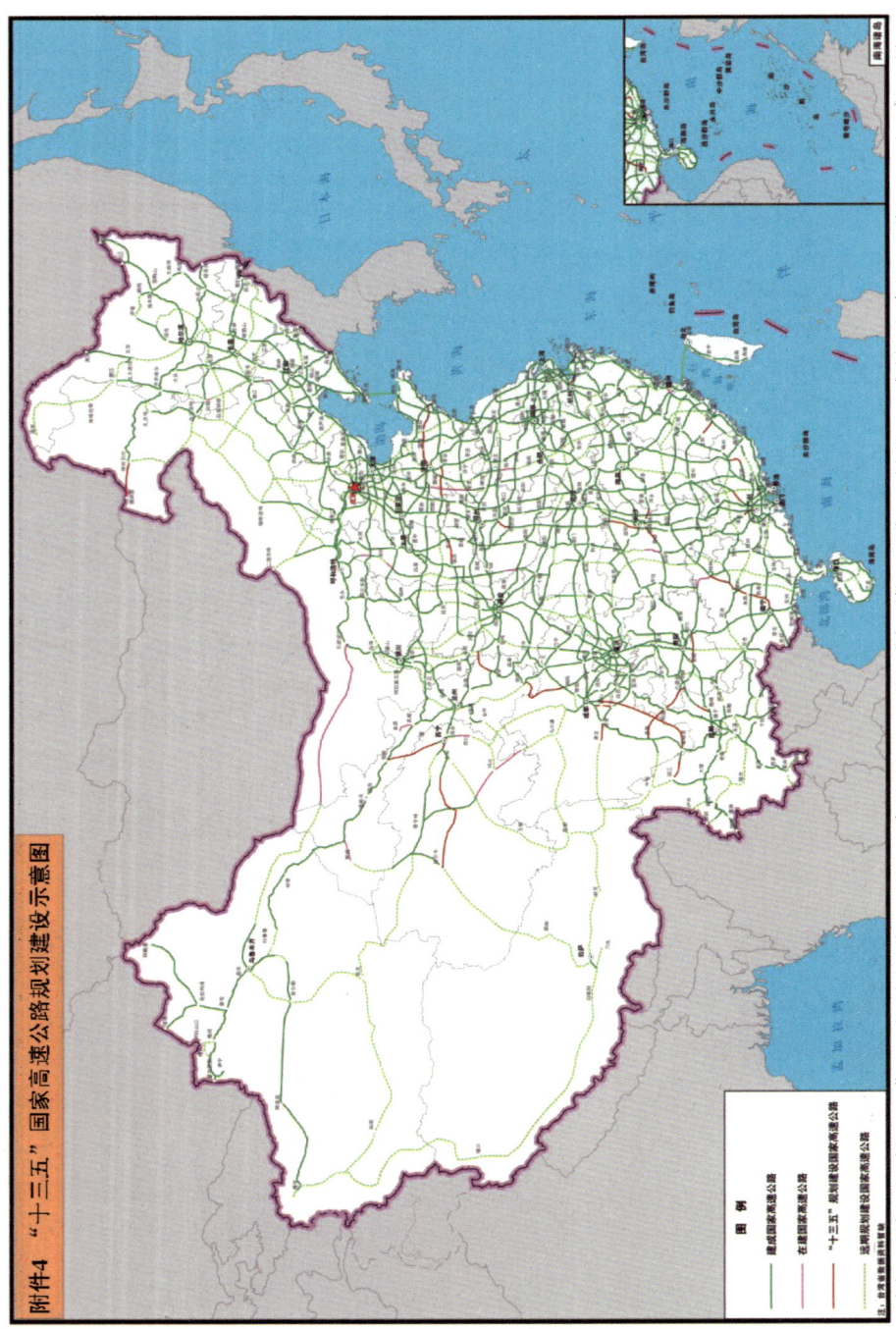

附件4 "十三五"国家高速公路规划建设示意图

附件5　"十三五"民用运输机场规划建设示意图

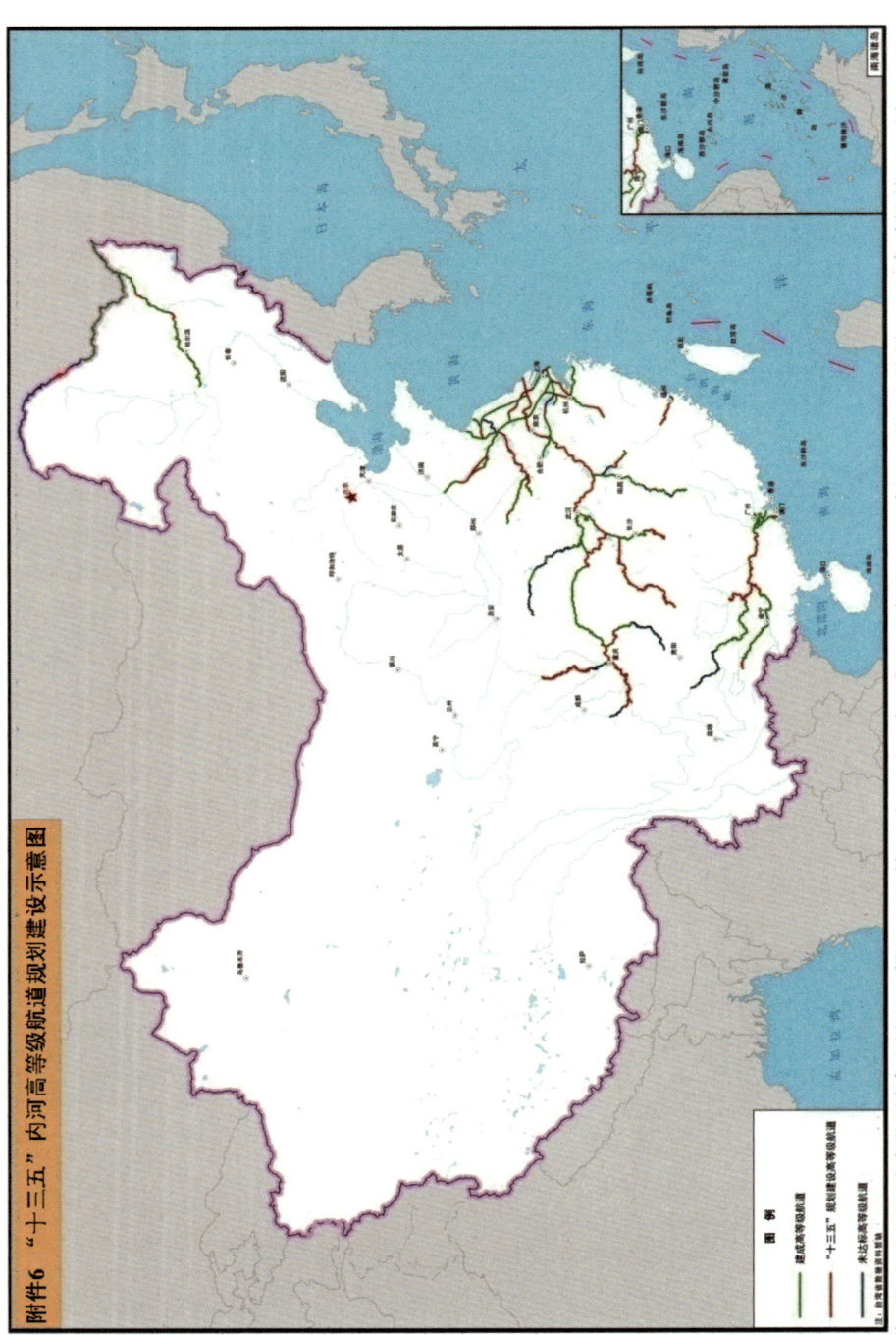

附件6 "十三五"内河高等级航道规划建设示意图

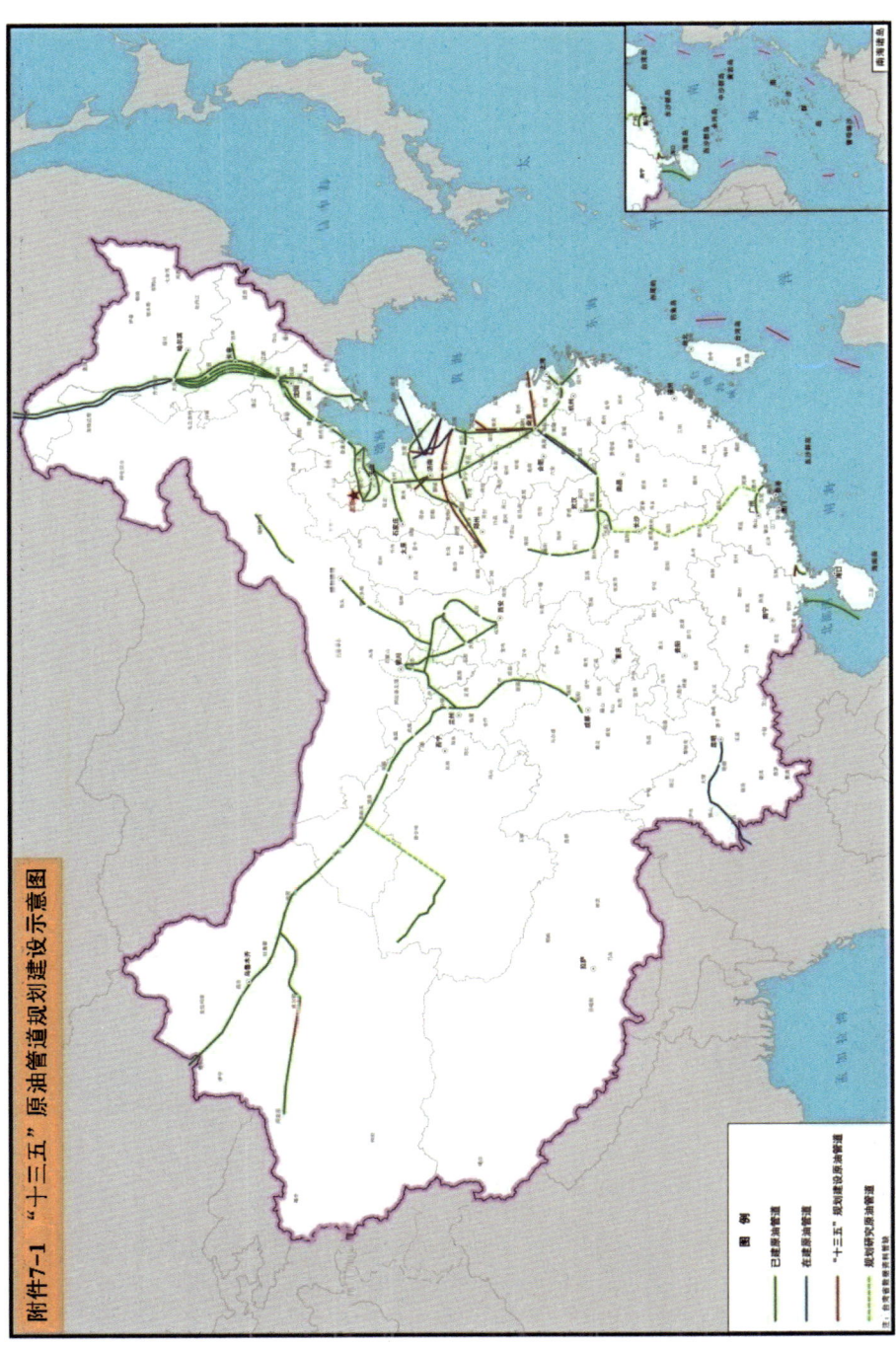

附件7-1　"十三五"原油管道规划建设示意图

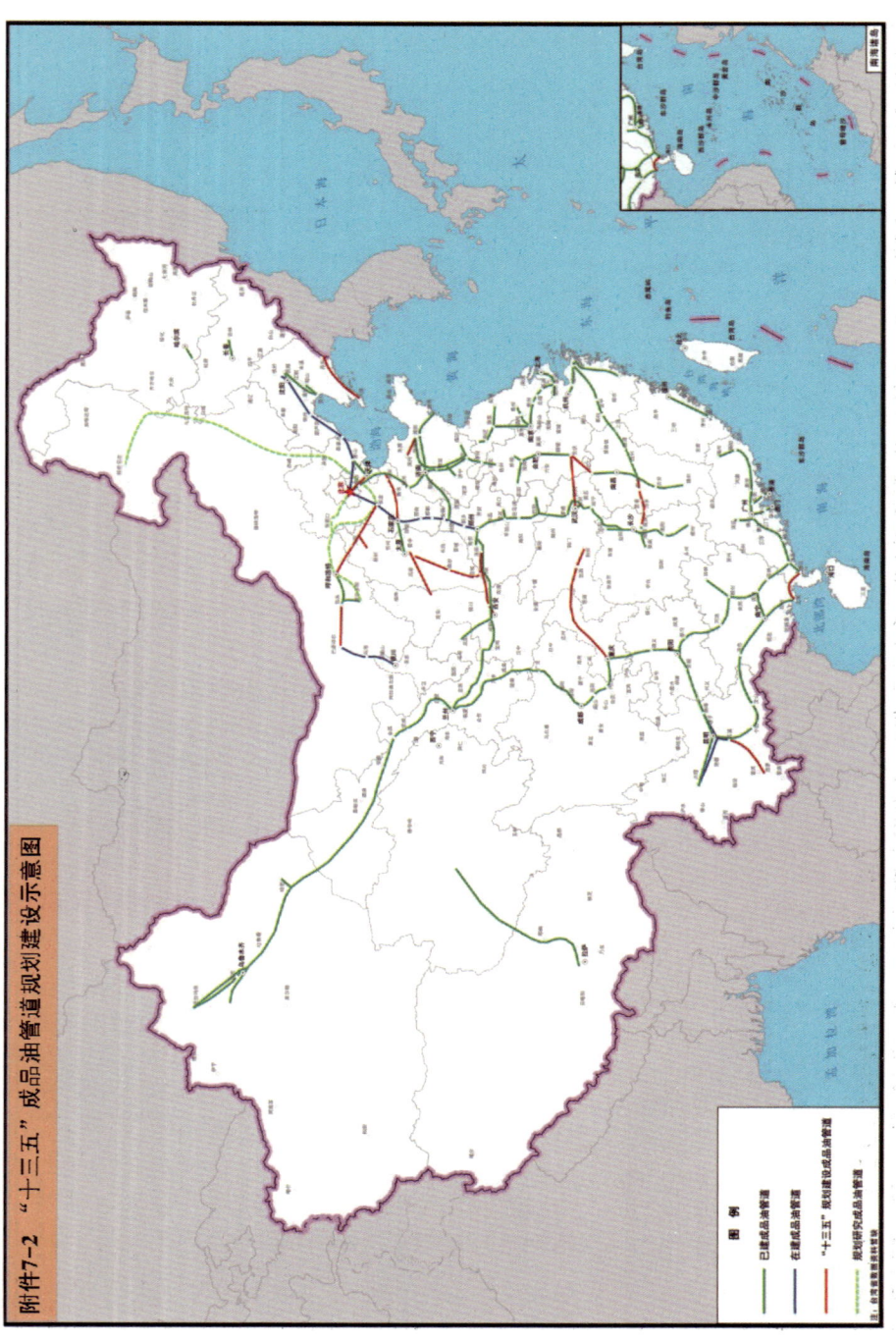

附件7-2　"十三五"成品油管道规划建设示意图

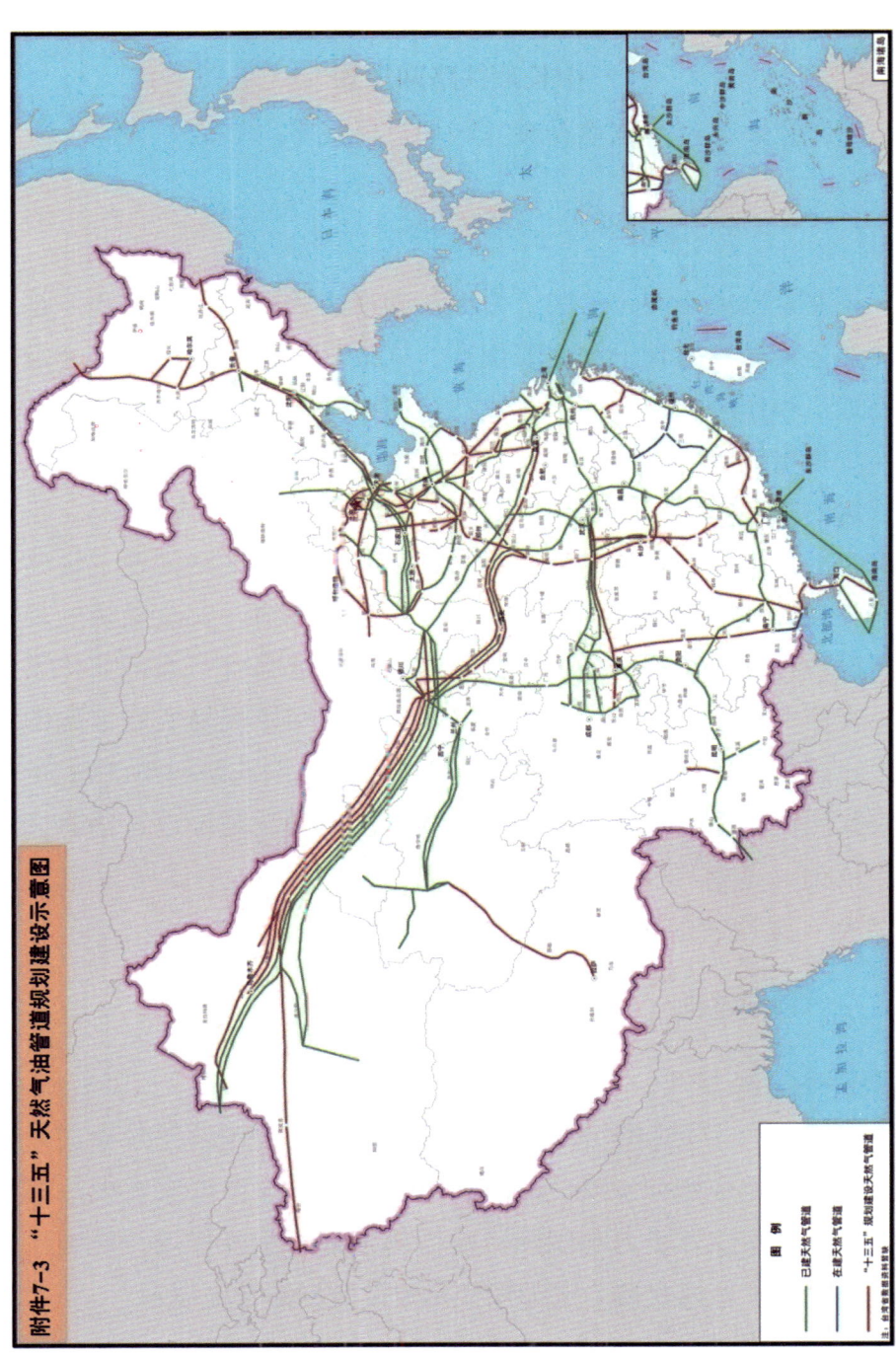

附件7-3 "十三五"天然气油管道规划建设示意图

图 例

已建天然气管道

在建天然气管道

"十三五"规划建设天然气管道

中长期铁路网规划

发改基础〔2016〕1536 号

前　言

铁路是国民经济大动脉、关键基础设施和重大民生工程，是综合交通运输体系的骨干和主要交通方式之一，在我国经济社会发展中的地位和作用至关重要。加快铁路建设特别是中西部地区铁路建设，是稳增长、调结构，增加有效投资，扩大消费，既利当前、更惠长远的重大举措。党中央、国务院高度重视铁路发展。2004 年国务院批准实施《中长期铁路网规划》以来，我国铁路实现了快速发展。为加快构建布局合理、覆盖广泛、高效便捷、安全经济的现代铁路网络，更好发挥铁路骨干优势作用，推进综合交通运输体系建设，支撑引领我国经济社会发展，在深入总结原规划实施情况的基础上，结合发展新形势新要求，修编了《中长期铁路网规划》。本规划是我国铁路基础设施的中长期空间布局规划，是推进铁路建设的基本依据，是指导我国铁路发展的纲领性文件。规划期为 2016—2025 年，远期展望到 2030 年。

一、规划基础

（一）发展现状。

2004 年《中长期铁路网规划》实施以来，我国铁路发展成效显著，对促进经济社会发展、保障和改善民生、支撑国家重大战略实施、增强我国综合实力和国际影响力等发挥了重要作用，受到社会的广泛赞誉和普遍欢迎，成为现代化建设成就的重要展示。

1. 基础网络初步形成。中西部地区铁路加快建设，跨区域快速通道基本形成，高速铁路逐步成网，城际铁路起步发展，路网规模不断扩大，保障能力明显增强。截至 2015 年底，全国铁路营业里程达到 12.1 万公里，其中高速铁路 1.9 万公里。

2. 服务水平明显提升。东部地区路网优化提升，中西部地区路网覆盖扩大，四大板块实现高速铁路连通，重点物资和快捷货运服务能力增强，综合枢纽有机衔接配套，技术装备水平大幅提高，建立了信息服务平台，整体服务水平不断提升。

3. 创新能力显著增强。以高速、高原、高寒、重载铁路发展为依托，工程建造、装备制造、系统集成等创新成果显著，自主发展能力与核心竞争力不断增强，我国铁路总体技术水平进入世界先进行列，高铁成为我国走出去的亮丽名片。

4. 铁路改革实现突破。铁路实行了政企分开，出台了改革铁路投融资体制、实施土地综合开发、批准设立铁路发展基金、鼓励和扩大社会资本投资铁路建设等一系列政策措施，中央和地方支持铁路建设力度持续加大。

总体上看，当前我国铁路运能紧张状况基本缓解，瓶颈制约基本消除，基本适应经济社会发展需要。但也应看到，与经济发展新常态要求、与其他交通运输方式、与发达国家水平相比，我国铁路仍然存在不足，主要体现在：一是路网布局尚不完善。区域布局不均衡，尤其是中西部地区发展不足，路网覆盖仍需进一步扩大。二是运行效率有待提高。重点区域之间、主要城市群之间的快速通道存在通而不畅，部分跨区域通道能力仍然紧张。三是结构性矛盾较突出。网络层次不够清晰，城际客运系统发展缓慢，现代物流、综合枢纽、多式联运等配套设施和铁路集疏运体系以及各种交通运输方式衔接有待加强。四是支持政策尚需强化。随着铁路快速发展，铁路建设资金筹集难度增加，债务不断攀升，经营压力加大，铁路发展面临新挑战，需进一步加大政策支持，继续深化铁路改革。

（二）形势要求。

我国正处于全面建成小康社会的决胜阶段，经济社会发展面临的新趋势新机遇，对铁路发展提出新的更高要求。

推进供给侧结构性改革，要求扩大铁路有效供给。随着我国综合实力和国民收入稳步提高，"新四化"同步发展，运输需求不断扩大，客运将保持快速增长，货运结构变化显著。着眼"两个一百年"奋斗目标，主动适应和引领经济发展新常态，保持经济中高速增长、迈向中高端水平，必然要求增加铁路公共产品和服务有效供给，注重提高供给质量和效率，降低社会物流成本，补齐基础设施短板，全面增强铁路保障能力，为经济发展增添新动能。

拓展区域发展空间，要求强化铁路支撑引领作用。继续实施西部开发、东北振兴、中部崛起、东部率先的区域发展总体战略，重点实施"一带一路"建设、京津冀协同发展、长江经济带发展三大战略，推进城乡一体化和新型城镇化，实施贫困地区脱贫攻坚，必然要求建设横贯东中西、沟通南北方的铁路大通道，形成区域覆盖广泛、服务层次多样的现代铁路网络，支撑陆海双向全面开放、城乡区域协调发展。

构建综合交通运输体系，要求发挥铁路绿色骨干优势。树立绿色发展理念，贯彻生态文明建设要求，加快转变交通发展方式，推进交通运输低碳发展，提升综合运输通道效能，必然要求合理配置交通资源、优化交通运输结构，充分发挥铁路运能大、效率高、排放少、占地省的比较优势和骨干作用，为构建现代综合交通运输体系和推进生态文明建设做出新贡献。

贯彻总体国家安全观，要求提升铁路应急保障水平。维护国家安全稳定和长治久安，推进经济建设与国防建设融合发展，必然要求强化铁路快速投送能力，有效增强国防交通保障水平；统筹布设干线通道与辅助联络线路，增强路网灵活性、通达性与可靠性，不断提升应对突发事件及自然灾害的应急保障能力。

厚植行业发展优势，要求建设现代铁路基础网络。 当前，新一轮科技革命和产业变革与我国加快转变经济发展方式形成历史性交汇。站在新的历史起点上，我国铁路具备实现由大向强发展的内在条件和外在要求，必然要求抓住机遇，顺势而为，加快构建发达完善、竞争力强、引领发展的现代铁路网，促进运营管理、服务品质、人才科技、关联产业、治理能力等全方位提升。

二、总体思路

（一）指导思想。

全面贯彻党的十八大和十八届三中、四中、五中全会精神，以邓小平理论、"三个代表"重要思想、科学发展观为指导，深入贯彻习近平总书记系列重要讲话精神，按照"五位一体"总体布局和"四个全面"战略布局，牢固树立和贯彻落实创新、协调、绿色、开放、共享的新发展理念，主动适应和引领经济发展新常态，推进供给侧结构性改革，遵循铁路发展规律，发挥铁路骨干优势作用，以增加有效供给、明晰功能层次、提升服务效能、兼顾效率公平为重点，着力构建布局合理、覆盖广泛、高效便捷、安全经济的现代铁路网络，全面提升铁路核心竞争力和服务保障能力，为构建现代综合交通运输体系、促进经济社会持续健康发展、实现"两个一百年"奋斗目标提供有力支撑。

（二）基本原则。

支撑引领、创新发展。 以改革创新的精神破解铁路建设难题，推进铁路转型升级、提质增效，不断增强铁路发展动能和可持续发展能力。兼顾经济效益与社会效益，通过扩大完善铁路基础设施网络和提升铁路运输服务水平，支撑和引领经济社会相关领域深度融合发展。

科学布局、共建共享。统筹考虑人口城镇布局、产业资源分布、国土空间开发、精准扶贫脱贫、对外开放合作、国防战略等经济社会发展要求，坚持"一张网"规划，强化需求导向，科学布局网络，合理确定规模，扩大有效供给，让人民群众更具获得感。

层次清晰、协调优化。统筹高速与普速、新建与既有、枢纽与通道以及不同地区铁路协调发展，注重路网配套设施系统协调，强化主通道，疏通微循环，实现网络结构优化、层次清晰和效率效益最大化。

衔接高效、开放融合。以开放融合理念加强与"十三五"综合交通运输体系规划的有效衔接，做好与公路、民航、水运等其他交通方式发展统盘安排，构建现代综合交通运输体系，提升综合交通服务水平和运输效率。树立开放意识和国际视野，推进周边互联互通，形成国际运输通道，扩展国际合作发展新空间。

安全可靠、绿色集约。牢固树立安全发展观念，深入实施军民融合发展战略，着力提高安全性和可靠性，提高国防交通和应急保障能力。坚持绿色发展，加强生态环境保护，综合高效利用土地、通道、岸线及枢纽资源，集约和引导空间综合开发利用。

（三）规划目标。

到 2020 年，一批重大标志性项目建成投产，铁路网规模达到 15 万公里，其中高速铁路 3 万公里，覆盖 80％以上的大城市，为完成"十三五"规划任务、实现全面建成小康社会目标提供有力支撑。到 2025 年，铁路网规模达到 17.5 万公里左右，其中高速铁路 3.8 万公里左右，网络覆盖进一步扩大，路网结构更加优化，骨干作用更加显著，更好发挥铁路对经济社会发展的保障作用。展望到 2030 年，基本实现内外互联互通、区际多路畅通、省会高铁连通、地市快速通达、县域基本覆盖。

完善广覆盖的全国铁路网。连接 20 万人口以上城市、资源富集区、货物主要集散地、主要港口及口岸，基本覆盖县级以上行政区，形成便捷高效的现代铁路物流网络，构建全方位的开发开放通道，提供覆盖广泛的铁路运输公共服务。

建成现代的高速铁路网。连接主要城市群，基本连接省会城市和其他 50 万人口以上大中城市，形成以特大城市为中心覆盖全国、以省会城市为支点覆盖周边的高速铁路网。实现相邻大中城市间 1～4 小时交通圈，城市群内 0.5～2 小时交通圈。提供安全可靠、优质高效、舒适便捷的旅客运输服务。

打造一体化的综合交通枢纽。与其他交通方式高效衔接，形成系统配套、一体便捷、站域融合的铁路枢纽，实现客运换乘"零距离"、物流衔接"无缝化"、运输服务"一体化"。

三、规划方案

（一）高速铁路网。

为满足快速增长的客运需求，优化拓展区域发展空间，在"四纵四横"高速铁路的基础上，增加客流支撑、标准适宜、发展需要的高速铁路，部分利用时速 200 公里铁路，形成以"八纵八横"主通道为骨架、区域连接线衔接、城际铁路补充的高速铁路网，实现省会城市高速铁路通达、区际之间高效便捷相连。

因地制宜、科学确定高速铁路建设标准。高速铁路主通道规划新增项目原则采用时速 250 公里及以上标准（地形地质及气候条件复杂困难地区可以适当降低），其中沿线人口城镇稠密、经济比较发达、贯通特大城市的铁路可采用时速 350 公里标准。区域铁路连接线原则采用时速 250 公里及以下标准。城际铁路原则采用时速 200

公里及以下标准。

1. 构筑"八纵八横"高速铁路主通道。

（1）"八纵"通道。

沿海通道。大连（丹东）～秦皇岛～天津～东营～潍坊～青岛（烟台）～连云港～盐城～南通～上海～宁波～福州～厦门～深圳～湛江～北海（防城港）高速铁路（其中青岛至盐城段利用青连、连盐铁路，南通至上海段利用沪通铁路），连接东部沿海地区，贯通京津冀、辽中南、山东半岛、东陇海、长三角、海峡西岸、珠三角、北部湾等城市群。

京沪通道。北京～天津～济南～南京～上海（杭州）高速铁路，包括南京～杭州、蚌埠～合肥～杭州高速铁路，同时通过北京～天津～东营～潍坊～临沂～淮安～扬州～南通～上海高速铁路，连接华北、华东地区，贯通京津冀、长三角等城市群。

京港（台）通道。北京～衡水～菏泽～商丘～阜阳～合肥（黄冈）～九江～南昌～赣州～深圳～香港（九龙）高速铁路；另一支线为合肥～福州～台北高速铁路，包括南昌～福州（莆田）铁路。连接华北、华中、华东、华南地区，贯通京津冀、长江中游、海峡西岸、珠三角等城市群。

京哈～京港澳通道。哈尔滨～长春～沈阳～北京～石家庄～郑州～武汉～长沙～广州～深圳～香港高速铁路，包括广州～珠海～澳门高速铁路。连接东北、华北、华中、华南、港澳地区，贯通哈长、辽中南、京津冀、中原、长江中游、珠三角等城市群。

呼南通道。呼和浩特～大同～太原～郑州～襄阳～常德～益阳～邵阳～永州～桂林～南宁高速铁路。连接华北、中原、华中、华南地区，贯通呼包鄂榆、山西中部、中原、长江中游、北部湾等城市群。

京昆通道。北京～石家庄～太原～西安～成都（重庆）～昆明高速铁路，包括北京～张家口～大同～太原高速铁路。连接华北、西北、西南地区，贯通京津冀、太原、关中平原、成渝、滇中等城市群。

包（银）海通道。包头～延安～西安～重庆～贵阳～南宁～湛江～海口（三亚）高速铁路，包括银川～西安以及海南环岛高速铁路。连接西北、西南、华南地区，贯通呼包鄂、宁夏沿黄、关中平原、成渝、黔中、北部湾等城市群。

兰（西）广通道。兰州（西宁）～成都（重庆）～贵阳～广州高速铁路。连接西北、西南、华南地区，贯通兰西、成渝、黔中、珠三角等城市群。

（2）"八横"通道。

绥满通道。绥芬河～牡丹江～哈尔滨～齐齐哈尔～海拉尔～满洲里高速铁路。连接黑龙江及蒙东地区。

京兰通道。北京～呼和浩特～银川～兰州高速铁路。连接华北、西北地区，贯通京津冀、呼包鄂、宁夏沿黄、兰西等城市群。

青银通道。青岛～济南～石家庄～太原～银川高速铁路（其中绥德至银川段利用太中银铁路）。连接华东、华北、西北地区，贯通山东半岛、京津冀、太原、宁夏沿黄等城市群。

陆桥通道。连云港～徐州～郑州～西安～兰州～西宁～乌鲁木齐高速铁路。连接华东、华中、西北地区，贯通东陇海、中原、关中平原、兰西、天山北坡等城市群。

沿江通道。上海～南京～合肥～武汉～重庆～成都高速铁路，包括南京～安庆～九江～武汉～宜昌～重庆、万州～达州～遂宁～成都高速铁路（其中成都至遂宁段利用达成铁路）。连接华东、华中、西南地区，贯通长三角、长江中游、成渝等城市群。

沪昆通道。上海～杭州～南昌～长沙～贵阳～昆明高速铁路。

连接华东、华中、西南地区，贯通长三角、长江中游、黔中、滇中等城市群。

厦渝通道。厦门～龙岩～赣州～长沙～常德～张家界～黔江～重庆高速铁路（其中厦门至赣州段利用龙厦铁路、赣龙铁路，常德至黔江段利用黔张常铁路）。连接海峡西岸、中南、西南地区，贯通海峡西岸、长江中游、成渝等城市群。

广昆通道。广州～南宁～昆明高速铁路。连接华南、西南地区，贯通珠三角、北部湾、滇中等城市群。

2. 拓展区域铁路连接线。在"八纵八横"主通道的基础上，规划建设高速铁路区域连接线，进一步完善路网、扩大覆盖。

东部地区。北京～唐山、天津～承德、日照～临沂～菏泽～兰考、上海～湖州、南通～苏州～嘉兴、杭州～温州、合肥～新沂、龙岩～梅州～龙川、梅州～汕头、广州～汕尾等铁路。

东北地区。齐齐哈尔～乌兰浩特～白城～通辽、佳木斯～牡丹江～敦化～通化～沈阳、赤峰和通辽至京沈高铁连接线、朝阳～盘锦等铁路。

中部地区。郑州～阜阳、郑州～濮阳～聊城～济南、黄冈～安庆～黄山、巴东～宜昌、宣城～绩溪、南昌～景德镇～黄山、石门～张家界～吉首～怀化等铁路。

西部地区。玉屏～铜仁～吉首、绵阳～遂宁～内江～自贡、昭通～六盘水、兰州～张掖、贵港～玉林等铁路。

3. 发展城际客运铁路。在优先利用高速铁路、普速铁路开行城际列车服务城际功能的同时，规划建设支撑和引领新型城镇化发展、有效连接大中城市与中心城镇、服务通勤功能的城市群城际客运铁路。

京津冀、长三角、珠三角、长江中游、成渝、中原、山东半岛等城市群，建成城际铁路网；海峡西岸、哈长、辽中南、关中、北部湾等城市群，建成城际铁路骨架网；滇中、黔中、天山北坡、宁夏沿黄、呼包鄂榆等城市群，建成城际铁路骨干通道。

（二）普速铁路网。

扩大中西部路网覆盖，完善东部网络布局，提升既有路网质量，推进周边互联互通，形成覆盖广泛、内联外通、通边达海的普速铁路网，提高对扶贫脱贫、地区发展、对外开放、国家安全等方面的支撑保障能力。到2025年，普速铁路网规模达到13.1万公里左右，并规划实施既有线扩能改造2万公里左右。

1. 形成区际快捷大能力通道。推进普速干线通道瓶颈路段、卡脖子路段及关键环节建设，形成跨区域、多径路、便捷化大能力区际通道。结合新线建设和实施既有铁路扩能，强化集装箱、快捷、重载等运输网络，形成高效率的货运物流网，提高路网整体服务效率，扩大有效供给。

（1）京津冀～东北通道。利用京哈、津山、沈山、哈大、集通等铁路，实施京通、平齐等铁路扩能，构建北京（天津）～沈阳～哈尔滨～绥芬河（同江）、北京（天津）～通辽～齐齐哈尔～满洲里等进出关通道，连接京津冀、辽中南、哈长城市群。

（2）京津冀～长三角、海峡西岸通道。利用京沪、京九、华东二通道、皖赣、金温、赣龙等铁路，建设阜阳～六安～景德镇、衢州～宁德、兴国～永安～泉州等铁路，实施皖赣等铁路改造，构建北京（天津）～济南～上海（杭州、宁波）、北京（天津）～商丘～南昌～福州（厦门）通道，连接京津冀、长三角、长江中游及海峡西岸城市群。

（3）京津冀～珠三角、北部湾通道。利用京广、京九、湘桂、焦柳、大湛等铁路，建设龙川～汕尾等铁路，实施焦柳、洛湛南段扩能改造，构建北京～武汉～广州（南宁）、北京～南昌～深圳通道，连接京津冀、中原、长江中游、珠三角及北部湾等城市群。

（4）京津冀～西北（西藏）通道。利用京包兰、临哈、南疆以及京广、石太、太中银、兰青、青藏等铁路，实施青藏铁路格拉段、南疆铁路等扩能改造，建设柳沟～三塘湖～将军庙铁路，构建北京（天津）～呼和浩特～乌鲁木齐～喀什、北京（天津）～石家庄～太原～兰州～西宁～拉萨通道，连接京津冀、兰西城市群及西藏地区。

（5）京津冀～西南通道。利用京广、沪昆、南北同蒲、西康、襄渝、成昆、内昆等铁路，构建北京～西安（长沙）～川、渝、黔、滇通道，连接京津冀与滇中城市群。

（6）长三角～西北通道。利用京沪、陆桥以及宁西铁路等，实施西平铁路、宝中铁路平凉至中卫段扩能、三门峡经禹州至江苏沿海港口铁路，构建长三角～西安～乌鲁木齐～阿拉山口（霍尔果斯）通道，连接长三角、中原、关中平原、兰西城市群。

（7）长三角～成渝通道。利用京沪、宁西、宁启、铜九、武九、武襄渝、达成、成渝等铁路，实施南京～芜湖～铜陵～九江铁路等扩能改造，建设九江～岳阳～常德、黔江～遵义～昭通～攀枝花～大理铁路，规划研究沿江货运铁路，构建上海～南京（合肥）～武汉～重庆～成都沿江通道，连接长三角、长江中游、成渝城市群。

（8）长三角～云贵通道。利用沪昆、金温铁路等，建设宁波（台州）～金华、温州～武夷山～吉安、赣州～郴州～永州～兴义铁路，实施衡茶吉铁路扩能，构建长三角、长江中游至云贵地区通道。

（9）长三角～珠三角通道。利用沪昆、京九、京广等铁路，实施赣韶铁路扩能，连接长三角、珠三角城市群。

（10）珠三角～西南通道。利用京广、沪昆、渝黔、广茂、黎湛铁路等，建设柳州～梧州～广州、韶关～贺州～柳州～百色铁路，实施渝怀、黔桂、南昆铁路扩能，构建珠三角至西南地区通道。

（11）山东半岛～西北通道。利用胶济、石德、石太、太中银、兰新铁路等，建设平凉经固原至定西等铁路，构建山东半岛西向联系通道。

（12）西北～西南通道。利用兰新、陇海、宝成、包西、兰渝、西康、襄渝、渝黔、成昆、内昆等铁路，建设库尔勒～格尔木、格尔木～成都等铁路，构建西北（含呼包鄂榆）至西南地区通道。

同时，利用大秦、神朔、朔黄、张唐、新菏兖日、山西中南部、宁西等铁路，建设蒙西至华中地区、庆阳～黄陵、庆阳～平凉、神木～瓦塘等铁路，构建百煤东运、北煤南运、海（江）铁联运大通道，完善煤炭集疏运系统，提升煤运通道能力。

2. 面向"一带一路"国际通道。推进我国与周边互联互通，完善口岸配套设施，强化沿海港口后方通道。

西北方向。规划建设克拉玛依～塔城（巴克图）、喀什～伊尔克什坦、喀什～红其拉甫、阿勒泰～喀纳斯（吉克普林）、阿勒泰～吉木乃等铁路及满都拉、乌力吉、老爷庙等口岸铁路。

西南方向。实施南宁～凭祥铁路扩能，规划建设芒市～猴桥、临沧～清水河、日喀则～吉隆、日喀则～亚东、靖西～龙邦、防城港～东兴等铁路。

东北方向。实施集宁～二连浩特铁路扩能，规划建设伊尔施～阿日哈沙特、海拉尔～黑山头、莫尔道嘎～室韦、古莲～洛古河、虎林～吉祥、密山～档壁镇、南坪～茂山、开山屯～三峰、长白山～惠山、盘古～连崟等铁路。

沿海方向。以大连、秦皇岛、天津、烟台、青岛、连云港、上海、宁波－舟山、福州、泉州、厦门、汕头、深圳、广州、茂名、湛江、海口等沿海城市及重要港口为支点，畅通港口城市后方铁路通道及集疏运体系，构建连接内陆、铁海联运的国际交通走廊。

3. 促进脱贫攻坚和国土开发铁路。

扩大路网覆盖面。建设安康～恩施～张家界、赣州～郴州～永州～兴义、阜阳～六安～景德镇、温州～武夷山～吉安、兴国～永安～泉州、黔江～遵义～昭通～攀枝花～大理、宁德～南平、瑞金～梅州、建宁～冠豸山、韶关～贺州～柳州～百色、黄陵～庆阳～平凉～固原～定西、额济纳～酒泉、汉中～巴中～南充、贵阳～兴义、黄桶～百色、涪陵～柳州、泸州～遵义、师宗～文山、临沧～普洱等铁路。

完善进出西藏、新疆通道。建设川藏铁路雅安～昌都～林芝段、滇藏铁路香格里拉～邦达段、罗布泊～若羌～和田、成都～格尔木、柳沟～三塘湖～将军庙、西宁～玉树～昌都铁路，研究建设新藏铁路和田～日喀则段，形成进出西藏、新疆、青海及四省藏区的便捷通道。

促进沿边开发开放。建设韩家园～黑河、孙吴～逊克～乌伊岭、鹤岗～富锦、创业～饶河～东方红、东宁～珲春等东北沿边铁路，芒市～临沧～文山～靖西～防城港等西南沿边铁路。

4. 强化铁路集疏运系统。以资源富集区、主要港口及物流园区为重点，规划建设地区开发性铁路以及疏港型、园区型等支线铁路，形成干支有效衔接、促进多式联运的现代铁路集疏运系统，畅通铁路运输的"最先一公里"和"最后一公里"。

上述路网方案实现后，远期铁路网规模将达到 20 万公里左右，其中高速铁路 4.5 万公里左右。

（三）综合交通枢纽。

统筹运输网络格局，按照"客内货外"的原则，优化铁路枢纽布局，完善系统配套设施，修编铁路枢纽总图。创新体制机制，统筹建设运营，促进同步建设、协同管理，形成系统配套、一体便捷、站城融合的现代化综合枢纽。研究制定综合枢纽建设、运营、服务等标准规范。构建北京、上海、广州、武汉、成都、沈阳、西安、郑州、天津、南京、深圳、合肥、贵阳、重庆、杭州、福州、南宁、昆明、乌鲁木齐等综合铁路枢纽。

1. 客运枢纽。按照"零距离"换乘要求，同站规划建设以铁路客站为中心、与其他交通方式有机衔接的综合交通体，特大城市要强化铁路客运枢纽、机场、城市轨道交通的便捷联接。实施站区地上地下立体综合开发，打造高效便捷的综合客运枢纽和产城融合发展的临站经济区。同步强化客运枢纽场站设施，完善动车段（所）、客运机车车辆以及维修设施，完善客运枢纽（高铁车站）快件集散等快捷货物服务功能设施。

2. 货运枢纽。合理布局铁路物流中心、铁路集装箱中心站及末端配送服务设施，扩大货物集散服务网络。按照"无缝化"衔接要求，完善货运枢纽多式联运、集装箱运输、邮政快递运输、国际联运以及集疏运等"一站式"服务设施，提升枢纽集散能力和服务效率。优化货运枢纽编组站，完善货运机车车辆设施。布局建设综合维修基地、应急救援基地以及配套完善铁路战备设施等。以发展枢纽型园区经济为导向，推进传统货运场站向城市物流配送中心、现代物流园区转型发展。

四、保障措施

（一）深化投融资体制改革。用改革精神破解铁路投融资等难题，创新市场化融资方式，放宽市场准入，培育多元投资主体，鼓励支持地方政府和广泛吸引包括民间、外资在内的社会资本参与投资铁路建设，形成国家投资、地方筹资、社会融资相结合的多渠道、多层次、多元化铁路投融资模式。充分用好国家支持铁路建设的政策措施，完善铁路发展基金募集方式和扩大规模，支持地方设立铁路发展基金，继续发行政府支持的铁路建设债券，创新发行品种和方式，筹集长期、低成本的建设资金。实施差异化投融资政策，建立长效机制，提高中央资金对中西部铁路建设投入比重。在理顺铁路运价、建立公益性运输核算制度的基础上，研究建立公益性、政策性补贴机制，完善土地综合开发配套政策，健全规范财务清算规则及体系，落实并发挥好铁路投融资体制改革配套政策的组合效应，为社会资本进入创造便利条件。

（二）培育壮大高铁经济。以高速铁路通道为依托，引领支撑沿线城镇、产业、人口等合理布局，促进区域密切交流合作和资源优化配置，加速产业梯度转移和经济转型升级，培育壮大高铁与经济深度融合发展的高铁经济新业态。以高铁站区综合开发为载体，发展站区经济，引导和推动站区现代物流、商贸金融、电子商务、旅游餐饮等关联产业聚集和规模发展，努力形成品牌效应和规模效益。综合开发收益弥补铁路建设与运营。

（三）科学组织项目建设。按照规划确定的功能定位和建设标准，充分考虑工程条件和经济发展实际，尊重铁路技术特点和客观规律，合理把握建设时机，有序均衡推进项目实施。"十三五"时期要服务支撑全面建成小康社会目标以及"三大战略"和脱贫攻坚，继续保持合理建设规模，既抓好在建项目尽快建成投产，又推动实施一批重大标志性项目。深入做好项目前期工作，加强技术经济综合比选，因地制宜选择经济适用的建设标准和建设方案，科学合理、公正客观地确定线路走向和站点设置，着力提高项目决策科学化水平。

（四）构建综合交通运输体系。发挥铁路比较优势和骨干作用，构建与公路、民航、水运等其他交通方式有机衔接的综合交通运输体系，统筹考虑运价调整、运营体制调整、财政支持、调动地方政府积极性等因素，推动协同发展，促进综合社会效益提升。加强铁路规划与城市总体规划、土地利用规划等的衔接，优化交通网络布局，统筹铁路与其他交通方式共用交通走廊、跨海、过江等通道资源。加强综合客运枢纽建设，强化铁路与城市公共交通、市域（郊）铁路、公路客运、机场等有效衔接，提高枢纽中转及集疏散效率。促进铁公水等多式联运，大力发展铁路集装箱运输，实施铁路引入重要港口、公路货站和物流园区等工程，打通运输"前后一公里"，畅通网络微循环。

（五）强化人才科技支撑。贯彻落实国家创新驱动发展战略，主动对接《中国制造2025》，加大基础研究和科研攻关，着力推进以高铁关键技术创新为重点的装备自主化及产业高端化集群发展，全面提升自主创新能力和产业高端化水平，积极推动铁路"走出去"。加强人才队伍和国家重点实验室等创新平台建设。同步推进"互联网＋铁路"建设，完善公共信息服务平台，推进铁路与其他运输方式的公共服务信息共享，配套运用先进适用技术装备，发展智能化铁路，促进铁路运输、服务方式、经营模式等发展方式深刻变革，全面提升铁路现代化水平。

（六）提升可持续发展能力。研究化解铁路债务的有效措施，逐步改善铁路企业债务结构。加大力度盘活存量资产，加强土地资产评估等工作，落实国家支持铁路实施土地综合开发的政策，支持铁路企业对车站和线路用地一体规划，加强地上、地下空间的综合开发，提升增量资产收益。研究出台促进铁路运输业发展的指导意见，适应市场需求变化，发展高铁快运和零散货物快捷运输，发挥价格机制作用，大力开拓运输市场，全面提升服务水平，扩大产品和服务有效供给，增强铁路企业市场竞争力，加快向现代物流企业转型发展。深入挖掘潜力，改革经营体制，发挥市场力量，深入实施多元化经营战略，延伸产业链和服务链，不断提升铁路经营效率效益。

深化铁路企业改革，加快建立现代企业制度，推动市场化经营，强化内部管理，促进降本增效，增强内生动力与发展活力，发挥铁路总公司在铁路建设中的关键作用。牢固树立安全发展观念，强化安全管理，确保铁路持续安全稳定。

（七）健全规划实施机制。充分发挥中央、地方、企业积极性，进一步完善合作机制，拓展合作方式，形成铁路建设合力，营造铁路发展良好环境。不同地区、不同属性铁路建设项目实行分类投资建设。统筹考虑筹资能力和可持续性，尽早商定并合理分摊铁路建设出资比例，落实好出资主体责任。建立高效联动的协商工作机制，落实年度计划安排，明确责任分工，简化行政审批，确保规划有序实施和目标任务完成。要把军民融合发展的理念和要求贯穿铁路建设全过程，增强铁路基础设施建设对国防建设的整体支撑能力，提升国防交通保障水平。

（八）加强过程监管评估。修订完善铁路法律法规和技术规范体系，切实加强铁路行业监督管理，营造和维护公平有序的市场环境。强化规划指导作用，维护权威性和严肃性，不得随意变更规划内容，项目实施应严格按照国家有关审批程序办理。发展改革委会同有关部门要加强跟踪指导、统筹协调，及时总结评估规划实施情况，协调解决有关问题，重大事项及时报告国务院。

五、环境影响评价和要求

（一）对规划的环境影响总体评价。本规划与"十三五"规划纲要和其他交通运输规划，以及《中共中央国务院关于加快推进生态文明建设的意见》《国家新型城镇化规划（2014—2020年）》《全国主体功能区规划》《节能中长期专项规划》等做了有效衔接，坚持绿色发展理念，注重提升资源、能效综合利用水平，较好地与各类环境敏感区相协调，对气环境、声环境和水环境的影响均在可控范围之内，对构建绿色综合交通运输体系、推进生态文明建设将发挥重要作用。

（二）预防和减轻不良环境影响的措施。一是坚持"保护优先、避让为主"的路网布设原则，加强对沿线环境敏感区保护。合理设计项目线路走向和场站选址，尽量利用既有交通廊道，避开基本农田保护区，避绕水源地、自然保护区、风景名胜等环境敏感区域以及水土流失重点预防区和治理区。二是做好超前规划，国土、环保等部门提前介入，为项目勘察设计、预留建设用地等前期工作提供有力保障。加快研究制定增加耕地用于占补平衡和重大工程补充耕地国家统筹等办法，严控增量用地、优先利用存量，加强铁路建设工程及车站节能、节地设计，高效实施土地综合开发利用。发展先进适用的节能减排技术，加强新型智能、节能环保等技术装备的研发和应用，优化运输组织，提高运输效率。三是开展环境恢复和污染治理，做好地形、地貌、生态环境恢复和土地复垦工作；采取综合措施有效防治铁路沿线噪声、振动；做好水土保持等生态保护，加强生态恢复工程，注重景观恢复和铁路绿色通道建设；大力推广采用环保新技术，促进废气、废水和固体废物的循环使用和综合利用。四是严格遵守环境保护相关法律法规，在中长期铁路网的规划和建设过程中切实落实环境影响评价制度。

附图：1. 中长期铁路网规划图

　　　2. 中长期高速铁路网规划图

国家发展改革委

交 通 运 输 部

中国铁路总公司

2016 年 7 月 13 日

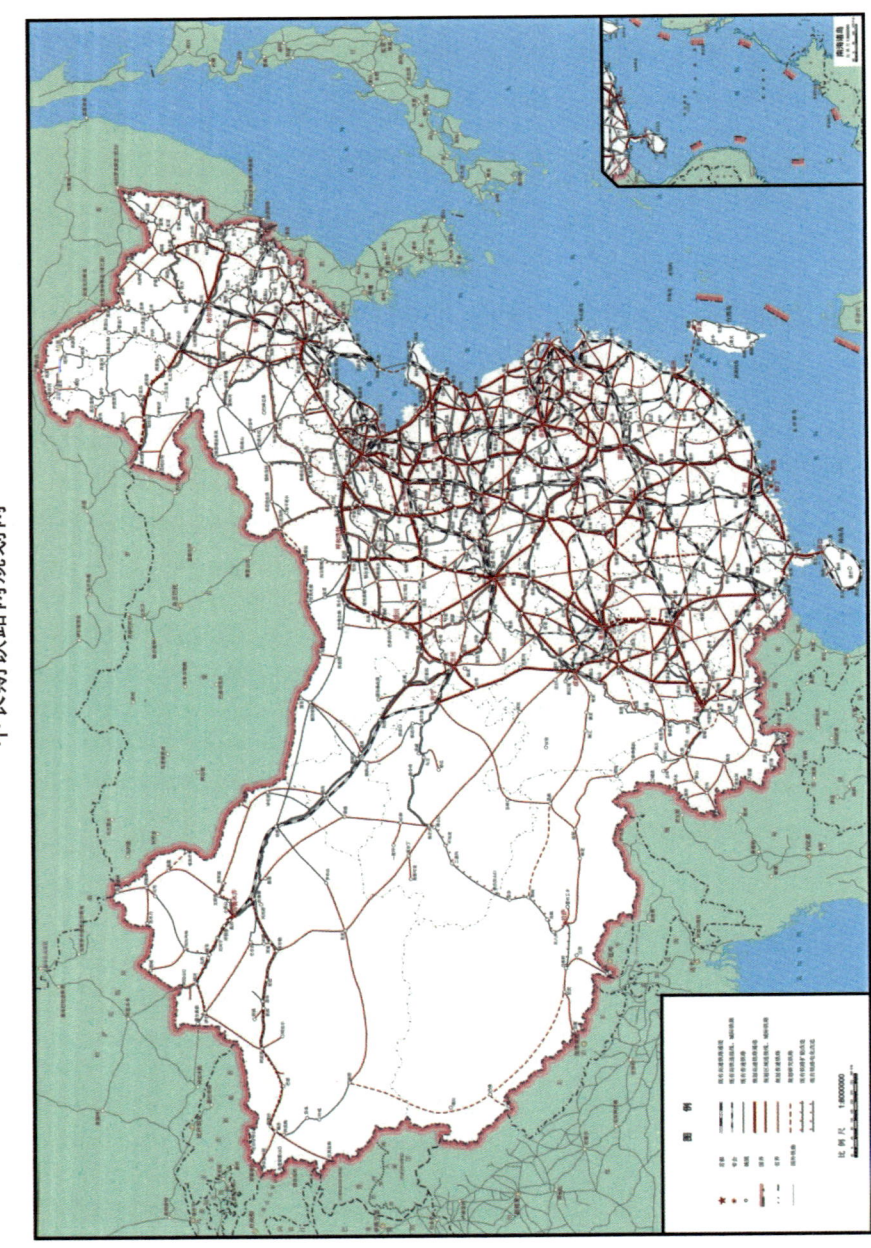

附图 1　中长期铁路网规划网

附图 2　中长期高速铁路网规划网图

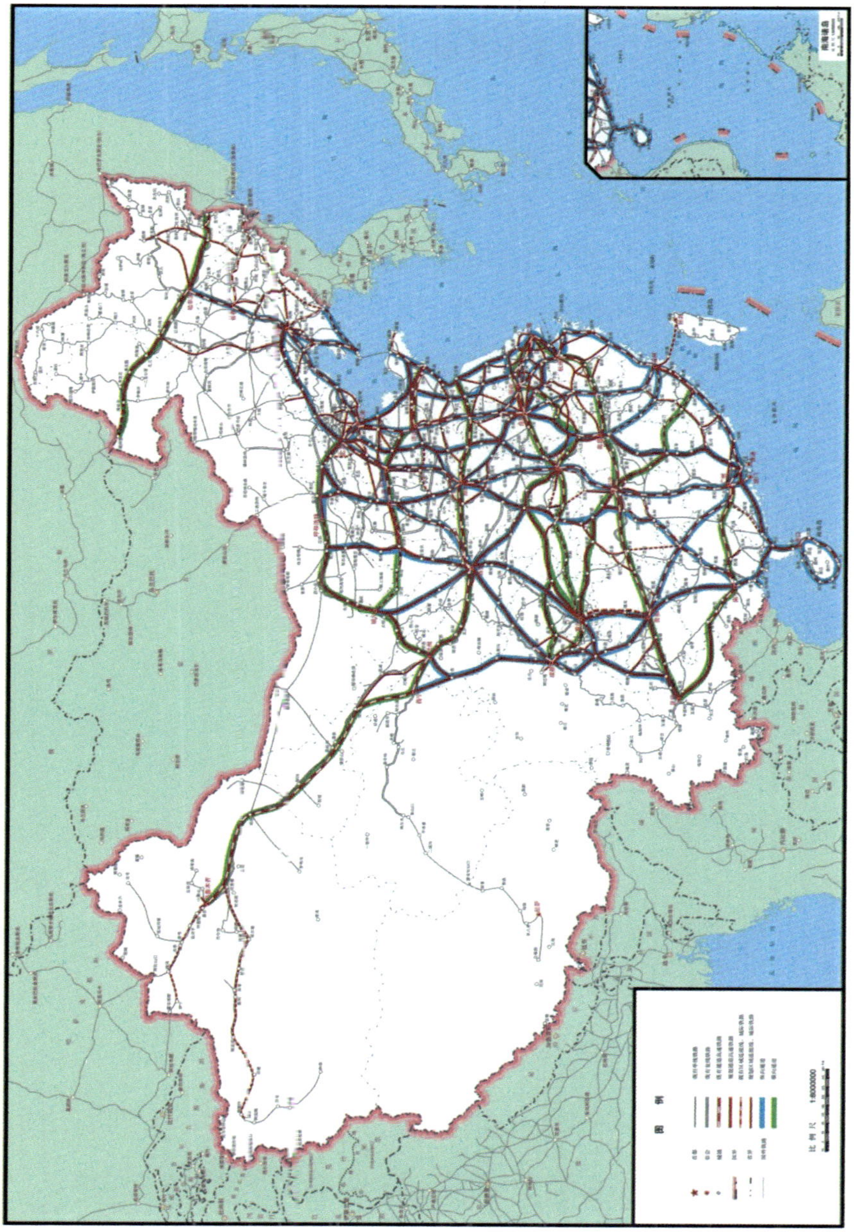

全国民用运输机场布局规划

发改基础〔2017〕290号

前　言

民用运输机场作为国家重要公共交通基础设施，是民航业发展的基础，在综合交通运输体系中发挥着重要作用。2008年国务院批准实施《全国民用机场布局规划》（不含通用航空机场）以来，我国机场数量显著增加，机场密度逐渐加大，机场服务能力稳步提升。但机场总量不足、布局不尽合理等问题还较为突出，难以满足综合交通运输体系建设和经济社会发展的需要，无法适应国家重大战略实施和广大人民群众便捷出行的要求，亟需进行修编。

本规划在2008年《全国民用机场布局规划》的基础上，按照统筹推进"五位一体"总体布局和协调推进"四个全面"战略布局，以及创新、协调、绿色、开放、共享发展理念的总体要求，结合"一带一路"、京津冀协同发展、长江经济带三大战略，从综合交通运输体系发展考虑，对民用运输机场建设数量、空间布局等进行了调整完善，提出了一体化衔接、绿色集约发展等政策措施，形成与高速铁路优势互补、协同发展的格局。规划目标年为2025年，展望到2030年，在实施过程中将根据民航运输内外部条件和环境的变化，适时进行必要的修订和调整。

一、规划基础

（一）现状评价。

1. 覆盖范围不断扩大。截至2015年底，我国共有民用运输机场207个，机场布点不断加密，民航运输能力不断提高，在支撑经济社会发展、应对突发事件等方面发挥了重要作用。

2. 枢纽作用日益凸显。北京、上海、广州机场的国际枢纽地位明显提高，北京首都机场年旅客吞吐量已位居全球第二，上海浦东机场年货邮吞吐量位居全球第三。成都、深圳、昆明、西安、重庆、杭州、厦门、长沙、武汉、乌鲁木齐等机场的区域枢纽功能显著增强，上海虹桥、西安、郑州、武汉等一批大型机场成为重要的综合交通枢纽，机场在综合交通运输体系中的作用日益突出。

3. 服务能力稳步提升。2015 年，全国民用运输机场旅客吞吐量、货邮吞吐量和飞机起降量分别达 9.1 亿人次、1409 万吨和 857 万架次，分别是 2007 年的 2.3 倍、1.6 倍和 2.2 倍。年旅客吞吐量超过 1000 万人次的机场由 2007 年的 10 个增加到 26 个，航线网络不断完善，进一步提高了航空服务的通达性。

（二）存在问题。

1. 覆盖范围不够广泛。目前我国机场数量仍然偏少，中西部地区覆盖不足，特别是边远地区、民族地区航空服务短板突出。

2. 体系结构尚需优化。现有机场层次不够清晰，功能结构有待完善，难以适应我国经济社会发展，以及进一步扩大对外开放、新型城镇化建设的需要。

3. 保障能力有待提升。部分机场容量趋于饱和，现有设施能力已不能适应发展需要。繁忙机场和繁忙航路的空域资源紧张，航班运行受限、延误增加，影响了机场设施及其系统效能的充分发挥。

（三）修订必要性。

1. 国民经济发展的要求。随着我国经济发展进入新常态，经济转入中高速增长区间，对外开放进一步扩大，产业结构调整加快，消费结构逐步升级，航空运输需求规模和结构都将发生重大变化，运输需求总量大、强度高、多样化、覆盖广，而既有机场数量、保障能力、服务水平等方面都难以满足。为适应新型工业化、信息化、城镇化和农业现代化同步发展的需要，要求运输机场在布局上加密，总量上增加，结构上优化。

2. 实施国家重大战略的要求。"一带一路"、京津冀协同发展、长江经济带三大战略的实施，明确要求推进双向开放，促进国内国际市场深度融合，形成资源、交通等多位一体的大格局。加强民用运输机场规划建设，拓展海外合作空间，带动我国装备、技术、标准、服务走出去，对于打造民航强国品牌具有重要支撑作用。

3. 建设和谐社会的要求。我国国土辽阔、人口众多、发展不均衡，边远和少数民族地区交通设施建设相对滞后。完善民用运输机场布局，提高航空服务水平，能够有效解决边远、民族地区人民群众的出行问题，对于维护国家安全、边疆稳定、民族团结，提升应急处突能力具有重要意义。

4. 完善综合交通的要求。民用运输机场作为重要的综合交通设施，是综合交通运输体系的重要枢纽。建立布局合理、层次清晰、功能完善的民用运输机场体系，有利于促进各种交通运输方式协调发展，提升运输服务整体水平。

5. 民航可持续发展要求。民航发展仍将面临资源不足的问题，尤其是以机场为主的基础设施不能满足快速增长的航空需求。预计到 2020 年，我国机场旅客吞吐量将达到 15 亿人次，年均增长10.4%；2025 年将达到 22 亿人次。加强民用运输机场规划建设，有利于扩大民航服务范围、完善机场枢纽功能、提高网络整体效益，为民航持续健康发展奠定基础。

二、总体要求

（一）指导思想。

全面贯彻党的十八大和十八届三中、四中、五中、六中全会精神，深入贯彻习近平总书记系列重要讲话精神和治国理政新理念新思想新战略，统筹推进"五位一体"总体布局和协调推进"四个全面"战略布局，牢固树立和贯彻落实新发展理念，立足构建综合交通运输体系，科学规划民用运输机场建设，适度增加总量，明晰机场层次，优化网络结构，完善功能定位，提高运输效率，有效服务国家重大战略部署，满足人民群众便捷出行需求，为实现"两个一百年"奋斗目标提供有力支撑。

（二）布局原则。

1. 优化布局结构。从综合交通运输体系出发，发挥民航安全、快捷、舒适、灵活的优势，有效衔接高速铁路等交通运输方式，兼顾公平与效率，构建世界级机场群、国际枢纽和区域枢纽层次清晰、布局合理、功能完善的机场体系，提升机场服务水平。

2. 加密扩能并重。统筹东中西部机场协同发展，重点增加中西部地区机场数量，提高密度，扩大航空运输服务的覆盖面；实施繁忙机场扩能改造，提升服务保障能力，适应快速增长的航空需求，满足广大人民群众便捷出行需要。

3. 服务国家战略。按照"一带一路"、京津冀协同发展、长江经济带和有关区域发展战略，以及国家主体功能区、新型城镇化的要求，统筹考虑经济社会发展和各种交通方式的衔接，建立与人口分布、资源禀赋相协调，与国土开发、城镇化格局等相适应的机场整体布局。

4. 绿色集约环保。牢固树立绿色低碳循环发展理念，集约节约利用资源，加强生态环境保护。合理利用现有各类机场资源，减少迁建。鼓励相邻地区打破行政区划分割，合建共用机场。

（三）发展目标。

2020 年，运输机场数量达 260 个左右，北京新机场、成都新机场等一批重大项目将建成投产，枢纽机场设施能力进一步提升，一批支线机场投入使用。

2025 年，建成覆盖广泛、分布合理、功能完善、集约环保的现代化机场体系，形成 3 大世界级机场群、10 个国际枢纽、29 个区域枢纽。京津冀、长三角、珠三角世界级机场群形成并快速发展，北京、上海、广州机场国际枢纽竞争力明显加强，成都、昆明、深圳、重庆、西安、乌鲁木齐、哈尔滨等国际枢纽作用显著增强，航空运输服务覆盖面进一步扩大。

展望 2030 年，机场布局进一步完善，覆盖面进一步扩大，服务水平持续提升。

三、布局方案

完善华北、东北、华东、中南、西南、西北六大机场群，到 2025 年，在现有（含在建）机场基础上，新增布局机场 136 个，全国民用运输机场规划布局 370 个（规划建成约 320 个）。

（一）华北机场群。

华北机场群由北京、天津、河北、山西、内蒙古 5 个省（自治区、直辖市）内的机场构成。

布局规划新增沧州、介休、正蓝旗等 16 个机场，总数达 48 个。增强北京机场国际枢纽竞争力，与天津、石家庄共同打造京津冀世界级机场群；培育太原、呼和浩特等机场的区域枢纽功能，增强对周边的辐射能力；提升唐山、运城、包头等其他既有机场发展水平，稳步推进霍林郭勒等机场建设。

（二）东北机场群。

东北机场群由辽宁、吉林、黑龙江 3 个省内的机场构成。

布局规划新增铁岭、四平、绥化等 23 个机场，总数达 50 个。逐步提升哈尔滨机场国际枢纽的功能；培育大连、沈阳、长春等机场的区域枢纽功能，拓展机场服务范围；提升锦州、长白山、大庆等其他既有机场发展水平，稳步推进松原、五大连池等机场建设。

（三）华东机场群。

华东机场群由上海、江苏、浙江、安徽、福建、江西、山东7个省（直辖市）内的机场构成。

布局规划新增嘉兴、蚌埠、瑞金、宁德、菏泽等16个机场，总数达61个。增强上海机场国际枢纽的竞争力，与杭州、南京、合肥、宁波等机场共同打造长三角地区世界级机场群，并与其他交通运输方式优势互补、深度融合、互联互通；培育厦门、青岛、福州、济南、南昌、温州等机场的区域枢纽功能；提升无锡、舟山、黄山、赣州、烟台等其他既有机场发展水平，稳步推进上饶等机场建设。

（四）中南机场群。

中南机场群由河南、湖北、湖南、广东、广西、海南6个省（自治区）内的机场构成。

布局规划新增周口、荆州、湘西、韶关、贺州、儋州等24个机场，总数达60个。推进广州、深圳等地机场资源共享、合作共赢、协同发展，提升国际枢纽竞争力，共同打造珠三角地区世界级机场群；增强武汉、长沙、郑州机场枢纽作用，培育海口、三亚、南宁、桂林等机场的区域枢纽功能；提升揭阳、柳州、洛阳、宜昌、张家界等其他既有机场发展水平，稳步推进信阳、岳阳等机场建设。

（五）西南机场群。

西南机场群由重庆、四川、贵州、云南、西藏5个省（自治区、直辖市）内的机场构成。

布局规划新增武隆、甘孜、威宁、楚雄等29个机场，总数达78个。逐步提升昆明、成都和重庆机场国际枢纽的竞争力；培育贵阳、拉萨等机场的区域枢纽功能；大幅增加区域机场密度，优化布局结构，提升万州、九寨、黄平、丽江、林芝等其他既有机场发展水平，稳步推进巫山、巴中、仁怀、澜沧等机场建设。

（六）西北机场群。

西北机场群由陕西、甘肃、青海、宁夏、新疆 5 个省（自治区）内的机场构成。

布局规划新增宝鸡、平凉、共和、石嘴山、塔什库尔干、且末（兵团）等 28 个机场，总数达 73 个。逐步提升西安、乌鲁木齐机场国际枢纽的竞争力；培育兰州、银川、西宁等机场的区域枢纽功能；增加机场密度，提升延安、敦煌、格尔木、中卫、喀什等其他既有机场发展水平，稳步推进陇南、祁连、莎车、图木舒克等机场建设。

枢纽机场所在地确需建设多个运输机场的，按国家有关规定报批。航空货运业务应充分利用现有机场的货运能力，如需新建以货运功能为主的机场原则上优先从本规划中选取，需新建规划外机场的另行研究。研究内蒙古朱日和等 38 个机场的布局，远期运输机场规模将达到 408 个左右，将视区域发展、航空运输需求和周边机场等情况，在制定五年规划时研究确定是否开展前期工作。通用机场转化为运输机场，需具备相应条件并按相应程序报批。

四、规划环评

（一）环境影响分析和评价。

规划实施不可避免会对环境产生影响，主要在资源占用、生态影响和污染排放三个方面。本规划新增机场用地约 37 万亩，机场建设会相应消耗一定的物资资源，可能对局部地区地理生态环境产生影响。同时，机场和飞机运行会向周边环境排放废气、污水、噪声和固体废物等污染物。为最大限度地减少对环境的影响和破坏，本规划与国家新型城镇化、综合交通网、节能等规划作了衔接，提出的项目将充分吸纳相关专项规划环评工作的成果，不突破相应环评结论，并将有关环评结论作为后续规划实施的依据。

（二）预防和减缓影响的措施。

机场选址要充分考虑生态环境因素的约束和限制，尽量避开各类环境敏感目标。严格项目审批和土地、环保准入，严格控制机场的建设规模和用地规模，减少土地占用和资源消耗。大力推进使用节能、节水、环保的材料和设备，鼓励使用可再生资源和能源，推广使用清洁能源车辆，从源头降低机场的能源消耗和污染排放。强化建设项目全过程环境管理，严格执行防治污染设施与主体工程同时设计、同时施工、同时投产使用的"三同时"制度，建立完善、统一、高效的环境监测体系。鼓励航空公司使用低噪音、低排放的机型，合理调整昼夜起降航班比例。

五、政策措施

（一）加强统筹协调。

统筹考虑运输机场、通用机场的规划建设，加强土地利用规划、城乡规划、机场总体规划之间的衔接，充分预留发展空间，切实保障机场建设用地。加强机场集疏运体系规划，严格保护机场净空和电磁环境，努力提高机场服务水平。

（二）完善投融资政策。

支线机场是公益性较强的公共基础设施，原则上以非债务性资金全额投入，中央与地方要加大财政性资金支持。拓宽机场建设投融资渠道，探索政府和社会资本合作模式（PPP），充分发挥市场机制作用吸引社会资本。

（三）提升空管保障能力。

推进空域管理体制改革，系统规划调整空域，实施分类管理，优化资源配置，建立和完善空域灵活使用机制，提升空域精细化管理水平，加强空管设施建设，提升机场保障能力，逐步实现空地一体协同发展。

（四）注重一体化衔接。

统筹协调综合交通运输体系中各种运输方式发展，注重机场与其他交通方式的无缝衔接，构建以枢纽机场为核心节点的综合交通枢纽。机场交通应尽可能接入城际铁路或市郊铁路、城市轨道交通、高速铁路，同步建设高等级公路，同站建设城市公共交通设施或长途汽车站等换乘设施，延伸机场服务范围。建立公共信息共享平台，实现不同运输方式之间的信息采集、交换和便捷查询，提高机场智能化服务水平。

（五）坚持绿色集约发展。

贯彻落实生态文明建设总体要求，建立健全机场设计、建设、运营各阶段相关标准，推进节能减排，保护生态环境。合理确定机场建设规模，加强大型机场的统一规划、同步建设、协调管理，推广应用节地技术，集约用地。研究绿色机场，减缓噪声、污水等对周边环境的影响，合理控制开发强度，保障实现生态环境目标。

（六）强化科技创新。

加强专业人才培养，建立公平的选拔任用机制，着力提高机场规划、设计、建造、运营等全过程保障能力。加大机场建设、运营、管理等方面的技术、装备研发力度，鼓励提高自主创新能力，提升对外开放机场的国际竞争力。

附件：1. 全国民用运输机场布局规划表（2025 年）
2. 全国民用运输机场布局规划分布图（2025 年）

国家发展改革委
中国民用航空局
2017 年 2 月 13 日

附件 1

全国民用运输机场布局规划表（2025 年）

地区	已建成及在建机场（2015 年）		布局规划新增机场（2025 年）		总量
	名称	数量	名称	规划新增	
全国		**235**		**136**	**370**
华北地区		33		16	48
北京	北京首都、南苑（北京新机场启用后关闭）、北京新	3			2
天津	天津	1			1
河北	石家庄、秦皇岛、邯郸、唐山、张家口、承德	6	邢台、沧州、康保、丰宁	4	10
山西	太原、长治、运城、大同、吕梁、五台山、临汾	7	朔州、介休	2	9
内蒙古	包头、赤峰、鄂尔多斯、海拉尔、呼和浩特、满洲里、通辽、乌海、巴彦淖尔、二连浩特、乌兰浩特、锡林浩特、阿尔山、乌兰察布、扎兰屯、霍林郭勒	16	正蓝旗、阿拉善左旗、阿拉善右旗、额济纳旗、林西/克什克腾、扎鲁特旗、巴林左旗、奈曼旗、莫力达瓦旗、东乌旗	10	26
东北地区		27		23	50
辽宁	大连、沈阳、丹东、锦州、朝阳、长海、鞍山、营口	8	阜新、桓仁、铁岭	3	11
吉林	长春、延吉、长白山、通化、白城、松原	6	四平、吉林、辽源、敦化、榆树、通榆、白山、珲春、集安、长白	10	16
黑龙江	哈尔滨、牡丹江、齐齐哈尔、佳木斯、黑河、漠河、鸡西、大庆、伊春、加格达奇、抚远、建三江、五大连池	13	绥芬河、绥化、拜泉、木兰、虎林、饶河、鹤岗、嫩江、宝清、尚志亚布力	10	23
华东地区		45		16	61

续表

地区	已建成及在建机场（2015 年）		布局规划新增机场（2025 年）		总量
	名称	数量	名称	规划新增	
上海	上海虹桥、上海浦东	2			2
江苏	南京、无锡、常州、徐州、连云港、南通、盐城、淮安、扬州泰州	9			9
浙江	杭州、温州、宁波、舟山、台州、义乌、衢州	7	嘉兴、丽水	2	9
安徽	合肥、黄山、安庆、阜阳、池州	5	芜湖/宣城、蚌埠、亳州、滁州、宿州	5	10
福建	厦门、福州、泉州、武夷山、连城、三明	6	莆田、漳州、宁德、平潭	4	10
江西	南昌、景德镇、赣州、井冈山、九江、宜春、上饶	7	抚州、瑞金	2	9
山东	青岛、济南、烟台、威海、临沂、潍坊、东营、济宁、日照	9	聊城、菏泽、枣庄	3	12
中南地区		36		24	60
河南	郑州、洛阳、南阳、信阳	4	商丘、鲁山、安阳、周口、三门峡	5	9
湖北	武汉、宜昌、恩施、襄阳、神农架、十堰	6	鄂州/黄冈、荆州、咸宁	3	9
湖南	长沙、张家界、常德、永州、怀化、衡阳、武冈、岳阳	8	娄底、郴州、湘西	3	11
广东	广州、深圳、揭阳、珠海、湛江、梅县、佛山、惠州	8	韶关、阳江、云浮、怀集、连州	5	13
广西	桂林、南宁、北海、柳州、梧州、百色、河池	7	贺州、玉林、防城港/钦州、崇左	4	11
海南	海口、三亚、琼海	3	儋州、西沙、南沙、东方/五指山	4	7
西南地区		49		29	78
重庆	重庆、万州、黔江、巫山	4	武隆	1	5

续表

地区	已建成及在建机场（2015年）		布局规划新增机场（2025年）		总量
	名称	数量	名称	规划新增	
四川	成都双流、九寨、攀枝花、西昌、宜宾、绵阳、南充、泸州、广元、达州、康定、稻城、红原、巴中	14	乐山、甘孜、成都新、阆中、雅安、甘洛、遂宁、会东	8	22
贵州	贵阳、铜仁、兴义、安顺、黎平、荔波、毕节、遵义、黄平、六盘水、仁怀	11	威宁、黔北、罗甸、盘县、天柱	5	16
云南	昆明、西双版纳、丽江、大理、德宏、迪庆、保山、临沧、普洱、昭通、文山、腾冲、泸沽湖、沧源、澜沧	15	红河、元阳、丘北、宣威、楚雄、玉溪、勐腊、永善、景东、怒江	10	25
西藏	拉萨、昌都、林芝、阿里、日喀则	5	那曲、亚东、定日、普兰、隆子	5	10
西北地区		45		28	73
陕西	西安、榆林、汉中、延安、安康	5	府谷、宝鸡、定边、华山	4	9
甘肃	兰州、敦煌、嘉峪关、庆阳、天水、夏河、金昌、张掖、陇南	9	鼎新、武威、定西、临夏、平凉	5	14
青海	西宁、格尔木、玉树、德令哈、花土沟、果洛、祁连	7	共和、黄南、久治、玛多、囊谦、治多	6	13
宁夏	银川、中卫、固原	3	石嘴山	1	4
新疆	乌鲁木齐、喀什、伊宁、库尔勒、阿勒泰、和田、阿克苏、库车、塔城、且末、克拉玛依、那拉提、喀纳斯、哈密、吐鲁番、博乐、富蕴、石河子、莎车、若羌、图木舒克	21	轮台、塔什库尔干、于田、皮山、准东、昭苏、和静、阿拉尔、和布克赛尔、乌苏/奎屯、巴里坤、且末（兵团）	12	33

附件 2

全国民用运输机场布局规划分布图（2025 年）

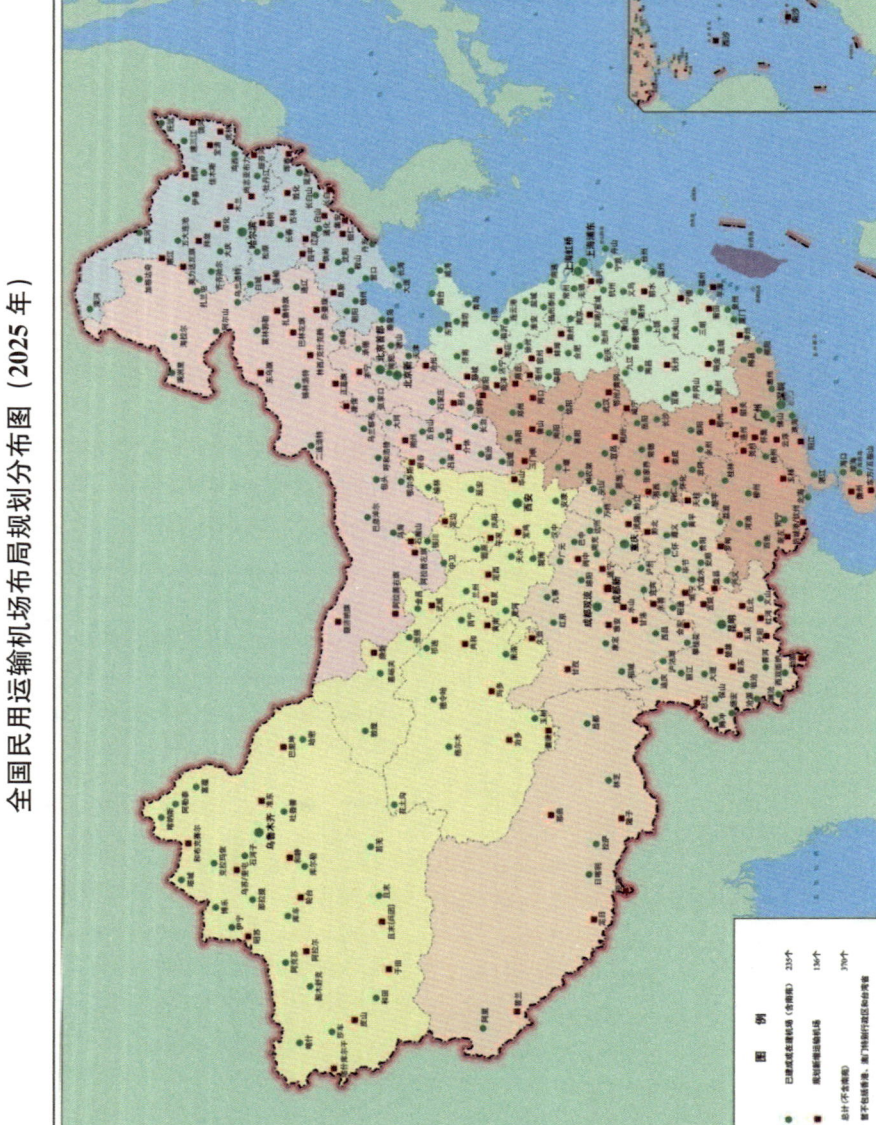

中欧班列建设发展规划（2016—2020 年）

中欧班列（英文名称 CHINA RAILWAY Express，缩写 CR express）是由中国铁路总公司组织，按照固定车次、线路、班期和全程运行时刻开行，运行于中国与欧洲以及"一带一路"沿线国家间的集装箱等铁路国际联运列车，是深化我国与沿线国家经贸合作的重要载体和推进"一带一路"建设的重要抓手。为推进中欧班列健康有序发展，根据《中华人民共和国国民经济和社会发展第十三个五年规划纲要》、《推动共建丝绸之路经济带和 21 世纪海上丝绸之路的愿景与行动》、《中长期铁路网规划》，制定本规划。

一、发展环境

亚欧大陆拥有世界人口的 75%，地区生产总值约占世界总额的 60%，东面是活跃的东亚经济圈，西面是发达的欧洲经济圈，中间广大腹地经济发展潜力巨大，特别是"一带一路"沿线国家资源禀赋各异，经济互补性强，合作空间广阔。"十二五"期间，中欧进出口贸易总额 30230 亿美元，同比增长 33%，双向开放、产业联动效益初显。为促进中欧及沿线国家经贸往来，我国充分利用多双边机制，推动与沿线国家铁路、海关、检验检疫等方面合作，简化国际铁路运输过境手续，为班列开行创造有利条件。

目前，依托西伯利亚大陆桥和新亚欧大陆桥，已初步形成西中东三条中欧班列运输通道。自 2011 年首次开行以来，中欧班列发展势头迅猛，辐射范围快速扩大，货物品类逐步拓展，开行质量大幅提高。截至 2016 年 6 月底，中欧班列累计开行 1881 列，其中回程 502 列，国内始发城市 16 个，境外到达城市 12 个，运行线达到 39

条，实现进出口贸易总额约 170 亿美元。中欧班列全程服务平台组建运行，服务范围逐步拓展，全程服务能力稳步提升。

随着"一带一路"建设不断推进，我国与欧洲及沿线国家的经贸往来发展迅速，物流需求旺盛，贸易通道和贸易方式不断丰富和完善，为中欧班列带来了难得的发展机遇，也对中欧班列建设提出了新的更高要求。但是也要看到，中欧班列仍处于发展初期，还存在综合运输成本偏高、无序竞争时有发生、供需对接不充分、通关便利化有待提升，以及沿线交通基础设施和配套服务支撑能力不足等问题，迫切需要加以规范和发展完善。

二、总体要求

（一）指导思想。

全面贯彻落实中央关于推进"一带一路"建设的战略部署，牢固树立和贯彻落实创新、协调、绿色、开放、共享的新发展理念，以提高发展质量和综合效率为中心，以优化服务、提供有效供给为主线，统筹兼顾当前和长远、地方和全局、陆运和海运、我国与沿线国家利益的关系，充分发挥政府、市场、企业的作用，着力完善国际贸易通道，提升贸易便利化水平；着力优化运输组织，提高班列运行质量；着力加强资源整合，降低全程物流成本；着力创新服务模式，增强综合服务能力，将中欧班列打造成为具有国际竞争力和良好商誉度的世界知名物流品牌，成为"一带一路"建设的重要平台。

（二）基本原则。

合理布局、畅通联运。以铁路基础设施互联互通为支撑，强化向东联接，扩大向西开放，优化空间布局，合理布设枢纽节点，更好地利用国内国际两种资源、两个市场，打造安全高效便捷的国际联运走廊。

统筹协调、区域联动。围绕中欧班列组织和运营，加强跨行业、跨部门、跨地区的统筹协调，完善合作机制，加强分工协作，实现优势互补，避免无序竞争，推动形成联动发展新格局。

市场运作、政府引导。遵循市场经济规律，充分发挥市场在资源配置中的决定性作用，提升班列质量和效益。更好发挥政府作用，完善体制机制，营造良好发展环境，推动中欧班列健康有序发展。

开放包容、共建共享。发扬和平合作、开放包容、互学互鉴、互利共赢的丝绸之路精神，密切与沿线国家合作，寻找利益契合点和合作最大公约数，充分发挥各方优势与潜能，努力实现互利共赢。

（三）发展目标。

到 2020 年，基本形成布局合理、设施完善、运量稳定、便捷高效、安全畅通的中欧班列综合服务体系。中欧铁路运输通道基本完善，中欧班列枢纽节点基本建成，货运集聚效应初显；中欧班列年开行 5000 列左右，回程班列运量明显提高，国际邮件业务常态化开展；方便快捷、安全高效、绿色环保的全程物流服务平台基本建成，品牌影响力大幅提升；通关便利化水平大幅提升，"单一窗口"模式基本实现全线覆盖。

三、空间布局

（一）中欧铁路运输通道。

西通道。一是由新疆阿拉山口（霍尔果斯）口岸出境，经哈萨克斯坦与俄罗斯西伯利亚铁路相连，途经白俄罗斯、波兰、德国等，通达欧洲其他各国。二是由霍尔果斯（阿拉山口）口岸出境，经哈萨克斯坦、土库曼斯坦、伊朗、土耳其等国，通达欧洲各国；或经哈萨克斯坦跨里海，进入阿塞拜疆、格鲁吉亚、保加利亚等国，通达欧洲各国。三是由吐尔尕特（伊尔克什坦），与规划中的中吉乌铁路等连接，通向吉尔吉斯斯坦、乌兹别克斯坦、土库曼斯坦、伊朗、土耳其等国，通达欧洲各国。

中通道。 由内蒙古二连浩特口岸出境，途经蒙古国与俄罗斯西伯利亚铁路相连，通达欧洲各国。

东通道。 由内蒙古满洲里（黑龙江绥芬河）口岸出境，接入俄罗斯西伯利亚铁路，通达欧洲各国。

中欧班列通道不仅连通欧洲及沿线国家，也连通东亚、东南亚及其他地区；不仅是铁路通道，也是多式联运走廊。

专栏 1　三大通道主要货源吸引区

西通道：西北、西南、华中、华南等地区，经陇海、兰新等铁路干线运输。中通道：华北、华中、华南等地区，经京广、集二等铁路干线运输。东通道：东北、华东、华中等地区，经京沪、哈大等铁路干线运输。

（二）中欧班列枢纽节点。

按照铁路"干支结合、枢纽集散"的班列组织方式，在内陆主要货源地、主要铁路枢纽、沿海重要港口、沿边陆路口岸等地规划设立一批中欧班列枢纽节点。

内陆主要货源节点。 具备稳定货源，每周开行 2 列以上点对点直达班列，具有回程班列组织能力，承担中欧班列货源集结直达功能。

主要铁路枢纽节点。 在国家综合交通网络中具有重要地位，具备较强的集结编组能力，承担中欧班列集零成整、中转集散的功能。

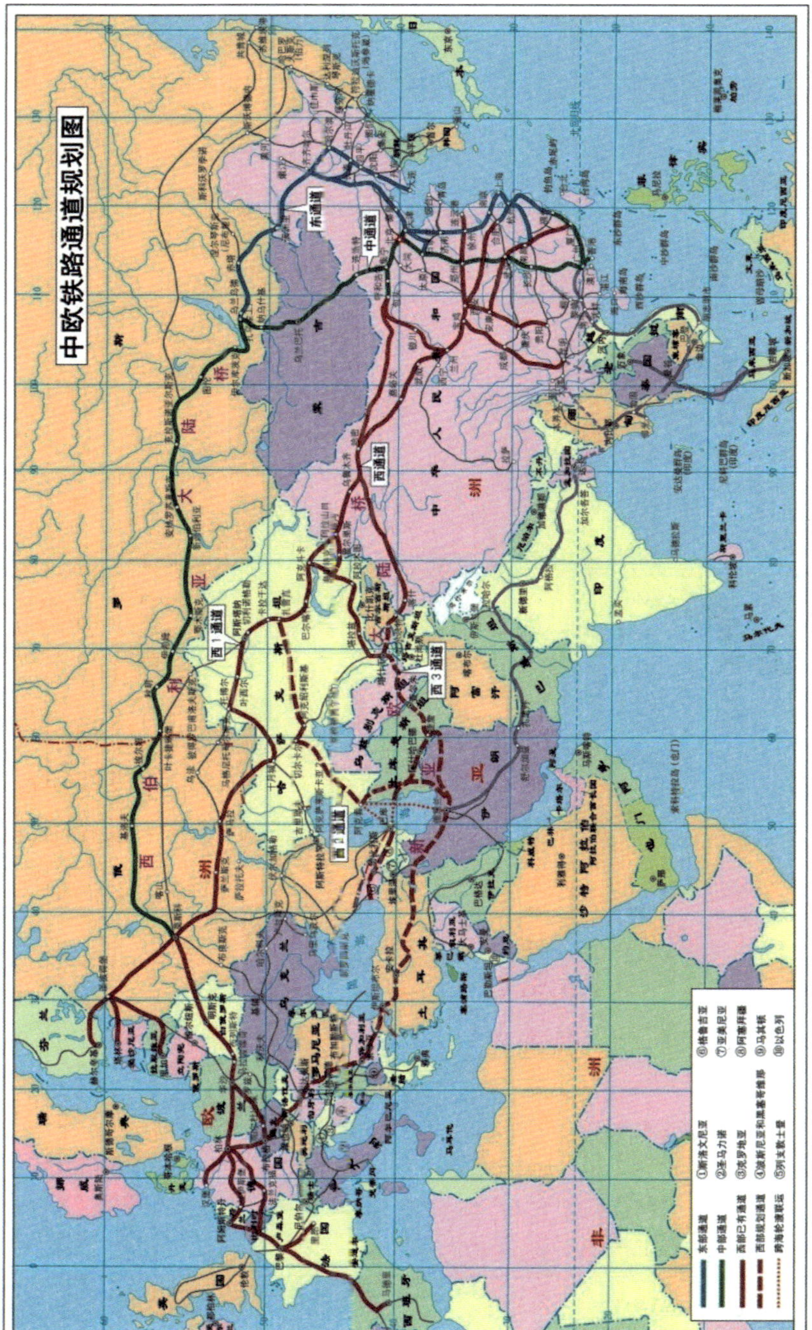

图 1　中欧铁路通道规划图

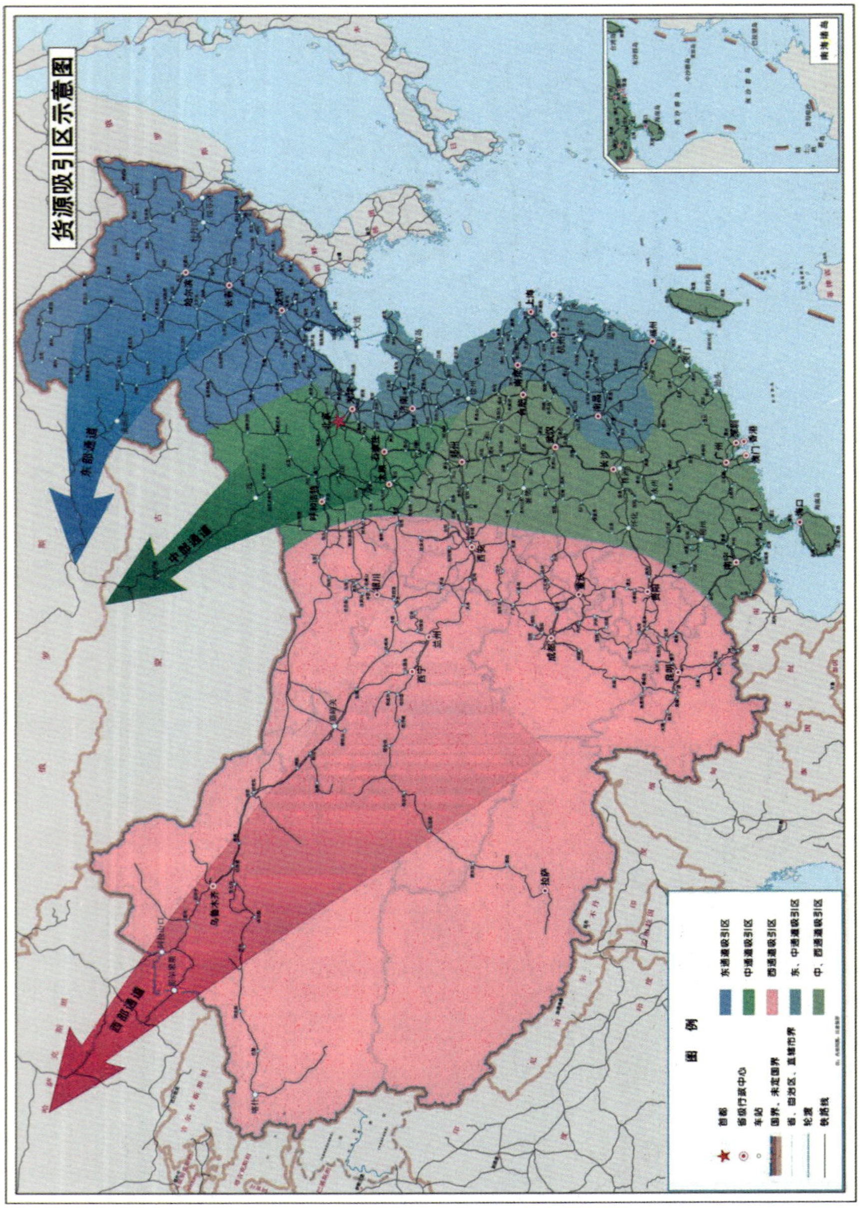

图 2　三大通道货源吸引区示意图

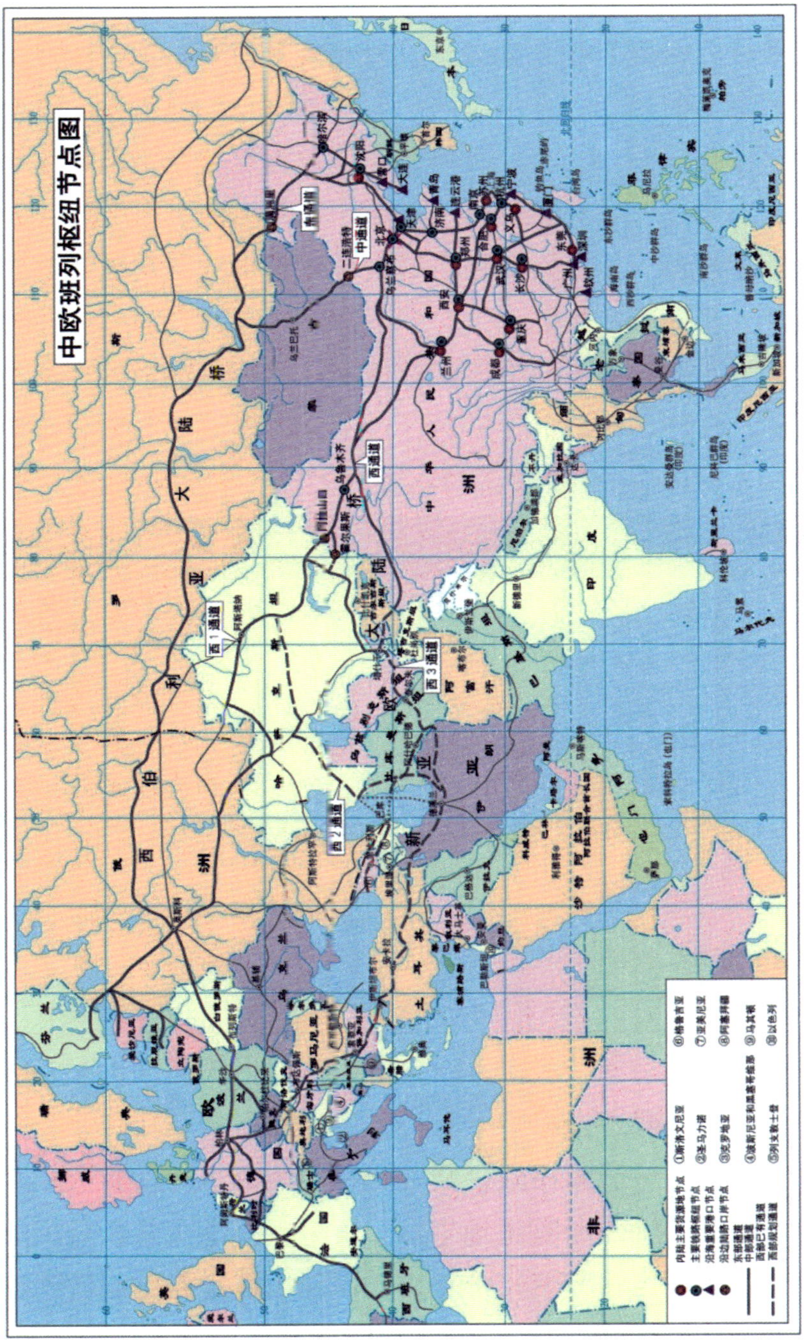

图3 中欧班列枢纽节点规划图

沿海重要港口节点。在过境运输中具有重要地位，具备完善的铁水联运条件，每周开行 3 列以上点对点直达班列，承担中欧班列国际海铁联运功能。

沿边陆路口岸节点。中欧班列通道上的重要铁路国境口岸，承担出入境检验检疫、通关便利化、货物换装等功能。

鼓励其他城市（地区）积极组织货源，在中欧班列枢纽节点集结，以提高整体效率和效益。

依据境外货源集散点及铁路枢纽情况，合理设置中欧班列境外节点。

专栏 2   中欧班列枢纽节点

内陆主要货源地节点：重庆、成都、郑州、武汉、苏州、义乌、长沙、合肥、沈阳、东莞、西安、兰州。

主要铁路枢纽节点：北京（丰台西）、天津（南仓）、沈阳（苏家屯）、哈尔滨（哈尔滨南）、济南（济西）、南京（南京东）、杭州（乔司）、郑州（郑州北）、合肥（合肥东）、武汉（武汉北）、长沙（株洲北）、重庆（兴隆场）、成都（成都北）、西安（新丰镇）、兰州（兰州北）、乌鲁木齐（乌西）、乌兰察布（集宁）。

沿海重要港口节点：大连、营口、天津、青岛、连云港、宁波、厦门、广州、深圳、钦州。

沿边陆路口岸节点：阿拉山口、霍尔果斯、二连浩特、满洲里。

（三）中欧班列运行线。

中欧班列运行线分为中欧班列直达线和中欧班列中转线。中欧班列直达线是指内陆主要货源地节点、沿海重要港口节点与国外城市之间开行的点对点班列线；中欧班列中转线是指经主要铁路枢纽节点集结本地区及其他城市零散货源开行的班列线。

序号	国内发（到）城市	边境口岸	境外到（发）城市	方向
	专栏3 既有中欧铁路直达班列			
1	重庆	阿拉山口（霍尔果斯）	杜伊斯堡（德国）等	双向
2		满洲里	切尔克斯克（俄罗斯）等	去程
3	郑州	阿拉山口（霍尔果斯）	汉堡（德国）等	双向
4		二连浩特	汉堡（德国）等	双向
5	成都	阿拉山口（霍尔果斯）	罗兹（波兰）等	双向
6	武汉	阿拉山口（霍尔果斯）	帕尔杜比采（捷克）等	双向
7	武汉	阿拉山口（霍尔果斯）	汉堡（德国）等	双向
8		满洲里	托木斯克（俄罗斯）等	回程
9	苏州	满洲里	华沙（波兰）等	去程
10		满洲里	布列斯特（白俄罗斯）等	回程
11	义乌	阿拉山口（霍尔果斯）	马德里（西班牙）等	双向
12	沈阳	满洲里	汉堡（德国）等	双向
13	长沙	满洲里	汉堡（德国）等	去程
14	兰州	阿拉山口（霍尔果斯）	汉堡（德国）等	双向
15	北京—天津	二连浩特	乌兰巴托（蒙古）等	双向
16	连云港	阿拉山口（霍尔果斯）	阿拉木图（哈萨克斯坦）等	双向
17	营口	满洲里	后贝加尔（俄罗斯）等	双向
18	青岛	阿拉山口（霍尔果斯）	阿拉木图（哈萨克斯坦）等	去程
19	乌鲁木齐	阿拉山口（霍尔果斯）	阿拉木图（哈萨克斯坦）等	去程
20	西安	阿拉山口（霍尔果斯）	阿拉木图（哈萨克斯坦）等	双向
21	合肥	阿拉山口（霍尔果斯）	阿拉木图（哈萨克斯坦）等	去程
22	济南	阿拉山口（霍尔果斯）	阿拉木图（哈萨克斯坦）等	去程
23	东莞	阿拉山口（霍尔果斯）	阿拉木图（哈萨克斯坦）等	去程

序号	国内发（到）城市	边境口岸	境外到（发）城市	方向
		专栏4 规划中欧铁路直达班列线		
1	石家庄—保定	阿拉山口（霍尔果斯）二连浩特	明斯克（白俄罗斯）等	双向
2	昆明	阿拉山口（霍尔果斯）二连浩特	鹿特丹（荷兰）等	双向
3	贵阳	阿拉山口（霍尔果斯）二连浩特	杜伊斯堡（德国）等	双向
4	厦门	阿拉山口（霍尔果斯）满洲里	罗兹（波兰）等	双向
6	太原	阿拉山口（霍尔果斯）二连浩特	阿拉木图（哈萨克斯坦）等 莫斯科（俄罗斯）等	双向
7	南昌	阿拉山口（霍尔果斯）二连浩特	阿拉木图（哈萨克斯坦）等 莫斯科（俄罗斯）等	双向
8	南京	阿拉山口（霍尔果斯）满洲里	阿拉木图（哈萨克斯坦）等 莫斯科（俄罗斯）等	双向
9	南宁	二连浩特满洲里	乌兰巴托（蒙古国）等 莫斯科（俄罗斯）等	双向
10	哈尔滨	满洲里	比克良（俄罗斯）等	双向
11	长春	满洲里	施瓦茨海德（德国）等	双向
12	大连	满洲里	汉堡（德国）等	双向
13	银川	阿拉山口（霍尔果斯）	德黑兰（伊朗）等	双向
14	西宁	阿拉山口（霍尔果斯）	阿拉木图（哈萨克斯坦）等 杜伊斯堡（德国）等	双向
15	包头	阿拉山口（霍尔果斯）二连浩特	德黑兰（伊朗）等 乌兰巴托（蒙古国）等	双向
16	临沂	阿拉山口（霍尔果斯）二连浩特	阿拉木图（哈萨克斯坦）等 乌兰巴托（蒙古国）等	双向
17	武威	阿拉山口（霍尔果斯）	阿拉木图（哈萨克斯坦）等	双向
18	义乌	阿拉山口（霍尔果斯）	德黑兰（伊朗）等	双向
19	连云港	阿拉山口（霍尔果斯）	伊斯坦布尔（土耳其）等	双向
20	天津	阿拉山口（霍尔果斯）满洲里	莫斯科（俄罗斯）等	双向

四、重点任务

（一）完善国际贸易通道。

重点完善境内通道网络。畅通瓶颈路段，提升三大通道境内段路网运能。加快库尔勒—格尔木、兰渝等铁路建设，推进集宁—二连浩特等铁路扩能改造。根据需要和进展情况，适时开展阿克苏—喀什段扩能、和田—若羌—罗布泊、喀什—红其拉甫等铁路项目前期研究。

有序推动境外通道建设。积极推动与中欧班列沿线国家共同制定欧亚铁路规划，稳步推进境外铁路建设。加快推动中吉乌、中巴等铁路项目前期研究。欢迎蒙古国和俄罗斯铁路对陈旧线路进行升级改造，改善沿线国境站、换装站的场站布局和配套设施设备，促进中俄蒙三方铁路点线能力的匹配衔接。

（二）加强物流枢纽设施建设。

围绕中欧班列枢纽节点打造一批具有多式联运功能的大型综合物流基地，完善冷链物流基地、城市配送中心布局，支持在物流基地建设具有海关、检验检疫等功能的铁路口岸，加强与港口、机场、公路货运站以及产业园区的统筹布局和联动发展，形成水铁、空铁、公铁国际多式联运体系，实现无缝高效衔接。鼓励国内企业在国外重要节点城市和与我国产能合作密切城市，通过收购、合资、合作等方式，加强物流基地、分拨集散中心、海外仓等建设，提升物流辐射和服务能力。

（三）加大资源整合力度。

1. 优化运输组织。加大中欧班列组织力度，稳定既有直达班列，发展中转班列，力争到 2020 年，集装箱铁路国际联运总量中班列占比达到 80％。加强调度指挥和监督考核，完善过程组织，实现全程盯控，强化应急处理，提高班列正点率。根据市场需求增加班列线，结合中欧通道实际运输能力，组织制订中欧班列开行及优化调整方案。加强与国外铁路协作，建立班列运行信息交换机制，强化班列全程监控，联合铺画全程运行图，压缩班列全程运行时间，达到日均运行 1300 公里左右运输组织水平。

2. 强化货源支撑。国家有关部门、单位在对外投资、物流园区建设时，要将中欧班列作为物流配套方式，同步规划、同步建设、同步推进。加强与沿线国家政府相关方面的合作，以国际产能和装备制造合作为契机，推动中欧班列向我国在沿线国家建设的境外经贸合作区、有关国家工业园区、自由港区延伸，吸引更多货源通过中欧班列运输。

地方政府支持区域内企业扩大与中欧班列沿线国家的产能合作、贸易往来，增加中欧班列货源。

铁路部门要加强与国内外大型物流企业、港口企业、货代公司合作，发挥集货作用，促进优势互补。鼓励我国企业在境外重点区域设立办事机构，推进合资建立经营网点，提高境外物流经营能力。

3. 加强品牌建设。中欧班列品牌由中国铁路总公司负责建设与管理。作为国家支持建设的国际物流知名品牌，地方政府、企业要按照《中欧班列品牌建设方案》的要求共同推进中欧班列品牌建设。中国铁路总公司制定出台管理办法，加强中欧班列品牌管理。

4. 加快境外经营网点建设。按照中欧铁路通道、节点、境外产业、贸易等布局，分批建设境外分拨集散中心，形成中欧班列境外快捷集疏运能力。

（四）创新运输服务模式。

1. 提供全程物流服务。围绕物流链全流程，强化运输、仓储、配送、检验检疫、通关、结算等环节高效对接，提供一站式综合服务。鼓励公路、水运、航空等运输方式与中欧班列有效衔接，打造全程化物流服务链条。建立中欧班列客户服务中心，为客户提供业务受理、单证制作、报关报检、货物追踪、应急处置等服务。

2. 拓展国际邮件运输。参照货物监管方式，结合国际邮件特性，推行国际邮件"属地查验、口岸验放"模式。大力推进电子化通关，加强与国外邮政、海关、检验检疫、铁路部门合作，推进邮递物品海关监管互认。设立若干国际邮件铁路口岸重点交换站，加快推进中欧班列进出口国际邮件相关工作，实现国际邮件常态化运输。进一步优化国际铁路运邮作业组织、通关和换装流程，提升邮件运输时效，改善数据反馈的及时性和准确性。

专栏5　中欧班列邮件运输线路规划			
始发站	集散范围	国境站	到站
郑州	华中、华北地区邮件	阿拉山口/二连浩特	莫斯科/杜伊斯堡/汉堡
重庆	华南、西南地区邮件	阿拉山口	莫斯科/杜伊斯堡/汉堡
乌鲁木齐	西北地区邮件	阿拉山口	阿拉木图/莫斯科
苏州	华东地区邮件	满洲里	莫斯科/杜伊斯堡/汉堡

3. 推行电子货物清单。根据跨境电商的运输需求，采用拼箱运输方式，协调国外铁路、海关和检验检疫等部门，推行电子快递清单，研究开展中欧班列国际快件运输。

4. 提升物流增值服务。拓展国际代理采购、国际保险理赔、货物质押等增值服务。利用相关口岸节点及综合保税区布局优势，支持跨境货物加工与转口贸易。

5. 推动建立统一的规则体系。积极推动与铁路合作组织、国际铁路联盟、世界海关组织、万国邮政联盟等国际组织的合作，建立统一互认的单证格式、货物安全、保险理赔、通关便利、数据共享等相关规则和技术标准，提高班列运行质量和效率。

（五）建立完善价格机制。

遵循市场规则，根据运量变化情况，按照量价捆绑原则，建立灵活的中欧班列全程定价机制。有效集中各地货源，依托常态化、规模化运营能力，统一开展境外价格谈判，提高全程价格主导权，有效降低国际联运全程物流成本。

（六）构建信息服务平台。

1. 推进物流公共信息平台发展。整合国内相关行业、部门、企业信息资源，建设中欧班列信息服务平台，逐步实现与沿线国家铁路、海关、检验检疫等信息系统的电子数据交换与共享，打通物流信息链，推行海关、检验检疫、铁路、港口单据电子化，打造"数字化"中欧班列。

2. 强化智能监控监管。引入北斗卫星定位技术实施全程定位，增加集装箱安全智能防盗设施；保持与沿途国家的密切沟通，建立中欧班列安全合作机制，提高班列运行全程监控能力，保障货物运输安全。

（七）推进便利化大通关。

1. 加强沿线国家海关国际合作。与中欧班列沿线国家海关建立国际合作机制，推进信息互换、监管互认、执法互助的海关合作，扩大海关间监管结果参考互认、商签海关合作协定等，推行中欧"经认证经营者"互认合作，提高通关效率。支持将铁路运输模式纳入中欧安全智能贸易（简称"安智贸"）航行试点计划。

推动全国通关一体化，企业可以选择任何一个海关申报、缴纳税款。加强重要物流节点的多式联运监管中心建设，实现一次申报、指运地（出境地）一次查验，对换装地不改变施封状态的直接放行。海关、检验检疫等口岸查验机构加强协作，力争使班列在口岸停留时间不超过 6 小时。

加快推进物流监控信息化建设，提高多式联运管控的信息化、智能化、规范化水平，建立集约、快速、便捷、安全的多式联运监管模式。

2. 推进检验检疫一体化。加强沿线国家检验检疫国际合作，推进疫情区域化管理和互认，在中欧班列沿线区域打造无特定动植物疾病绿色通道，在班列沿线检验检疫机构间实施"通报、通检、通放"，实现沿线"出口直放、进口直通"，对符合条件的中欧班列集装箱货物实施免于开箱查验、口岸换证等政策。

打造铁海（水、陆）联运国际中转（过境）物流通道，建立中欧班列检验检疫信息化系统，实现全口径进出境班列数据共享，简化纸质单证，推进检验检疫无纸化，实施"进境口岸检疫、境内全程监控、出境直接核放"监管模式。

3. 进一步扩大口岸开放。支持有条件的地方建设进境肉类、水产品、粮食、水果、种苗、汽车整车、木材等国家指定口岸，对符合国家要求的，优先审批，优先安排验收。在获得指定口岸正式资质前，对具备相应检验检疫监管条件的，允许其作为相应品类进口口岸，先行先试。

加强与沿线国家（地区）间的口岸交流合作，适时修订和完善双边陆地边境口岸管理协定。加强边境口岸设施建设，提高进出境通关能力。科学布设内陆铁路口岸，满足中欧班列发展需要。

推进国际贸易"单一窗口"、口岸管理共享平台建设，简化单证格式，统一数据标准，优化口岸监管、执法、通关流程，提高口岸智能化水平。

五、保障措施

（一）加强组织领导。

发挥推进"一带一路"建设工作领导小组办公室专题协调机制作用，加强各部门、各地方政府的沟通协调，提升整体竞争优势。发挥好中央、地方、企业等各方作用，统筹协调，为中欧班列营造良好运营环境和发展条件。

（二）推进对外协调。

国家发展和改革委员会、外交部、商务部、交通运输部等国家部委将中欧班列有关议题纳入我国与沿线国家双多边投资、贸易、外交、运输等磋商机制。发挥我驻外使领馆与驻在国政府对接协调作用，做好国内外信息沟通和情况通报。利用多双边机制，强化与国际机构及相关行业协会、智库合作，加强与沿线各国海关及检验检疫部门合作。视需要要求驻中欧班列沿线重点国家使馆指定外交人员协调相关工作，逐步建立涵盖境内外铁路、海关、检验检疫等部门以及地方政府和货代、物流等企业的中欧班列协调机制。

（三）加大资金投入。

在遵循多边程序和市场化规则的基础上，利用亚洲基础设施投资银行、丝路基金等金融投资机构，在规定业务范围内支持中欧铁路通道和节点建设，支持重大动植物疾病疫情防控与交流合作。发挥各类投融资基金作用，鼓励境内基金机构"走出去"，以股权投资、债务融资等方式支持中欧班列建设。加大中央预算内投资对中欧铁路通道国内段建设的支持力度。吸引社会资本投入，鼓励铁路、地方、企业共同出资建设，共享投资收益。

（四）完善政策支持。

加大土地等政策支持力度，保障通道、枢纽等建设用地。落实相关税收政策、执行相关税收协定，清理不合规的口岸收费，加大对阿拉山口、霍尔果斯等口岸建设和运行支持力度，保证口岸的正常建设和运营。加大进出口配额等贸易政策支持力度。完善境外投资管理制度，提高企业对外投资便利化水平。利用领事磋商等渠道，推动人员往来便利化。

（五）加强科技创新。

统筹利用国家铁路智能运输系统工程技术研究中心和轨道交通系统测试国家工程实验室等相关国家科技创新平台，开展铁路物流科技装备、冷链关键技术等研发工作。充分发挥科研机构、高校、协会的积极作用，及时开展中欧班列建设发展相关问题研究。广泛吸纳国内外科技人才，加强精通语言、熟知专业知识的复合型人才培养。

关于促进通用航空业发展的指导意见

国办发〔2016〕28 号

各省、自治区、直辖市人民政府，国务院各部委、各直属机构：

通用航空业是以通用航空飞行活动为核心，涵盖通用航空器研发制造、市场运营、综合保障以及延伸服务等全产业链的战略性新兴产业体系，具有产业链条长、服务领域广、带动作用强等特点。近年来，我国通用航空业发展迅速，截至 2015 年底，通用机场超过 300 个，通用航空企业 281 家，在册通用航空器 1874 架，2015 年飞行量达 73.2 万小时。但总体上看，我国通用航空业规模仍然较小，基础设施建设相对滞后，低空空域管理改革进展缓慢，航空器自主研发制造能力不足，通用航空运营服务薄弱，与经济社会发展和新兴航空消费需求仍有较大差距。为加快提升服务保障能力，促进产业转型升级，释放消费潜力，实现通用航空业持续健康发展，经国务院同意，现提出以下意见。

一、总体要求

（一）指导思想。

全面贯彻党的十八大和十八届三中、四中、五中全会精神，认真落实国务院决策部署，按照"五位一体"总体布局和"四个全面"战略布局，牢固树立和贯彻落实创新、协调、绿色、开放、共享的发展理念，充分发挥市场机制作用，加大改革创新力度，突出通用航空交通服务功能，大力培育通用航空市场，加快构建基础设施网络，促进产业转型升级，提升空管保障能力，努力建成布局合理、便利快捷、制造先进、安全规范、应用广泛、军民兼顾的通用航空体系。

（二）基本原则。

市场主导，政府引导。充分发挥市场在资源配置中的决定性作用，支持新兴航空消费，鼓励企业根据市场需求不断创新，促进通用航空市场持续壮大。更好地发挥政府统筹谋划、规划引导和政策支持的作用，加大简政放权力度，优化飞行报审程序，提高审批效率，为通用航空企业提供高效便捷服务。

安全第一，创新驱动。处理好安全与发展的关系，强化安全主体责任和监管责任，建立健全军地联合监管机制，实施分类精细管理，确保飞行和空防安全。加大改革力度，通过政策创新、管理创新、技术创新和服务创新，最大限度释放市场潜力。

重点突破，全面推进。以加快基础设施建设、扩大低空空域开放、提升空管保障能力、促进产业转型升级为重点，打破制约产业发展的瓶颈。做好整体设计规划，统筹通用航空与公共航空运输协调发展，推进军民深度融合，推动通用航空业全方位发展。

（三）发展目标。

到 2020 年，建成 500 个以上通用机场，基本实现地级以上城市拥有通用机场或兼顾通用航空服务的运输机场，覆盖农产品主产区、主要林区、50％以上的 5A 级旅游景区。通用航空器达到 5000 架以上，年飞行量 200 万小时以上，培育一批具有市场竞争力的通用航空企业。通用航空器研发制造水平和自主化率有较大提升，国产通用航空器在通用航空机队中的比例明显提高。通用航空业经济规模超过 1 万亿元，初步形成安全、有序、协调的发展格局。

二、培育通用航空市场

（四）强化交通服务。发挥通用航空"小机型、小航线、小航程"的特点，适应偏远地区、地面交通不便地区人民群众的出行需求，积极发展短途运输，提供多样化机型服务，实现常态化运输。鼓励有条件的地区发展公务航空，满足个性化、高效率的出行需求。

（五）扩大公益服务和生产应用。鼓励和加强通用航空在抢险救灾、医疗救护等领域的应用，完善航空应急救援体系，提升快速反应能力。扩大通用航空农林作业面积，基本实现主要林区航空护林，推广通用航空在工业与能源建设、国土及地质资源勘查、环境监测、通信中继等领域应用。

（六）鼓励航空消费。推动通用航空与互联网、创意经济融合，拓展通用航空新业态。促进通用航空与旅游业结合，在适宜地区开展空中游览活动。鼓励发展飞行培训，提高飞行驾驶执照持有比例。积极发展个人使用、企业自用等非经营性通用航空，鼓励开展航空体育与体验飞行。利用会展、飞行赛事、航空文化交流等活动，支持通用航空俱乐部、通用航空爱好者协会等社会团体发展，扩大通用航空爱好者和消费者群体。

三、加快通用机场建设

（七）优化规划布局。完善综合交通运输体系，加强通用机场整体布局规划，做好与各类交通运输方式的相互衔接。在偏远地区、地面交通不便的地区以及年旅客吞吐量1000万人次以上的枢纽运输机场周边建设通用机场，改善交通运输条件。在自然灾害多发等地区以及大型城市等人口密集、地面交通拥堵严重地区建设通用机场，满足抢险救灾、医疗救护、反恐处突与公共管理等需要。在航空制造等重点产业集聚区以及农产品主产区、重点国有林区等地区建设通用机场，服务于工农林等通用航空活动。在世界自然文化遗产、国家级风景名胜区、重要体育产业基地等地区建设通用机场，促进空中游览、航空体育、飞行培训等发展。

（八）合理确定标准。综合考虑人口、土地、空域资源、交通运输、产业基础等条件，立足市场需求和发展实际，因地制宜推进通用机场建设。合理确定通用机场建设规模和标准，通用机场设施要坚持经济、适用、美观、绿色的原则，在确保运行安全的前提下，节约投资和降低运行成本。

（九）完善审核程序。由省级发展改革部门组织编制辖区内通用机场布局规划，征得民航地区管理局、战区空军（空域管理部门）同意，报省级人民政府批准，抄报国家发展改革委、财政部、交通运输部、民航局和中央军委联合参谋部、空军。新建通用机场项目执行现行规定，由省级人民政府按照批准的规划审批（核准）。国家发展改革委、中央军委联合参谋部商有关方面研究建立通用机场升级转换为运输机场的机制。

（十）统筹协调发展。加强区域协作，推进京津冀、长三角、珠三角等地区和重点城市群的综合型通用机场建设，保障通用航空运营服务，打造区域通用航空网络重要节点。鼓励枢纽运输机场所在城市建设综合型通用机场，疏解枢纽运输机场非核心业务。优先支持支线机场增设通用航空设施，拓展业务范围，兼顾区域通用航空运营服务综合保障。鼓励通用机场对社会开放并公布机场以及服务保障设施资料信息。引导相邻地区打破行政区划限制，共建共用通用机场。统筹加快通用航空空管、油料储运、运营、维修等服务保障设施建设。

四、促进产业转型升级

（十一）提升制造水平。构建国家通用航空业研发创新体系，鼓励建立通用航空业创新平台，提高关键技术和部件的自主研发生产能力，加快提升国产化水平，发展具有自主知识产权、质优价廉的通用航空产品。支持大型水陆两栖飞机、新能源飞机、轻型公务机、民用直升机、多用途固定翼飞机、专业级无人机以及配套发动机、机载系统等研制应用。推广应用北斗导航、广播式自动监视等新技术，研发适用我国低空空域通信、导航、监视、气象与空中交通服务需求的核心装备，开展重大适航审定实验室等建设，提升行业运行、服务、安全的管理和技术水平。

（十二）促进产业集聚。优先在空域、土地等条件具备的地方，建设50个综合或专业示范区，促进通用航空业集聚发展。培育和打造具备国际先进水平的通用航空制造龙头企业，逐步形成一批具有核心竞争力的骨干企业，支持众多中小企业集聚创新，发展先进通用航空装备、专业化配套系统和设备。推动运营服务创新，加强综合保障能力建设，促进管理改革措施在区域内先行先试。鼓励地方创新配套政策，积极吸引社会资本，发展与各地经济联系紧密的通用航空优势产业，发挥通用航空产业对区域经济发展的带动作用。

（十三）深化国际合作。积极对接和吸纳国际通用航空业优质资源，加强通用航空制造、运营管理、飞行培训等领域的合作，引进、消化和吸收先进技术，提升我国通用航空产品设计和制造水平。创新国际合作模式，鼓励创建通用航空国际研发合作平台及国际化通用航空工程中心，增强技术创新能力。鼓励和支持通用航空企业依托"一带一路"战略、自由贸易区等政策优势，促进具备比较优势的通用航空产品"走出去"，积极开拓国外市场，提升自主品牌的国际竞争力。

五、扩大低空空域开放

（十四）科学规划空域。及时总结推广低空空域管理改革试点经验，实现真高 3000 米以下监视空域和报告空域无缝衔接，划设低空目视飞行航线，方便通用航空器快捷机动飞行。研究制定并组织实施空域分类标准，在国（边）境地带、空中禁区、全国重点防控目标区和重点防空目标等重要地区划设管制空域，包括航路航线、进近（终端）和机场管制地带等民用航空使用空域，确保重要目标及民航航班运行安全。

（十五）优化飞行服务。完善基础性航空情报资料体系，制定并发布目视飞行航空图，实时发布监视空域和报告空域的飞行动态、天气条件情况，提升低空空域航空情报、航空气象、飞行情报与告警服务能力。简化通用航空飞行任务审批、飞行计划申请和审批（备案）程序，原则上通用航空用户仅向一个空管单位申请或报备飞行计划；涉及管制空域的飞行活动，须申请飞行计划和空中交通管制许可，长期飞行计划只作一次性申请；仅涉及监视空域和报告空域的飞行计划，报备后即可实施。

（十六）提高审批效率。飞行管制分区内的飞行计划申请，应在起飞前 4 小时提出，审批单位需在起飞前 2 小时批复；超出飞行管制分区在飞行管制区内的，应在起飞前 8 小时提出，审批单位需在起飞前 6 小时批复；跨飞行管制区的，应在起飞前 1 天 15 时前提出，审批单位需在起飞前 1 天 18 时前批复。监视空域飞行计划，航空用户应在起飞前 2 小时向飞行计划受理单位报备，飞行计划受理单位需在起飞前 1 小时向空管部门报备；报告空域飞行计划，航空用户应在起飞前 1 小时向飞行计划受理单位报备。对执行应急救援、抢险救灾、医疗救护与反恐处突等紧急、特殊通用航空任务的飞行计划，应随报随批。

六、强化全程安全监管

（十七）加强适航管理。按照现有职责分工，国家发展改革委负责 6 吨/9 座及以上通用飞机和 3 吨及以上直升机制造项目核准，其他项目由省级人民政府核准。工业和信息化部负责完善通用航空器生产制造行业标准，制定民用无人机生产标准规范。民航局负责完善通用航空器、零部件的适航标准和审定程序，提升通用航空器型号审定能力，加强航空油料的适航管理，实现适航管理全覆盖。

（十八）确保运行安全。建立跨部门、跨领域的通用航空联合监管机制，形成全过程、可追溯的安全监管体系，由国家空管委办公室、民航局牵头，按照"地面管控为主、空中处置为辅"的原则，分类分级、各司其责，实施通用航空器运行安全监管。民航局负责建设通用航空安全监管平台，充分运用移动互联网、大数据等现代信息技术，提升通用航空器地面和空中活动的监控与追踪能力，实现飞行动态实时监控。工业和信息化部负责民用无人机无线电频率规划管理。军队负责查证处置空中违法违规飞行活动，公安部门负责"落地查人"，严厉打击"黑飞"等违法违规行为，确保低空飞行安全有序。

（十九）规范市场秩序。充分发挥企业的市场主体作用，减少行政干预，简化进口航空器购置审批（备案）手续，鼓励通用航空企业创业和多元化发展。制定和完善有关制度标准，规范行业准入，提高通航飞行器的适航能力，加强事中事后监管。加强通用航空领域信用体系建设，强化行业自律，逐步形成统一规范、竞争有序的通用航空市场。

七、保障措施

（二十）加强组织实施。地方政府要切实承担起促进产业发展、加强安全监管等主体责任，根据地区发展实际，科学制定支持措施，充分发挥企业积极性。有关部门和单位要按照职能分工，认真履职，密切配合，在规划编制、安全监管、重大项目等方面加强指导协调，完善支持政策措施，加强舆论宣传引导，及时研究解决飞行保障等方面的问题。

（二十一）加大资金支持。充分调动社会力量，多种方式、多方筹资，加大对医疗救护、应急处突、防灾减灾、偏远地区和地面交通不便地区运输服务等通用航空公共服务的经费保障力度，扩大通用航空领域政府购买服务的范围，完善现有补贴政策。鼓励企业和个人投资通用航空业，支持政府和社会资本合作建设、运营通用航空。

（二十二）健全法律法规。推动修订《中华人民共和国民用航空法》、《通用航空飞行管制条例》，研究制定航空法、空域灵活使用管理办法、无人驾驶航空器飞行管理规定。民航局要进一步完善通用机场建设标准，实施分类分级管理。

（二十三）强化人才培养。支持大专院校和职业学校开设通用航空类专业，培养飞行、适航、航空器和发动机制造维修等专业技术和管理人才。鼓励社会资本投资通用航空培训机构，多层次、多渠道提升高层次人才的联合培养能力。

国务院办公厅

2016 年 5 月 13 日

营造良好市场环境推动交通物流融合发展实施方案

国办发〔2016〕43 号

近年来，我国综合交通体系不断完善，物流业持续快速发展，支撑实体经济降本增效的能力明显提升，初步形成了衔接互动的发展格局。但也要看到，我国交通与物流融合发展不足，交通枢纽和物流园区布局不衔接、多式联运和供应链物流发展滞后、运输标准化信息化规模化水平较低等问题仍较为突出，未能有效发挥交通基础设施网络优势，在一定程度上制约了物流业整体水平的提高。为进一步落实物流业发展中长期规划和工业稳增长的有关部署，促进交通与物流融合发展，有效降低社会物流总体成本，进一步提升综合效率效益，现制定本方案。

一、总体要求

（一）指导思想。

全面贯彻党的十八大和十八届三中、四中、五中全会精神，认真落实国务院决策部署，按照"五位一体"总体布局和"四个全面"战略布局，牢固树立并贯彻落实创新、协调、绿色、开放、共享的发展理念，以提质、降本、增效为导向，以融合联动为核心，充分发挥企业的市场主体作用，抓住关键环节，强化精准衔接，改革体制机制，创新管理模式，打通社会物流运输全链条，加强现代信息技术应用，推动交通物流一体化、集装化、网络化、社会化、智能化发展，构建交通物流融合发展新体系。

（二）发展目标。

到 2018 年，交通与物流融合发展取得明显成效，"一单制"便捷运输制度基本建立，开放共享的交通物流体系初步形成，多式联运比率稳步提升，标准化、集装化水平不断提高，互联网、大数据、云计算等应用更加广泛，公路港和智能配送模式有序推广，运输效率持续提升，物流成本显著下降。全国 80％左右的主要港口和大型物流园区引入铁路，集装箱铁水联运量年均增长 10％以上，铁路集装箱装车比率提高至 10％以上，运输空驶率明显下降，全社会物流总费用占国内生产总值的比率较 2015 年降低 1 个百分点以上。

到 2020 年，初步实现以供应链和价值链为核心的产业集聚发展，形成一批有较强竞争力的交通物流企业，建成设施一体衔接、信息互联互通、市场公平有序、运行安全高效的交通物流发展新体系。集装箱铁水联运量年均增长 10％以上，铁路集装箱装车比率提高至 15％以上，大宗物资以外的铁路货物便捷运输比率达到 80％，准时率达到 95％，运输空驶率大幅下降。城乡物流配送网点覆盖率提高 10 个百分点左右。全社会物流总费用占国内生产总值的比率较 2015 年降低 2 个百分点。

二、打通衔接一体的全链条交通物流体系

（三）完善交通物流网络。

完善枢纽集疏运系统。尽快打通连接枢纽的"最后一公里"，加快实施铁路引入重要港口、公路货站和物流园区等工程。加快推进部分铁路枢纽货运外绕线建设，提高城市中心城区既有铁路线路利用水平。加强重点城市绕城高速公路建设，强化超大、特大城市出入城道路与高速公路衔接，减少过境货物对城市交通的干扰。鼓励城市充分利用骨干道路，分时段、分路段实施城市物流配送，有效减少货物装卸、转运、倒载次数。

专栏1　交通物流枢纽集疏运系统工程

1. 铁路引入港口工程

交通运输部、中国铁路总公司加快制定港口集疏运铁路建设方案，实施大连港、天津港、青岛港、宁波—舟山港、广州港、重庆港、武汉港、南京港等港口的集疏运系统建设项目。推进铁路线路引入内陆港、保税港区等。建设武汉港江北铁路二期，宜昌港紫云姚地方铁路，荆州港车阳河港区至焦柳铁路连接线，长沙港新港铁路专用线，岳阳港松阳湖铁路支线，连云港港赣榆港区铁路专用线，重庆珞璜港进港铁路专用线改扩建等。

2. 枢纽周边道路畅通工程

抓紧实施沿海和长江主要港口集疏运改善方案。实施昆明王家营、东莞石龙等2000个铁路货场周边道路畅通工程和交通组织优化方案。

优化交通枢纽与物流节点空间布局。统筹综合交通枢纽与物流节点布局，加强功能定位、建设标准等方面的衔接，强化交通枢纽的物流功能，构建综合交通物流枢纽系统。编制实施全国综合交通物流枢纽布局规划，根据区位条件、辐射范围、基本功能、需求规

模等，科学划分全国性、区域性和地区性综合交通物流枢纽。实施铁路物流基地工程，新建和改扩建一批具备集装箱办理功能的一、二级铁路物流基地。积极拓展航运中心、重要港口、公路港等枢纽的物流功能，支持重点地区以货运功能为主的机场建设。

专栏 2 　全国性和区域性综合交通物流枢纽布局		
类别	功能要求	枢纽名称
全国性综合交通物流枢纽	国家交通物流网络的核心节点，应有三种以上运输方式衔接，跨境、跨区域运输流转功能突出，辐射范围广，集散规模大，综合服务能力强，对交通运输顺畅衔接和物流高效运行具有全局性作用	北京—天津、呼和浩特、沈阳、大连、哈尔滨、上海—苏州、南京、杭州、宁波—舟山、厦门、青岛、郑州、合肥、武汉、长沙、广州—佛山、深圳、南宁、重庆、成都、昆明、西安—咸阳、兰州、乌鲁木齐等
区域性综合交通物流枢纽	国家交通物流网络的重要节点，应有两种以上运输方式衔接，区域运输流转功能突出，辐射范围较广，集散规模较大，综合服务能力较强，对区域交通运输顺畅衔接和物流高效运行具有重要作用	石家庄、太原、福州、南昌、海口、贵阳、拉萨、西宁、银川等

构建便捷通畅的骨干物流通道。依托综合运输大通道，率先推进集装化货物多式联运。编制实施推进物流大通道建设行动计划和铁路集装箱运输规划，做好骨干物流通道布局，到 2020 年初步形成集装箱运输骨干通道。在长三角、珠三角等客货流密集地区，研究推进客货分流的铁路、公路通道建设。有序推进面向全球、连接内陆的国际联运通道建设，加强口岸后方通道能力建设，开辟一批跨境多式联运走廊。

专栏3　便捷通畅的骨干物流通道布局
以网络化组织为目标，以集装化货物多式联运为重点，逐步在全国推行便捷运输，实现货物在区域间的高效、便捷流通。 　　1. 南北沿海通道，服务沿海主要经济区、主要城市与港口。 　　2. 京沪通道，服务京津冀与长三角等地区。 　　3. 京港澳通道，服务京津冀、中原地区、长江中游与海峡西岸经济区、珠三角等地区。 　　4. 东北进出关通道，服务东北地区。 　　5. 西南至华南通道，服务成渝、云贵与北部湾、珠三角等地区。 　　6. 西北北部通道，服务西北与华北等地区。 　　7. 陆桥通道，服务西北、中原与东部沿海等地区。 　　8. 沿江通道，服务长江经济带上中下游地区。 　　9. 沪昆通道，服务华东、中部与云贵等地区。 　　10. 国际通道，中欧、中蒙俄、中俄、中国—中亚—西亚、中国—中南半岛、海上等通道。 　　组织实施物流大通道建设行动计划，不断完善骨干通道布局。

（四）提高联运服务水平。

强化多式联运服务。推动大型运输企业和货主企业建立战略合作关系，重点在大宗物资、集装箱运输等方面开展绿色低碳联运服务和创新试点。支持有实力的运输企业向多式联运经营人、综合物流服务商转变，整合物流服务资源，向供应链上下游延伸。拓展国际航运中心综合服务功能，提升长江航运中心铁水联运比重。鼓励铁路运输企业在沿海主要港口与腹地物流园区之间开行小编组、快运行的钟摆式、循环式等铁路集装箱列车。加快普及公路甩挂运输，重点推进多式联运甩挂、企业联盟及无车承运甩挂等模式发展。制订完善多式联运规则和全程服务规范，完善和公开铁水联运服务标准，健全企业间联运机制。

拓展国际联运服务。完善促进国际便利化运输相关政策和双多边运输合作机制，鼓励开展跨国联运服务。构建国际便利运输网络，建设海外集结点，增加便利运输协定的过境站点和运输线路，开展中欧、中亚班列运输。鼓励快递企业发展跨境电商快递业务，建设国际分拨中心、海外仓，加快海外物流基地建设。在具备条件的城市建设集货物换装、仓储、中转、集拼、配送等作业为一体的综合性海关监管场所。

（五）优化一体化服务流程。

推行物流全程"一单制"。推进单证票据标准化，以整箱、整车等标准化货物单元为重点，制定推行企业互认的单证标准，形成绿色畅行物流单。构建电子赋码制度，明确赋码资源管理、分配规则，形成包含货单基本信息的唯一电子身份，实现电子标签码在物流全链条、全环节互通互认以及赋码信息实时更新和共享。支持行业协会及会员企业制定出台绿色畅行物流单实施方案，加快推广"一单制"，实现一站托运、一次收费、一单到底。推动集装箱铁水联运、铁公联运两个关键领域在"一单制"运输上率先突破。大力发展铁路定站点、定时刻、定线路、定价格、定标准运输，加强与"一单制"便捷运输制度对接。

强化一体化服务保障。建立健全企业首站负责、安全互认、费用清算等相关制度。建立政府服务、企业管理、第三方监督的保障体系，确保企业对用户需求及时响应和反馈。研究实施对赋码货物单元从起运地经运输仓储环节至目的地的全程监督服务，对物流各环节及时进行动态调整和应急处置，确保衔接顺畅。

三、构建资源共享的交通物流平台

（六）建设完善专业化经营平台。

支持社会资本有序建设综合运输信息、物流资源交易、大宗商品交易服务等专业化经营平台，提供信息发布、线路优化、仓配管理、追踪溯源、数据分析、信用评价、客户咨询等服务。鼓励平台企业拓展社会服务功能，推进"平台＋"物流交易、供应链、跨境电商等合作模式。支持平台企业与金融机构合作提供担保结算、金融保险等服务。以服务"一带一路"战略为导向，推动跨境交通物流及贸易平台整合衔接。

（七）形成信息共享服务平台。

依托国家电子政务外网、国家数据共享交换平台、中国电子口岸、国家交通运输物流公共信息平台等，建设承载"一单制"电子标签码赋码及信息汇集、共享、监测等功能的公共服务平台。对接铁路、航运、航空等国有大型运输与物流企业平台，实现"一单一码、电子认证、绿色畅行"；对接社会化平台，引导其结合自身实际对赋码货物单元提供便捷运输。

专栏4　国家交通运输物流共享服务平台工程

1. 完善国家交通运输物流公共信息服务

完善政务、商务、要素资源、空间地理等信息采集、存储、查询、转换、对接、分析等功能，为企业提供信息查询服务。

2. 整合构建国家交通运输物流大数据中心

完善信息服务与数据资源目录体系，围绕物流诚信、安全监管、公共服务等专题，开展数据交换、存储、监控、查询与统计分析、大数据挖掘等工作，为政府决策、市场运行和公共服务提供信息服务支持。

3. 开展共享服务平台应用推广

打造一批网络交通物流公共服务产品，推广共享服务移动终端应用。

（八）加强对各类平台的监督管理。

强化平台协同运作。编制实施国家交通运输物流公共信息平台

"十三五"建设方案，建立数据合作、交换和共享机制。加强对各类交通物流服务平台的引导，促进企业线上线下多点互动运行，支持制造业物流服务平台与供应链上下游企业间信息标准统一和系统对接，强化协同运作。

整合共享信用信息。研究出台交通物流信息公开和数据开放相关管理办法。加强各类平台信用记录归集，逐步形成覆盖物流业所有法人单位和个体经营者的信用信息档案，根据信用评价实行分类监管，建立实施"红黑名单"制度和预警警示企业、惩戒失信企业、淘汰严重失信企业的机制。

四、创建协同联动的交通物流新模式

（九）构建线上线下联动公路港网络。

完善公路港建设布局。加大政府支持力度，加快全国公路港建设，加强与其他交通基础设施衔接，重点构建一批综合型、基地型和驿站型公路港。鼓励龙头企业牵头组建全国公路港联盟，推动行业内资源共享和跨区域运输组织。

强化公路港功能。推进公路港等物流园区之间运输、集散、分拨、调配、信息传输等协同作业，鼓励公路港连锁经营。整合货源、车辆（舱位）、代理、金融等信息，为物流企业提供运营支撑、系统支持。鼓励推广生产生活综合配套、线上线下协同联动的新模式，促进多业态融合发展。发展往返式公路接驳运输。

专栏 5　国家公路港网络工程

1. 综合型公路港

以全国性和部分区域性综合交通物流枢纽为重点，形成约 50 个与铁路货运站、港口、机场等有机衔接的综合型公路港，提供一站式服务，具备多式联运、信息交易、零担快运、仓储配送、政务管理、配套服务等综合功能。可为超过 3000 家企业提供服务，货运专线超过 500 条，静态停车超过 3000 辆，仓库面积超过 8 万平方米。

2. 基地型公路港

以区域性和部分地区性综合交通物流枢纽为重点，形成约 100 个与骨干运输通道快速连通的基地型公路港，具备公路货物运输和综合物流的基本功能。

3. 驿站型公路港

以地区性综合交通物流枢纽和国家高速公路沿线城市为重点，形成一批与综合型和基地型公路港有效衔接、分布广泛的驿站型公路港，具备货物集散、中转换装、往返接驳等功能。

（十）推广集装化标准化运输模式。

加大运输设备集装化、标准化推广力度。研究集装化、标准化、模块化货运车辆等设施设备更新应用的支持政策，推广使用托盘、集装箱等标准化基础装载单元。推进多式联运专用运输装备标准化，研发推广公铁两用挂车、驮背运输平车、半挂车和滚装船舶。加快研发铁路快运车辆、新型集装箱平车、双层集装箱车及特需车辆，提高公路集装箱货车、厢式货车使用比率，研究制定江海直达船型等标准，推进专业化航空物流运输工具研发应用。支持发展大型化、自动化、专业化、集约环保型转运和换装设施设备。培育集装箱、托盘等经营企业，鼓励企业构建高效的跨国、跨区域调配系统，推进相关设施设备循环共用。

加强技术标准支撑保障。发展改革、交通运输等部门要加强标准化等基础能力建设，依托现有研究机构和行业协会，加强对国家交通物流技术标准规范、大数据处理等的研究。标准化管理部门和行业主管部门要进一步提高交通物流全链条设施设备标准化水平，加快修订完善物流园区相关标准规范。建立共享服务平台标准化网络接口和单证自动转换标准格式。

（十一）发展广泛覆盖的智能物流配送。

发展"互联网＋城乡配送"。加快建设城市公用型配送节点和末端配送点，优化城市配送网络。支持交通运输、物流企业联合构建城市、农村智能物流配送联盟，支撑配送服务向农村延伸。鼓励利用邮政、供销社等网点，开展农村共同配送，结合农村创业需要，发展农村物流服务合伙人，打通农资、消费品下乡和农产品进城高效便捷通道。

推进"互联网＋供应链管理"。鼓励在生产、流通、仓储等单元推广应用感知技术，推动库存、配送信息在供应链上下游及时共享、协同响应。鼓励供应链管理企业采用大数据技术，分析生产、流通、仓储等数据，对原材料、零部件、产成品等运输仓储提供系统化解决方案。

强化"物联网＋全程监管"。充分利用无线射频、卫星导航、视频监控等技术手段，开展重点领域全程监管。规划建设危险品、冷链等专业化物流设施设备，建立和完善危险品物流全过程监管体系和应急救援系统，完善冷链运输服务规范，实现全程不断链。

五、营造交通物流融合发展的良好市场环境

（十二）优化市场环境。

发展改革、交通运输、工商、检验检疫等部门要按照简政放权、放管结合、优化服务的要求，进一步完善相关领域市场准入制度。交通运输部门要组织开展道路货运无车承运人试点，研究完善无车承运人管理制度。发展改革等部门要将交通物流企业信用信息纳入全国信用信息共享平台和"信用中国"网站。交通运输、工商等部门要建立跨区域、跨行业、线上线下联合的惩戒机制，加大对违法违规行为的惩戒力度。交通运输、公安、安全生产监管等部门要加

大公路超限超载整治力度，规范收费管理。铁路、港口等运输企业要顺应市场供求形势变化，加快完善运输组织方式，整合作业环节，清理和简化收费项目，降低收费标准。

（十三）统筹规划建设。

发展改革、交通运输等部门要研究明确不同层级枢纽功能和定位，确定各种运输方式衔接和集疏运网络建设的要求，制定完善全国性、区域性综合交通物流枢纽规划。地方人民政府要编制地区性综合交通物流枢纽规划，加强综合交通物流枢纽规划与土地利用总体规划、城乡规划、交通专项规划的衔接。

（十四）创新体制机制。

推进国有运输企业混合所有制改革，支持交通物流企业规模化、集约化、网络化发展。探索在铁路市场引入社会化集装箱经营主体，铁路运输企业要积极向现代物流企业转型，开放各类信息和接口，提高多式联运服务能力。建立海关、边检、检验检疫等口岸管理部门联合查验机制，促进一体化通关。加快出台大件运输跨省联合审批办法，形成综合协调和互联互认机制。

（十五）加大政策支持。

国土资源部门要合理界定交通物流公益设施的范围，加大用地支持，在建设用地指标等方面给予保障。利用财政性资金和专项建设基金，鼓励和引导社会投资，加大信贷投放，支持综合交通物流枢纽建设、标准设备生产推广和绿色包装、公共服务信息平台建设等。支持交通物流企业通过发行债券、股票上市等方式多渠道融资。

（十六）强化衔接协调。

充分发挥全国现代物流工作部际联席会议的协调作用，研究协调跨行业、跨部门、跨领域的规划、政策、标准等事项，促进政府、企业、中介组织、行业协会等信息公开与共享。行业协会等组织要更好发挥在政企沟通、信息收集、技术应用、标准推广、人才培训等方面的积极作用。

国务院办公厅

2016 年 6 月 10 日

关于深化改革推进出租汽车行业健康发展的指导意见

国办发〔2016〕58 号

各省、自治区、直辖市人民政府，国务院各部委、各直属机构：

为贯彻落实中央关于全面深化改革的决策部署，积极稳妥地推进出租汽车行业改革，鼓励创新，促进转型，更好地满足人民群众出行需求，经国务院同意，现提出以下意见。

一、指导思想和基本原则

（一）指导思想。深入贯彻党的十八大及十八届二中、三中、四中、五中全会精神和习近平总书记系列重要讲话精神，落实党中央、国务院决策部署，按照"五位一体"总体布局和"四个全面"战略布局，牢固树立和贯彻落实创新、协调、绿色、开放、共享的发展理念，充分发挥市场机制作用和政府引导作用，坚持优先发展公共交通、适度发展出租汽车的基本思路，推进出租汽车行业结构改革，切实提升服务水平和监管能力，努力构建多样化、差异化出行服务体系，促进出租汽车行业持续健康发展，更好地满足人民群众出行需求。

（二）基本原则。

坚持乘客为本。把保障乘客安全出行和维护人民群众合法权益作为改革的出发点和落脚点，为社会公众提供安全、便捷、舒适、经济的个性化出行服务。

坚持改革创新。抓住实施"互联网＋"行动的有利时机，坚持问题导向，促进巡游出租汽车转型升级，规范网络预约出租汽车经营，推进两种业态融合发展。

坚持统筹兼顾。统筹公共交通与出租汽车，统筹创新发展与安全稳定，统筹新老业态发展，统筹乘客、驾驶员和企业的利益，循序渐进、积极稳慎地推动改革。

坚持依法规范。正确处理政府和市场关系，强化法治思维，完善出租汽车行业法规体系，依法推进行业改革，维护公平竞争的市场秩序，保护各方合法权益。

坚持属地管理。城市人民政府是出租汽车管理的责任主体，要充分发挥自主权和创造性，探索符合本地出租汽车行业发展实际的管理模式。

二、明确出租汽车行业定位

（三）科学定位出租汽车服务。出租汽车是城市综合交通运输体系的组成部分，是城市公共交通的补充，为社会公众提供个性化运输服务。出租汽车服务主要包括巡游、网络预约等方式。城市人民政府要优先发展公共交通，适度发展出租汽车，优化城市交通结构。要统筹发展巡游出租汽车（以下简称巡游车）和网络预约出租汽车（以下简称网约车），实行错位发展和差异化经营，为社会公众提供品质化、多样化的运输服务。要根据大中小城市特点、社会公众多样化出行需求和出租汽车发展定位，综合考虑人口数量、经济发展水平、城市交通拥堵状况、出租汽车里程利用率等因素，合理把握出租汽车运力规模及在城市综合交通运输体系中的分担比例，建立动态监测和调整机制，逐步实现市场调节。新增和更新出租汽车，优先使用新能源汽车。

三、深化巡游车改革

（四）改革经营权管理制度。新增出租汽车经营权一律实行期限制，不得再实行无期限制，具体期限由城市人民政府根据本地实际情况确定。新增出租汽车经营权全部实行无偿使用，并不得变更经营主体。既有的出租汽车经营权，在期限内需要变更经营主体的，依照法律法规规定的条件和程序办理变更手续，不得炒卖和擅自转让。对于现有的出租汽车经营权未明确具体经营期限或已实行经营权有偿使用的，城市人民政府要综合考虑各方面因素，科学制定过渡方案，合理确定经营期限，逐步取消有偿使用费。建立完善以服务质量信誉为导向的经营权配置和管理制度，对经营权期限届满或经营过程中出现重大服务质量问题、重大安全生产责任事故、严重违法经营行为、服务质量信誉考核不合格等情形的，按有关规定收回经营权。

（五）健全利益分配制度。出租汽车经营者要依法与驾驶员签订劳动合同或经营合同。采取承包经营方式的承包人和取得经营权的个体经营者，应取得出租汽车驾驶员从业资格，按规定注册上岗并直接从事运营活动。要利用互联网技术更好地构建企业和驾驶员运营风险共担、利益合理分配的经营模式。鼓励、支持和引导出租汽车企业、行业协会与出租汽车驾驶员、工会组织平等协商，根据经营成本、运价变化等因素，合理确定并动态调整出租汽车承包费标准或定额任务，现有承包费标准或定额任务过高的要降低。要保护驾驶员合法权益，构建和谐劳动关系。严禁出租汽车企业向驾驶员收取高额抵押金，现有抵押金过高的要降低。

（六）理顺价格形成机制。各地可根据本地区实际情况，对巡游车运价实行政府定价或政府指导价，并依法纳入政府定价目录。综合考虑出租汽车运营成本、居民和驾驶员收入水平、交通状况、服务质量等因素，科学制定、及时调整出租汽车运价水平和结构。建立出租汽车运价动态调整机制，健全作价规则，完善运价与燃料价格联动办法，充分发挥运价调节出租汽车运输市场供求关系的杠杆作用。

（七）推动行业转型升级。鼓励巡游车经营者、网络预约出租汽车经营者（以下称网约车平台公司）通过兼并、重组、吸收入股等方式，按照现代企业制度实行公司化经营，实现新老业态融合发展。鼓励巡游车企业转型提供网约车服务。鼓励巡游车通过电信、互联网等电召服务方式提供运营服务，推广使用符合金融标准的非现金支付方式，拓展服务功能，方便公众乘车。鼓励个体经营者共同组建具有一定规模的公司，实行组织化管理，提高服务质量，降低管理成本，增强抗风险能力。鼓励经营者加强品牌建设，主动公开服务标准和质量承诺，开展安全、诚信、优质服务创建活动，加强服务质量管理，提供高品质服务。

四、规范发展网约车和私人小客车合乘

（八）规范网约车发展。网约车平台公司是运输服务的提供者，应具备线上线下服务能力，承担承运人责任和相应社会责任。提供网约车服务的驾驶员及其车辆，应符合提供载客运输服务的基本条件。对网约车实行市场调节价，城市人民政府认为确有必要的可实行政府指导价。

（九）规范网约车经营行为。网约车平台公司要充分利用互联网信息技术，加强对提供服务车辆和驾驶员的生产经营管理，不断提

升乘车体验、提高服务水平。按照国家相关规定和标准提供运营服务，合理确定计程计价方式，保障运营安全和乘客合法权益，不得有不正当价格行为。加强网络和信息安全防护，建立健全数据安全管理制度，依法合规采集、使用和保护个人信息，不得泄露涉及国家安全的敏感信息，所采集的个人信息和生成的业务数据应当在中国内地存储和使用。网约车平台公司要维护和保障驾驶员合法权益。

（十）规范私人小客车合乘。私人小客车合乘，也称为拼车、顺风车，是由合乘服务提供者事先发布出行信息，出行线路相同的人选择乘坐合乘服务提供者的小客车、分摊部分出行成本或免费互助的共享出行方式。私人小客车合乘有利于缓解交通拥堵和减少空气污染，城市人民政府应鼓励并规范其发展，制定相应规定，明确合乘服务提供者、合乘者及合乘信息服务平台等三方的权利和义务。

五、营造良好市场环境

（十一）完善服务设施。城市人民政府要将出租汽车综合服务区、停靠点、候客泊位等服务设施纳入城市基础设施建设规划，统筹合理布局，认真组织实施，妥善解决出租汽车驾驶员在停车、就餐、如厕等方面的实际困难。在机场、车站、码头、商场、医院等大型公共场所和居民住宅区，应当划定巡游车候客区域，为出租汽车运营提供便利，更好地为乘客出行提供服务。

（十二）加强信用体系建设。要落实服务质量信誉考核制度和驾驶员从业资格管理制度，制定出租汽车服务标准、经营者和从业人员信用管理制度，明确依法经营、诚信服务的基本要求。积极运用互联网、大数据、云计算等技术，建立出租汽车经营者和驾驶员评价系统，加强对违法违规及失信行为、投诉举报、乘客服务评价等信息的记录，作为出租汽车经营者和从业人员准入退出的重要依据，并纳入全国信用信息共享平台和全国企业信用信息公示系统。

（十三）强化市场监管。要创新监管方式，简化许可程序，推行网上办理。要公开出租汽车经营主体、数量、经营权取得方式及变更等信息，定期开展出租汽车服务质量测评并向社会发布，进一步提高行业监管透明度。要建立政府牵头、部门参与、条块联动的联合监督执法机制和联合惩戒退出机制，建立完善监管平台，强化全过程监管，依法查处出租汽车妨碍市场公平竞争的行为和价格违法行为，严厉打击非法营运、聚众扰乱社会秩序或煽动组织破坏营运秩序、损害公共利益的行为。

（十四）加强法制建设。要加快完善出租汽车管理和经营服务的法规规章和标准规范，明确管理职责和法律责任，规范资质条件和经营许可，形成较为完善的出租汽车管理法律法规体系，实现出租汽车行业管理、经营服务和市场监督有法可依、有章可循。

（十五）落实地方人民政府主体责任。各地要成立改革领导机制，加强对深化出租汽车行业改革的组织领导。要结合本地实际，制定具体实施方案，明确工作目标，细化分解任务，建立有关部门、工会、行业协会等多方联合的工作机制，稳妥推进各项改革任务。要加强社会沟通，畅通利益诉求渠道，主动做好信息发布，回应社会关切，凝聚改革共识，营造良好舆论环境。对改革中的重大决策要开展社会稳定风险评估，完善应急预案，防范化解各类矛盾，维护社会稳定。

国务院办公厅

2016 年 7 月 26 日

关于推动交通提质增效提升供给服务能力的实施方案

发改基础〔2016〕1198号

近年来，我国交通运输发展取得显著成就，有力地促进了经济社会发展和人民生活条件改善，但仍然存在薄弱环节和发展短板。为加快完善综合交通运输体系，更好发挥交通运输对经济社会发展的支撑引领作用，特制定本实施方案。

一、总体要求

（一）指导思想。

认真贯彻落实党的十八大和十八届三中、四中、五中全会精神，坚持"四个全面"战略布局，牢固树立创新、协调、绿色、开放、共享的发展理念，积极适应把握引领经济发展新常态，围绕区域发展总体战略，立足当前，着眼长远，切实转变交通发展方式，加快完善综合交通运输体系，增强交通对经济发展的支撑和引领作用，聚焦市场急需、群众关切、带动力强和影响持久的交通运输领域，推动交通供给侧结构性调整，全面提升交通网络整体效率和服务水平，方便大众出行，降低物流成本，提高交通发展质量和效益，引导消费升级并释放新需求，形成发展新动力。

（二）基本原则。

创新供给。适应新的生产模式和生活方式，在供给侧和需求侧两端发力，创新交通运输服务，满足多层次、个性化、高质量的出行需求和小批量、高价值、多频次、多样化的货运需求。

联动融合。整合交通资源，强化一体衔接，形成集成优势，提高整体效率。拓展交通运输发展领域，促进交通发展与产业发展联动，推进交通建设与新型城镇化深度融合。

科技驱动。打造交通科技新引擎，加大现代信息、新能源技术、绿色装备在交通领域的推广应用，推动交通低碳发展，提升旅客出行效率，降低货物运输成本，提高交通科学治理水平。

统筹推进。立足当前形势要求，着眼交通运输现代化发展，加强规划引导，突出重点方向，加大政府投入，强化市场作用，形成推进合力。

（三）工作目标。

"十三五"期间，在完善交通基础设施网络的同时，围绕综合枢纽衔接、城际交通建设、推广联程联运、发展智能交通、提升快递服务、支撑服务消费、绿色安全发展等7个方面，实施28类重大工程，近期重点推动技术含量高、带动作用强、综合效益明显的百项示范项目。到2020年，形成内涵更丰富、层次更多样、服务更优质、管理更高效的综合交通运输体系，更好地服务经济社会发展全局。

二、强化综合枢纽衔接

加强综合交通枢纽布局、建设和运营衔接，畅通城市内外，便捷中转换乘，打通枢纽"梗阻"，大幅提升旅客集散效率，方便群众出行，促进民生改善。

（四）综合客运枢纽工程。优化枢纽布局，新建或改扩建高速铁路、城际铁路、干线铁路车站以及机场、大型客运港口，与道路客运、城市交通等一体衔接，打造一批开放式、立体化综合客运枢纽，实现零距离换乘。

（五）轨道交通引入工程。在国家已批复轨道交通建设规划的

40 个城市，在机场、铁路客站等主要对外交通枢纽规划和项目建设过程中，明确城市轨道交通衔接标准、引入条件和具体方案，建设一批同台换乘、垂直换乘和同城枢纽间轨道交通直通，以及中心城区轨道交通线路与外围轨道交通跨线运营等试点示范项目。

（六）出入城市畅通工程。在进出城市高速公路与干线公路的繁忙出入口，通过改扩建城市道路、立交桥和新建连接道路等方式，打通中心城区至对外干线公路快速通道，减轻出入城衔接路段拥堵，具备条件的城市规划建设绕城公路，逐步消除城市交通外围"堵点"。

（七）停车设施工程。以交通枢纽、居住区、商业区、医院、旅游景区等为重点，建设停车楼、地下停车场、机械立体停车库等集约化停车设施。新建城市轨道交通线路外围站点配套建设停车场（P＋R），已运营既有线路具备条件的站点加快增建停车场（P＋R）。每年新建公共停车位约 200 万个。

（八）枢纽综合开发工程。加快全国性、区域性综合交通枢纽建设，发展枢纽经济，强化区域联动开发。依托综合交通枢纽和城市轨道交通场站，鼓励建设城市交通综合体，充分利用地上地下空间，促进交通与商业、商务、会展、休闲等功能融合。

三、推进城际交通建设

构建以轨道交通和干线公路为骨干的多层次、一体化、高质量城际交通网，更好发挥交通对新型城镇化的先导作用。

（九）城际铁路成网工程。加快重点城镇化地区城际铁路建设，京津冀、长三角、珠三角、长江中游、成渝城市群城际铁路基本成网，建设其他地区城际铁路网主骨架，鼓励有条件的地区利用既有铁路开行城际列车，运输服务基本覆盖 21 个主要城镇化地区节点城市和重要城镇。开工建设城际铁路约 8000 公里。

（十）市郊铁路连接工程。充分利用既有资源与新建相结合，发展市域（郊）铁路。在全国主要铁路枢纽打造一批示范工程，对具备条件的线路和站点进行技术改造，提供中心城区与郊区间通勤、旅游等公共交通服务。

（十一）公路提升加密工程。加快大中城市之间国家高速公路剩余路段建设和繁忙路段改扩建，对"三大战略"区域通道内高速公路进行加密，推进普通国道提质升级和瓶颈路段建设。新建和改扩建国家高速公路约 1.3 万公里。

四、大力推广联程联运

推广多式联运模式，实现运输组织的无缝衔接，发挥不同运输方式的组合优势，提高运输效率，降低社会物流成本。

（十二）陆水联运推广工程。在 5 大沿海港口群和沿江主要港口规划实施一批疏港铁路和公路项目，依托重要物流节点城市和枢纽站场，建设一批多式联运货运枢纽（物流园区），完善集疏运体系。推行货运"一单制"，提升铁路、公路、水路运输之间的转运效率。建设集装箱和半挂车多式联运中转站，提高集装箱铁水联运比重。加快推进建设舟山江海联运中心。

（十三）铁路集装箱运输网络工程。全面提升铁路集装箱运输比重，培育铁路货运新增长点，加快铁路集装箱中心站、综合货场等物流基地建设，加强点线衔接，发挥铁路运输的网络效益。研究开行铁路双层集装箱列车。积极发展集装箱国际运输，整合发展中欧班列。

（十四）航空铁路联运工程。充分利用区域高铁和城际铁路网络，连接重要机场。有条件的新建机场实现与高铁或城际铁路客站同站建设、同步使用，或预留工程建设条件。鼓励依托交通枢纽建设城市航站楼。支持利用铁路和航空运输资源，开展铁空货物联运。

（十五）装备标准化工程。发展集装箱、半挂车铁路平车和半挂车专用滚装船，推动铁路集装箱标准化、国际化，加强专用车辆装备技术研发，探索发展公路铁路两用挂车。实施道路货运车型标准化专项行动，推广普及甩挂运输。健全多式联运快速转运设施设备技术标准，发展大型吊装、滚装等专用换装装备。

五、全面建设智能交通

加强互联网等现代信息技术在交通领域的应用，提供便捷交通运输服务，提高交通资源利用效率，提升运输组织管理水平。

（十六）"互联网＋"便捷交通工程。推进交通基础设施、运输工具、运行信息等互联网化，完善故障预警、运行维护和智能调度系统，发展互联网公共交通、拼车合乘、汽车共享等定制交通，以及停车、汽车维修等个性化服务。

（十七）交通信息互通工程。优化集成现有信息资源，集物流、客流、信息流、资金流等为一体，建设统一兼容、功能完善、高效便捷的综合交通公共信息服务平台和国家交通运输物流公共信息平台，实现信息的互联互通、及时发布、实时更新、便捷查询。

（十八）票务整合工程。推动铁路、民航、道路客运"一站式"票务服务系统建设，提高对社会公众的开放共享程度，积极推广电子客票和单据应用，提供客运"一票式"运输服务。

（十九）交通大数据工程。加快部门间数据横向整合，建立不同运输方式的信息采集、交换和共享机制。建设综合交通大数据中心，为便捷交通运输服务提供权威、精准、可靠的数据支持，为交通决策提供基础支撑。

（二十）交通控制网工程。先行示范、逐步推广，加大北斗卫星导航系统应用，加快构建车联网、船联网，加强人车路协同，强化交通有效引导和监管，推动驾驶自动化、设施数字化和运行智慧化。

六、提升快递物流服务

建成普惠城乡、覆盖全国、连通世界的快递物流网络，搞活流通，提升经济运行效率。

（二十一）快递升级工程。强化需求响应，合理布局，加快形成一批辐射国内外的快递枢纽，鼓励各类投资主体建设、运营专业货运机场。推进专业化邮件、快递转运中心和分拨中心建设，加强交通枢纽快递设施配套，统筹装卸搬运地点和临时停靠作业点建设。推动快递装备研发，推进快递运输工具标准化。

（二十二）快递下乡工程。加强农村邮政、快递基础设施建设，依托乡镇客运站、货运站等建设仓储场地、小型快递分拨中心和物流集散中心，推动物流配送网络下沉至乡村，实现"乡乡有网点、村村通快递"。

（二十三）高铁快运工程。鼓励快递企业依托高铁和铁路快捷货运班列运输快件，推进在铁路货场、具备高铁接驳条件的地点配套建设快件运输通道、装卸操作接驳场所和快件分拨中心，推动铁路专用线引入大型快件转运中心。探索发展高铁货运列车。

（二十四）国际快递工程。完善国际邮件互换局、交换站布局，建设一批国际快件处理中心、转运中心和海外仓。鼓励快递企业通过委托代理、设立分支机构等方式在海外拓展服务网络，增强电商跨境服务能力。

（二十五）安全快递工程。实施"绿盾"工程，加强邮政管理部门安全监管体系建设，构筑邮件快件寄递安全监控网络。加大安全设备投入，全面实施快件 100％过机安检，严格对进出境快件的检疫监管。

七、建设消费服务设施

拓展交通运输服务范围，延伸产业链和价值链，创新服务模式和培育新兴业态，支撑扩大新消费。

（二十六）汽车营地工程。依托旅游景区、休闲度假区、大型公园等条件适合的区域，建设 1000 个自驾车、房车停靠式营地和综合型营地，利用环保节能等材料和技术配套建设生活服务相关功能区，促进房车产业发展。

（二十七）邮轮游艇工程。合理规划沿海沿江沿湖公共旅游和游艇码头，有序推进邮轮始发港和访问港建设，因地制宜建设一批游艇码头和泊位。鼓励支持航运企业根据市场需求拓展国际国内邮轮航线，积极发展近海湖区游艇业务，推进邮轮游艇产业化和规范化发展。

（二十八）通用航空工程。贯彻落实《国务院办公厅关于促进通用航空业发展的指导意见》（国办发〔2016〕38 号），继续深化低空空域管理体制改革，提高空域资源利用效率，以通用航空发展集聚地区为支撑，规划建设 30～50 个通用航空综合基地和约 500 个通用机场，增强装备制造自主研发能力，促进交通服务、旅游观光、应急救援、医疗救助飞行以及公务机、无人机等通航服务发展。完善通航配套设施和服务保障体系，提升通航飞行器研发制造维护水平，打造通航产业增长点。

八、促进绿色安全发展

提升交通设施设备低碳、节能、安全水平，推动技术创新，增强交通运输绿色发展能力，促进生态文明建设。

（二十九）绿色交通工程。实施老旧路网、港口和航道、枢纽场站绿色改造，大力倡导新型节能环保工艺和材料应用，提高土地、线位、岸线、空域、水域等资源利用水平，强化节能降耗和环境保护监管。加强城市慢行系统建设，鼓励绿色出行。

（三十）新能源和清洁能源装备应用工程。积极推广新能源和清洁能源运输工具，重点强化在城市公交、出租车、城市配送等领域规模化应用。鼓励扶持 LNG 在水运行业的推广应用，推动靠港船舶使用岸电。加快新能源汽车充电设施网点建设与改造，推进铁路内燃机车、内河船舶等高效化、清洁化改造。

（三十一）交通安全保障工程。加强公路安全防护、迂回通道、直升机起降点、危险货物运输车辆停放点等交通安全应急设施建设，提高公路团雾发现和清雪除冰能力，构筑交通运输运行监控监测、防灾预警等安保系统，打造综合应急救援平台，提升应急保障能力。

九、加强政策措施保障

（三十二）细化分解方案。各有关方面要根据本实施方案，结合"十三五"规划编制和实施，对交通建设新领域进行系统梳理，统筹规划布局。各地要积极发掘、遴选符合条件的重点项目，对接国家重大交通建设任务，制定具体推进行动计划，明确阶段性目标和进度安排。

（三十三）协调组织推进。交通提质增效工程涉及多方面，系统性强，要充分发挥跨部门、跨行业、跨地区的既有协调机制作用，统筹推进交通提质增效百项示范项目，形成工作合力。明确责任分工，及时组织召开协商会议和专题会议，定期进行工作调度，主动协调解决方案实施过程中的重点难点问题。

（三十四）加大资金投入。加大中央预算内投资、车购税、铁路建设基金、民航发展基金及专项建设基金的支持力度。研究创新中央资金支持项目建设的投资模式，推动政府与社会资本合作（PPP）项目。各地要结合实际，给予倾斜支持，同时做好项目建设资金配套。

（三十五）创新体制机制。深化交通投融资体制改革，交通建设新领域面向社会资本全面开放，形成多渠道、多层次、多元化的协同发展格局。加快推进行政审批制度改革，最大限度优化程序，缩短审批核准时间。

国家发展改革委

交 通 运 输 部

2016 年 6 月 6 日

附表：推动交通提质增效百项示范项目（略）

关于进一步发挥交通扶贫脱贫基础支撑作用的实施意见
发改基础〔2016〕926 号

"十三五"时期是全面建成小康社会决胜阶段，我国扶贫开发进入啃硬骨头、攻坚拔寨冲刺期。打赢脱贫攻坚战是促进全体人民共享改革发展成果、实现共同富裕的重大举措，也是经济发展新常态下扩大国内需求、促进经济增长的重要途径。为深入贯彻落实《中共中央 国务院关于打赢脱贫攻坚战的决定》，充分发挥交通扶贫对脱贫攻坚的基础支撑作用，提高交通扶贫精准性和有效性，经国务院同意，现提出以下意见。

一、深刻认识交通扶贫重大意义

改革开放以来，我国交通基础设施建设取得巨大成就，贫困地区交通出行条件得到显著改善，为推动贫困地区脱贫致富奔小康创造了条件。但我国贫困地区交通发展仍然相对滞后，对外交通不便，城乡衔接不畅，运输通道少、标准低，服务质量水平落后。农村地区特别是一些自然条件较为恶劣的贫困山区基础交通网络覆盖不足。此外，农村公路技术标准普遍偏低、抗灾能力较弱，缺桥少涵、安全设施不到位等问题依然突出，很多道路出现"油返砂"、"砂返土"现象；农村客运均等化水平不高、路通车不通，客运线路开得通、留不住现象突出，货运服务水平较低。

改善贫困地区发展环境，强化自我造血功能，提升民生保障水平，培育农村新兴消费，需要着力改善贫困地区交通出行条件，提高交通安全技术水平，增强交通普遍服务能力。加快实施交通扶贫，是实现精准扶贫、精准脱贫的先手棋，是破解贫困地区经济社会发展瓶颈的关键举措，也是扩大内需、促进交通运输自身发展的重要内容，对于全面建成小康社会具有积极意义。

二、总体要求

（一）总体思路。认真贯彻落实党的十八大和十八届三中、四中、五中全会精神，按照"五位一体"总体布局和"四个全面"战略布局，牢固树立和贯彻落实创新、协调、绿色、开放、共享的新发展理念，结合推进新型城镇化，转变交通扶贫工作思路，由被动帮扶向主动作为转变，由偏重"输血"向注重"造血"转变，由单兵突进向多措并举转变，以革命老区、民族地区、边疆地区、贫困地区为重点，加快实施交通扶贫"双百"工程，着力消除贫困地区交通瓶颈，强化交通引导联动开发能力，提升交通扶贫政策效果，为实现贫困地区与全国同步建成全面小康社会提供有力支撑。

（二）基本原则。

因地制宜，精准施策。准确把握不同地区的交通需求，重点针对贫困人口绝对数量多、贫困发生率高的地区，在交通扶贫目标设置、进度安排、项目落地、资金使用等方面提高精准性。

点面结合，重点突破。针对事关脱贫攻坚全局的交通发展短板，在重点地区和关键领域率先突破，总结经验，复制推广，形成以点带线、以线串面、互动联动的交通扶贫新格局。

政府主导，强力推进。强化政府责任，加大对重点困难地区的支持力度，充分发挥地方政府的脱贫攻坚主体作用，做好交通扶贫与产业扶贫、易地扶贫搬迁等对接，共同开创交通扶贫新局面。

创新机制，激发活力。建立健全上下一体、部门协同、内外联动的交通扶贫新机制，广泛动员和吸引各方面力量参与交通建设，以交通发展引导扶贫开发，以引进项目促进投资就业，增强贫困地区自身发展的内生动力和发展活力。

保护生态，绿色发展。在交通建设和运输服务中，将节约集约利用资源和保护生态环境理念贯穿始终。推动贫困地区交通运输绿色发展，建设宜居、宜行、宜游的美丽乡村和美好家园。

（三）发展目标。到 2020 年，在贫困地区建设广覆盖、深通达、提品质的交通运输网络，总体实现进得来、出得去、行得通、走得畅。乡村交通基础网络明显改善，实现乡镇通硬化路、建制村通硬化路、通客车、通邮政，自然村道路条件得到改善。区域交通骨干通道建设显著加强，铁路、高速公路基本覆盖贫困地区市（地、州）行政中心，有条件的市（地、州）级城市和重点旅游景区布局建设支线机场。二级及以上高等级公路基本覆盖所有县城，有条件的县城实现通铁路、高速公路。普遍运输服务保障能力显著增强，多样化、个性化运输需求得到满足，基本消除贫困地区发展的交通瓶颈，有效支撑脱贫攻坚任务，为实现贫困人口脱贫致富提供更好保障。

三、完善精准扶贫乡村交通基础网络

（一）加快通乡连村公路建设。加强贫困地区县乡道建设，推进相邻县、相邻乡镇之间公路建设。加快推动既有县乡公路提级改造，增强县乡中心区域的辐射带动能力。提高贫困地区公路通达通畅深度，实现贫困地区所有具备条件的乡镇、建制村、撤并村及一定人口规模的自然村通硬化路。加快易地扶贫搬迁安置点公路建设。加大农村公路养护力度，着力改造"油返砂"公路，改造现有农村公路危桥，实施渡口改造工程，逐步消除贫困地区客车通行安全隐患。

（二）加强对旅游等产业的交通支撑。推动"交通＋特色产业"扶贫，改善产业园区、特色农业基地等交通条件，支持贫困地区资源有序开发。加快旅游交通基础设施网络建设，加强贫困地区重点景区、乡村旅游点道路衔接，推动"交通＋旅游休闲"扶贫。着力改善贫困地区自然人文、少数民族特色村寨和风情小镇等旅游景点景区交通运输条件，加快重点区域支线机场、普通铁路建设，开拓直通旅游航线和铁路旅游专线，形成铁路、公路旅游景观带和旅游品牌效应，扩大精品旅游线路影响力。加大多层次的旅游运输服务供给，满足深度游、观光游、农家游等多样化需求。强化交通与文娱、休闲等服务的融合创新，带动汽车营地、自行自驾等新兴旅游方式发展。

按照上述任务要求，重点实施百万公里农村公路建设工程，包括剩余乡镇通硬化路1万公里、建制村通硬化路23万公里、易地扶贫搬迁安置点通硬化路5万公里、乡村旅游公路和产业园区公路5

万公里、一定人口规模的自然村公路 25 万公里、改建不达标路段 23 万公里、改造"油返砂"公路 20 万公里和农村公路危桥 1.5 万座。

四、建设外通内联区域交通骨干通道

（一）畅通区域对外骨干通道。加强革命老区、民族地区、边疆地区、贫困地区对外运输通道建设，促进资源要素便捷顺畅流动。加快贫困地区对外开发性高等级公路建设，加强铁路支撑引导，完善支线机场建设布局。对国家公路网、中长期铁路网、中长期民用机场布局规划中的重大项目，建设时机与脱贫目标要求充分衔接，建设方案充分考虑贫困地区脱贫需求。

（二）强化片区内部通道连接。加强贫困地区市（地、州）之间、市（地、州）与县（区、旗）之间运输通道建设，提升贫困地区内部交通连接能力，实施具有对外连接功能的重要干线公路提质升级工程。加快资源丰富和人口相对密集贫困地区开发性铁路建设。在具备水资源开发条件的贫困地区，统筹内河航电枢纽建设和航运发展，提高通航能力。在自然条件复杂、灾害多发且人口相对聚集的贫困地区，合理布局复合多向、灵活机动的保障性运输通道。

（三）改善沿边贫困地区通道条件。依托我国与周边国家互联互通重要通道，推动沿边贫困地区交通基础设施建设，加强与边境口岸的交通联系，以开放促进边疆贫困地区脱贫致富。提升口岸的交通枢纽功能，发挥口岸辐射带动作用。加强沿边贫困地区与干线铁路、公路的衔接。加快推进沿边公路建设，重点建设沿边贫困地区空白路段，加强既有路段升级改造，有效串联沿边贫困地区重要城镇、口岸、厂区和人口聚集点。适时推进沿边铁路建设。

按照上述任务要求，重点实施百项交通扶贫骨干通道工程，包括高速公路项目 32 项、普通国道项目 165 项、铁路项目 16 项、机

场项目 14 项。

五、提升贫困地区运输服务水平

（一）提供普惠可靠的客运服务。加快推进农村客运站和停靠点建设，实施建制村通客车攻坚工程，着力提升贫困地区基本公共客运服务覆盖水平，客流密度相对较大的贫困地区逐步实现农村客运公交化。积极推广农村班车进城、城市公交下乡，紧密衔接周边重要换乘节点，实现贫困地区客车开得通、留得住。根据贫困地区客流特征，提供不同车型结构、班次频率、组织模式的客运服务，更好地满足安全可靠、多样便捷的出行需求。创新贫困地区客运服务经营模式，采取政府资助、社会捐助、社会化运作等方式，促进城乡客运资源整合、服务一体衔接。

（二）发展实惠便捷的货运物流。建设县、乡、村三级农村物流服务网络，探索构建多样化、专业化货运网络，促进贫困地区特色种养、特色加工、能矿开发、绿色生态等产业落地、发展。结合贫困地区生产流通特点，支持流通企业将业务延伸至农村地区，建立城乡一体的物流配送体系，畅通农产品进城和工业品下乡的物流配送体系。推动土特产分散收货、大宗货物集约高效运输，降低物流成本，支撑和引导农、林、牧、矿等产业发展。

（三）培育现代高效的电商快递。促进交通运输与电子商务信息产业融合，推动"交通＋电商快递"扶贫。依托农村地区信息进村入户工程，利用互联网电商平台，促进农资农产品"线上线下"产运销联动发展，带动农村消费升级换代。充分发挥贫困地区农产品"名、优、特"优势，建立农产品网上销售、流通追溯和运输配送体系。加快推进"快递下乡"工程，完善农村快递揽收配送网点建设，利用村委会、万村千乡农家店、新农村电子商务服务站点、益农信息社、供销超市、村邮站等公共服务平台开展农村快递服务。

六、强化政策支持保障

（一）拓展交通扶贫投融资渠道。健全贫困地区交通基础设施投资长效机制。增加政府投入，优化中央预算内投资、车购税等资金支出结构，统筹加大各级各类资金倾斜力度，重点支持交通扶贫"双百"工程建设。按照现有铁路、公路、机场建设投资模式和资金筹措来源，加快百项骨干通道工程前期工作，优先予以推进实施。按照中央和地方共同承担的原则，研究确定百万公里农村公路建设资金落实方案。加大中央和省级财政支持农村公路建设力度，地方政府应在有关资金项目管理规定和实施方案的框架内，统筹目标相近、方向类似的相关转移支付资金用于农村公路建设。创新交通投融资机制，鼓励和引导采用政府和社会资本合作等模式进行项目建设。发挥开发性、政策性金融导向作用，加大国家开发银行、农业发展银行等信贷资金支持力度。完善国家扶贫项目贷款贴息政策。更好发挥"以奖代补"、"以工代赈"、"一事一议"等机制作用。

（二）实施税费优惠政策。落实交通基础设施建设税费优惠政策，切实减轻贫困地区交通基础设施建设负担。落实公共基础设施项目企业所得税"三免三减半"优惠政策，对贫困地区符合条件的交通基础设施建设落实城镇土地使用税、耕地占用税等优惠政策。鼓励各地研究实施对涉及交通扶贫项目建设的相关费用予以减免的优惠政策，完善鲜活农产品运输"绿色通道"相关政策，支持农村客运、农村物流、邮政快递发展。

（三）创新土地利用模式。在安排新增建设用地计划指标时，向集中连片特困地区等脱贫攻坚重点区域倾斜，优先保障交通扶贫项目建设用地需求。科学安排交通扶贫项目线路、场站建设，提高土地集约利用效率。

（四）完善技术标准体系。结合贫困地区发展实际，进一步完善和规范农村公路建设和养护标准。根据不同贫困地区特点，研究构建分类适用的支线机场、通用机场以及客货运输站场等建设标准体系。加强交通设施、载运工具和运营管理安全技术标准体系建设。建立健全农村地区鲜活农副产品等冷链物流标准体系。

（五）加强养护管理和职业教育。建养并重，加强贫困地区公路养护管理，将农村公路养护资金逐步纳入地方财政预算，健全公路养护长效机制，完善应急管理体系，增强安全保障和服务能力。加大职业教育力度，多渠道提高劳动力素质，扩大贫困地区就业。

七、切实加强组织实施

（一）加强组织领导。各级地方政府、各部门要强化交通扶贫责任意识、攻坚意识，加强组织领导，完善务实高效的工作推进机制。建立健全交通扶贫重大项目协调推进机制，协商解决实施过程中跨部门、跨区域的重大问题，确保交通扶贫各项任务落实落地。

（二）明确责任分工。各级地方政府要认真抓好本意见的贯彻落实，明确工作任务和责任分工，落实建设资金，加大政策项目实施力度，结合本地区实际细化交通扶贫实施方案。发展改革委要牵头协调解决重大事项，交通运输部、铁路局、民航局、邮政局、中国铁路总公司等有关部门和企业要加大对贫困地区交通发展的支持力度，各有关部门要按照职责分工，统筹中央预算内投资、车购税、铁路建设基金、民航发展基金等资金的落实，加强联系、协同推进、形成合力。

（三）强化考核监督。加强对本意见的监督检查，落实督办责任制和评估机制，发挥社会舆论和第三方评估机制作用，对"双百"

工程等重点任务和年度目标分行业、分区域及时跟踪检查督办，确保政策落地、资金到位、项目实施。

国家发展改革委

交 通 运 输 部

国务院扶贫办

2016 年 4 月 29 日

推进"互联网＋"便捷交通促进智能交通发展的实施方案

发改基础〔2016〕1681 号

　　交通与互联网融合发展，有利于方便旅客出行、优化资源配置、提高综合效率，也是培育交通发展新动能、提升发展水平的重要方面。近年来，我国互联网技术、产业与交通融合方面取得积极进展，但在市场应用、基础条件、技术支撑、政策环境等方面仍然存在许多制约，难以满足发展智能交通、培育新业态的需要。为贯彻落实《国务院关于积极推进"互联网＋"行动的指导意见》（国发〔2015〕40 号），促进交通与互联网深度融合，推动交通智能化发展，全面提升质量效率，特提出以下实施方案。

一、总体要求

（一）指导思想。

　　全面贯彻党的十八大和十八届三中、四中、五中全会精神，按照"五位一体"总体布局和"四个全面"战略布局，牢固树立并贯彻落实创新、协调、绿色、开放、共享的发展理念，以旅客便捷出行、货物高效运输为导向，全面推进交通与互联网更加广泛、更深层次的融合，加快交通信息化、智能化进程，创新体制机制，优化营商环境，充分发挥企业市场主体作用，增加有效供给，提升效率效益，推动交通供给侧结构性改革，为我国交通发展现代化提供有力支撑。

（二）基本原则。

创新发展，支撑引领。充分利用互联网、大数据、云计算等信息技术手段，优化运输组织方式，提供多元化产品，更好满足多样化需求。以智能交通发展为引领，增强行业创新能力，培育发展新业态和新模式。

市场运作，提质增效。充分发挥传统运输企业和互联网企业的积极性，鼓励通过资本运作、技术合作、管理协作等形式开展全方位合作。发挥技术和市场优势，以客户为中心，提升综合交通运输体系整体运行效率和服务质量。

政府引导，安全有序。调整完善扶持政策和监管方式，通过积极灵活的制度设计，促进新型服务业态规范发展，防范恶性竞争和市场垄断，推动有序发展。把握好融合开放与规范安全的关系，切实保障运输安全和网络安全。

包容平等，开放共享。以满足运输出行需求，提高交通资源配置效率为出发点，鼓励和包容新业态、新模式发展，推动不同市场主体公平参与竞争，加大政府部门间的协调协同，推进交通设施、运营等数据信息资源互通共享，最大程度向社会开放。

（三）实施目标。

实施"互联网＋"便捷交通重点示范项目，到 2018 年基本实现公众通过移动互联终端及时获取交通动态信息，掌上完成导航、票务和支付等客运全程"一站式"服务，提升用户出行体验；基本实现重点城市群内"交通一卡通"互联互通，重点营运车辆（船舶）

"一网联控"；线上线下企业加快融合，在全国骨干物流通道率先实现"一单到底"；基本实现交通基础设施、载运工具、运行信息等互联网化，系统运行更加安全高效。

立足"十三五"、着眼更长时期的发展需求，逐步形成旅客出行与公务商务、购物消费、休闲娱乐相互渗透的"交通移动空间"；实现各类交通信息充分开放共享，打破信息不对称，精准对接供需、高效配置资源；逐步构建"三系统、两支撑"的智能交通体系，实现先进技术装备自主开发和规模化应用，交通运输服务效率、资源配置效率以及交通治理能力全面提升。

二、完善智能运输服务系统

（四）打造"畅行中国"信息服务。加强政企合作，支持互联网企业和交通运输企业完善各类交通信息平台，形成涵盖运输、停车、租赁、修理、救援、衍生服务等领域的综合出行信息服务平台，实现全程、实时、多样化的信息查询、发布与反馈。增强国家交通运输物流公共信息平台服务功能，建设行业数据交换节点，开发交通运输物流运行分析服务产品。充分利用新型媒介方式，建设多元化、全方位的综合交通枢纽、城市及进出城交通、城市停车、充电设施等信息引导系统。提高交通动态信息板等可视化智能引导标识布设密度。完善交通广播等传统媒介功能，扩大高速公路交通广播覆盖范围。

（五）实现"一站式"票务支付。稳步推进全国道路客运联网售票系统建设，推动实名制长途汽车客运、重点区域水路客运电子客票试点应用，旅客凭身份证件、电子凭证可实现自助购（取）票、检票、进出站。推动机票、道路客运售票系统等向互联网企业开放接入，积极研究铁路客票系统开放接入条件，鼓励互联网企业整合集成，为旅客提供全方位、联程客票服务，形成面向全国的"一站式"票务系统。稳步推进交通一卡通跨区（市）域、跨运输方式互联互通；加快移动支付方式在交通领域应用。

（六）推进高速公路不停车收费（ETC）系统拓展应用。以提高通行能力，缓解交通拥堵、减少排放为重点，提高全国高速公路ETC车道覆盖率。提高ETC系统安装、缴费等的便利性，加大用户发展力度，着重提升道路客运车辆、出租车等各类营运车辆使用率，力争三年内客车ETC使用率达到50％以上。研究推广标准厢式货车不停车收费。提升客服网点和省级联网结算中心服务水平，建设高效结算体系。促进ETC系统与互联网深度融合，实现ETC系统在公路沿线、城市公交、出租车、停车、道路客运、铁路客运等交通领域的广泛应用。

（七）推广北斗卫星导航系统。推动各种全球卫星导航系统在交通运输行业兼容与互操作。加强全天候、全天时、高精度的定位、导航、授时等服务对车联网、船联网以及自动驾驶等的基础支撑作用。鼓励汽车厂商前装北斗用户端产品，推动北斗模块成为车载导航设备和智能手机的标准配置，拓宽在列车运行控制、车辆监管、船舶监管等方面的应用，更好服务于旅客出行、现代物流和旅游休闲等。

（八）推动运输企业与互联网企业融合发展。充分发挥运输企业和互联网企业各自优势，鼓励线上线下资源整合，为公众提供多元化、高品质服务。发掘和满足旅客潜在需求，依托线下资源向线上拓展，延伸服务链条，创新商业模式。发挥互联网面向个性化需求、响应及时、组织高效等特点，积极整合线下资源，通过定制承运、网络预约出租汽车、分时租赁等方式，在城市交通、道路客运、货运物流、停车、汽车维修等领域，发展"互联网＋"交通新业态，并逐步实现规模化、网络化、品牌化，推进大众创业、万众创新。鼓励运输企业和互联网企业进行战略合作，实现信息资源、资本、技术和业务等方面深度融合，以及与上下游产业链有机结合。

三、构建智能运行管理系统

（九）完善交通管理控制系统。全面提升铁路调度指挥和运输管理智能化水平。推进新一代国家交通控制网、智慧公路建设，增强道路网运行控制管理能力。建设智慧港口，提高港口管理水平与服务效率；建设智慧航道，提升内河高等级航道运行状态在线监测能力；建设智慧海事，基于国家北斗地基增强系统和星基船舶自动识别系统，建设重点船舶全程跟踪和协同监管平台；推动 E 航海示范工程建设，为船舶提供辅助导航服务。完善现代空管系统，加强航空公司运行控制体系建设。推广应用城市轨道交通基于无线通信的列车控制系统。优化城市交通需求管理，完善集指挥调度、信号控制、交通监控、交通执法、车辆管理、信息发布于一体的城市智能交通管理系统。推进部门间、运输方式间的交通管理联网联控。

（十）提升装备和载运工具自动化水平。提升铁路计算机联锁、编组站系统自动化程度，建设无人化集装箱码头系统，有序推动无人机自动物流配送，稳步推进城市轨道交通自动驾驶。推广应用集成短程通信、电子标识、高精度定位、主动控制等功能的智能车载设施；建设智能路侧设施，提供网络接入、行驶引导和安全告警等服务；加强车路协同技术应用，推动汽车自动驾驶。推进自主感知全自动驾驶车辆研发，根据技术成熟程度逐步推动应用。鼓励研发定制化智能交通工具。

（十一）推进旅客联程联运和货物多式联运。推进各运输方式间智能协同调度，实现信息对接、运力匹配、时刻衔接。推动旅客客票向"一票制"、货物运单向"一单制"发展。依托移动互联网促进客运、物流信息整合，鼓励发展客货无车承运，实现一体衔接。加强多式联运、交通枢纽物流园区、城市配送、危险品运输、跨境电子商务等专业化经营平台信息互联互通，提升大宗物资、集装箱、快递包裹等重点货物运输效率。积极推动长江及长三角地区江海联运与多式联运信息服务平台建设。鼓励中国铁路95306综合物流网络平台开发物流配送手持应用等服务。引导相关企业完善甩挂运输管理信息系统，进一步完善民航领域离港系统、航空物流信息平台。

四、健全智能决策支持系统

（十二）建设安全监管应急救援系统。建立集监测、监控和管理于一体的铁路网络智能安全监管平台。依托国家安全生产监管平台，建设交通运输安全生产监管信息化工程。完善运行监测与应急指挥系统，加快省级和中心城市系统建设，加强对重点营运车辆和重点运输船舶的监管。提升民航飞机在线定位跟踪能力，建设民用无人机安全飞行智能监管平台。提升城市轨道交通运营安全监管能力。加快推进"绿盾工程"建设，完善邮政快递安全监管平台。充分利用互联网技术，建立跨部门联防联控体系，加强交通、公安、安监、气象、国土等部门间的信息共享和协调联动，完善突发事件应急救援指挥系统。

（十三）完善决策管理支持系统。加强交通规划、投资、建设、价格等领域信息化综合支撑能力，完善综合交通统计信息决策支撑体系。充分利用政府、企业、科研机构、社会组织等数据资源，挖掘分析人口迁徙、公众出行、枢纽客货流、车辆船舶行驶等特征和规律，加强对交通规划建设、运营管理和政策制定等决策的支撑。推动交通运输网上行政许可"一站式"服务，推进许可证件（书）

数字化，促进行政许可、服务监督的信息化和互联互通。加快推动交通运输行政执法案件电子化，实现行政执法案件信息异地交换共享和联防联控；推进非现场执法系统试点建设，实现综合巡检和自动甄别。推动汽车电子健康档案系统和汽车维修配件追溯体系建设。

五、加强智能交通基础设施支撑

（十四）建设先进感知监测系统。以提升运行效率和保障交通安全为目的，加强交通基础设施网络基本状态、交通工具运行、运输组织调度的信息采集，形成动态感知、全面覆盖、泛在互联的交通运输运行监控体系。基本形成覆盖全国的铁路设施设备运行状况监控网络。推动国家公路网建设和运行的监测、管理和服务平台构建，完善监测网点布设，深化公路、水运工程基础设施质量安全状态感知监测及大数据应用。加快推进内河高等级航道数字化建设，大力推广应用电子航道图。加强城市地面交通、轨道交通、枢纽场站等运行状况信息采集能力。建设交通节能减排监测网点，加强分析预警。

（十五）构建下一代交通信息基础网络。加快车联网、船联网建设，在民航、高铁等载运工具及重要交通线路、客运枢纽站点提供高速无线接入互联网的公共服务，扩大网络覆盖面。进一步完善全国高速公路信息通信系统等骨干网络，提升接入服务能力。探索应用交通运行控制、运营管理和信息服务的通信网络新技术，建设铁路下一代移动通信系统，布局基于下一代互联网和专用短程通信（DSRC）的道路无线通信网。研究规划分配智能交通频谱。

（十六）强化交通运输信息开放共享。推动跨地域、跨类型交通运输信息互联互通，依托国家及行业数据共享交换平台和政府数据开放平台，促进交通领域信息资源高度集成共享和综合开发利用，完善综合交通运输信息平台功能。按政务公开的有关规定，政府交通信息资源分级分类向社会开放，鼓励基础电信企业和互联网企业向小微企业和创业团队开放资源。鼓励发展交通大数据企业，提升处理和分析能力，创新数据产品，更好支撑企业运营管理和政府决策。

六、全面强化标准和技术支撑

（十七）制定完善技术标准。制定交通运输行业基础性数据共享相关标准，拟定政府公开数据集规范。结合技术攻关和试验应用情况，推进制定人车路协同（V2X）国家通信标准和设施设备接口规范，开展专用无线频段分配工作。以共性基础标准为重点，构建与国际接轨的中国智能汽车标准体系。统一内河电子航道图标准，制定内河船舶射频识别标准。推动交通支付系统和设备标准化。制定物流信息平台相关技术标准。加快国家智能交通技术标准国际化。推动核心关键技术研发应用和技术标准制定推广。

（十八）积极研发和应用智能交通先进技术。把握现代信息技术发展趋势，适应智能交通发展市场需求，在以下领域提升自主创新能力，突破交通关键核心技术，做好试点示范推广和产业化应用，着力解决交通运输领域存在的关键共性技术和短板瓶颈等问题。

铁路和城市轨道交通自动运行技术。从优化运行系统结构、提高行车密度、强化车地信息交互及控制功能等方面，积极发展列车自动控制系统。开展全自动运行系统关键技术攻关，在车载设备休眠和自动唤醒、故障情况下应急控制、车载设备小型化等方面实现突破。研发城市轨道交通智能检测维修系统，实现设备故障预警和隐患排查。支持研发轨道交通全自动运行和智能维修的整套装备和软件。

车联网和自动驾驶技术。加大对基于下一代移动通信及下一代移动互联网的交通应用技术研发支持力度，攻克面向交通安全和自动驾驶的人车路协同通信技术，基于交通专用短程通信技术和现有电子不停车收费技术实现车路信息交互；研发并利用具有自主知识产权的 LTE 开展智能汽车示范应用。示范推广车路协同技术，鼓励乘用车后装和整车厂主动安装具有电子标识、通信和主动安全功能的车载设施。推动高精度的地图、定位导航、感知系统，以及智能决策和控制等关键技术研发。开展自动驾驶核心零部件技术自主攻关。充分利用大数据和云计算，实现智能共享和自适应学习，提高驾驶自动化水平。推广交通事故预防预警应急处理、运输工具主动与被动安全等技术。

智能港航和船舶技术。在航海领域推广应用北斗卫星导航系统，提高船舶定位精度。在国际 E—航海战略规划下，研发下一代星基、陆基甚高频数据交换系统（VDES）和新型海上安全信息数字广播系统（NAVDAT），开发应用具有自主知识产权的基于 S100 标准和应用需求的电子海图和电子航道图应用船载终端，建设航海公共服务平台，提高中远海船舶保障能力。出台技术标准，加快船舶交通管理系统的国产化进程，促进船舶交通管理系统的区域和全国互联，实现海上智能交通管理。

新一代空中交通管理技术。发展新一代空中交通管理系统，实现通信、导航、监视、信息管理和航空电子设备全面演进。重点发展地空数据链技术和地面 IP 网络技术等通信新技术。完善陆基导航的设施和布局，满足仪表运行和基于性能的导航运行需求，逐步推动从陆基导航向星基导航过渡。开展多静态一次监视雷达、多功用监视雷达、低空监视技术等新监视技术的研究工作。研究并推进广域信息管理技术应用。发展空中导航、空中防撞、机场地图和交通信息显示等先进航电技术。

智能城市交通管理技术。加强大范围交通流信息采集、交通管理大数据处理、交通组织和管控优化、个性化信息服务等技术研发。进一步提升自主研发交通信号控制系统等在设备精确度、稳定性方面的技术水平，并大规模推广使用。

（十九）大力推动智能交通产业化。加快建立技术、市场和资本共同引领的智能交通产业发展模式。发挥企业主体作用，鼓励交通运输行业科技创新和新技术应用。推动智能交通基础设施规模化、网络化、平台化和标准化，营造开放的智能交通技术开发应用环境。

七、营造宽松有序发展环境

（二十）构建公平有序市场环境。放宽市场准入，鼓励社会资本积极参与交通新业态发展，调整完善相关支持政策，创造宽松发展环境。推动交通公共资源优化配置，实现不同市场主体在使用交通设施方面的同等待遇。

（二十一）推动信用信息双向对接。推动公共信用信息开放，支持市场主体依法获取承运人守法信用、银行信用以及"信用中国"网站相关公共信用信息，加快共享交通发展。将各类市场主体形成的承运人信用记录纳入全国信用信息共享平台。

（二十二）创新行业监管方式。各地应建立和健全部门联动协同监管机制，实行事前事中事后监管，依法规范网络预约出租汽车等新业态发展。不断提高行业监管水平和透明度。密切跟踪大规模市场兼并重组行为，加大力度甄别并处罚垄断及不正当竞争行为。

（二十三）健全网络安全保障体系。加强网络安全风险防控，提升技术保障能力，加强重点网站、信息系统和客户端的运行安全监测预警，定期开展安全风险和隐患排查，增强应急处置能力。增强国家信息安全责任意识，保障高精度、高敏感的交通信息安全，防止侵犯个人隐私和滥用用户信息等行为。提供交通服务的互联网平台企业数据服务器须设置在我国境内。

（二十四）完善相关法律法规。结合交通新业态发展特点，抓紧制订相关法律法规，规范引导行业发展。明确车辆、驾驶员等生产要素的市场准入标准，制定交通互联网服务标准。健全与行业发展相适应的税收制度。明确交通互联网服务企业及相关方在交通运输安全、信息安全、纠纷处置等方面的权利、责任和义务。研究制订智能汽车相关法规。

八、实施"互联网＋"便捷交通重点示范项目

综合考虑国家战略、区域条件、市场需求等因素，形成《"互联网＋"便捷交通重点示范项目》（详见附表），在基础设施、功能应用、线上线下对接、政企合作、新业态、典型城市等方面，形成 27 项重点示范项目。

（二十五）持续推进项目建设。"互联网＋"便捷交通重点示范项目主要是具有引领作用、显著提升效率、提高安全水平、促进低碳节能、能够带动智能交通技术应用和关键核心技术研发的重点项目。各地方和部门要加大资金投入，有效发挥政府投资的引领示范和杠杆作用，充分吸引社会资本参与建设和运营。

（二十六）加强组织保障推动全面落实。发展改革委和交通运输部将会同有关部门，依据本实施方案，明确职责分工，落实工作任务，加强协同配合，形成合力。各地要结合本地区实际，主动作为，积极试点示范，抓好落实。

国家发展改革委

交 通 运 输 部

2016 年 7 月 30 日

附表："互联网＋"便捷交通重点示范项目（略）

关于打造现代综合客运枢纽提高旅客出行质量效率的实施意见

发改基础〔2016〕952 号

当前，我国综合交通运输体系初步建成，各种运输方式快速发展，基础设施网络规模不断提升。但是，综合交通运输整体效率还不高，服务水平与经济社会发展要求相比还有较大差距，特别是各种交通方式之间衔接不畅，旅客中转换乘不便，综合交通优势难以有效发挥。综合客运枢纽是交通方式之间和区域之间大规模客流组织换乘的大型交通站场，是提高客运效率的关键，是提升服务质量的核心。为建设完善的现代交通运输体系，更好地促进交通提质增效，打造现代综合客运枢纽，特制定本实施意见。

一、总体要求

（一）重要意义。

近年来，我国建成了一批辐射带动作用较强的综合交通枢纽城市，形成了以机场、铁路车站等为代表的众多大型综合客运枢纽。综合客运枢纽的建设，改善了运输服务质量，方便了旅客出行。但发展中仍存在明显不足，突出表现在：一是客运枢纽站场平面化布置，空间利用不充分，集散网络不配套，整体运行效率不高。二是部分换乘站点设计不合理，旅客换乘距离长，旅行时间和出行成本高，出行体验差。三是客运枢纽建设方式比较粗放，信息技术应用和开放共享不足。四是客运枢纽功能单一，带动周边、融合发展的作用尚未有效发挥。

"十三五"是我国交通发展完善网络、提质增效的关键时期。在加快发展各种交通方式的同时，需要更加强化方式间的衔接与协作，更加注重提升综合客运枢纽现代化水平，使之成为资源要素高效流转的载体，设施网络与一体服务衔接的纽带，交通运输与新兴业态融合的平台，增加有效服务供给，满足旅客运输需求。

（二）指导思想。

深入学习贯彻习近平总书记系列重要讲话精神，适应把握引领经济发展新常态，牢固树立并贯彻落实创新、协调、绿色、开放、共享发展理念，以满足旅客出行需求为核心，统筹规划布局，提高服务质量，创新体制机制，运用先进技术，加强一体衔接，加快推进交通供给侧结构性改革，打造功能完善、换乘高效、出行便捷的现代化综合客运枢纽，合理利用资源，拓展发展空间，全面提升交通运输整体质量和综合效率，进一步提升旅客出行的满意度和获得感。

（三）基本原则。

统筹协调、一体推进。 从建设运营全周期、运输服务全过程，系统规划综合客运枢纽的建设与发展，做好通道与枢纽、城市与站场、新建与改造、建设与运营的统筹协调，按照"零距离"换乘要求，推动统一规划、同步建设和一体运营。

因地制宜，以人为本。 结合不同城市、枢纽自身条件，尊重自然、把握规律、传承历史，合理布局建设综合客运枢纽，以旅客便利出行、便捷换乘为根本，做好空间立体性、平面协调性、整体适用性、文化延续性等方面的有机统一。

需求导向、规范标准。 合理划分综合客运枢纽类别，分类确定站场规模、功能和衔接要求，做到规模适当、标准适宜、功能适用，提升综合服务水平，提高旅客中转集散效率，增强内外辐射能力。

联动开发、融合发展。 在保障交通功能的前提下，有序拓展综合客运枢纽的城市服务和产业服务功能，促进交通功能与商业功能融合互动，加强地上地下空间综合开发利用，鼓励建设以综合客运枢纽为核心的现代城市综合体。

绿色低碳、智能安全。 充分利用互联网、大数据等现代信息技术，实现信息互联互通和共享共用，打造智慧枢纽。倡导绿色规划、设计，推行节地节能模式，促进紧凑建设、集约发展，实现资源高效配置、综合利用和节能减排。

（四）总体目标。

到 2020 年，基本建成内涵更加丰富、服务更加优质、布局更加合理、运行更加高效、功能更加完善的现代综合客运枢纽系统，一体衔接、综合服务、中转集散、内外辐射能力进一步增强，客运现代化水平显著提升，有效满足人们日益提升的出行需求。

——在全国重要综合交通枢纽城市，打造 100 个以大型高铁车站为主和 50 个以机场为主的现代化、立体式综合客运枢纽。日高峰小时旅客发送量超过 5000 人的大型高铁车站以及年吞吐量超过 1000 万人次的机场，基本实现城市轨道交通等多种交通方式连接。

——在部分综合交通枢纽城市开展示范推广，以综合客运枢纽为中心，建成一批与城市空间、产业发展联动融合、综合开发的立体式、复合型城市综合体。

——基本实现城市内大型综合客运枢纽之间以及内部各种运输方式班次、时刻、运行状态等信息资源的互联互通、共享共用，并向社会公众及时公布。

二、优化枢纽站场布局

（五）科学布局综合客运枢纽。综合考虑国际国内通道和网络格局，按照国际性、全国性、区域性、地区性四个层级，优化综合交通枢纽城市的区域布局，明确不同层级枢纽城市的客运服务功能和辐射范围。结合枢纽城市的空间形态、人口分布等现状及未来发展趋势，按照城市总体规划、土地利用总体规划要求和交通发展特点，科学布局机场、车站等大型综合客运枢纽。原则上，高速铁路、城际铁路和市域（郊）铁路应在城市中心城区设站，或者充分利用城区内既有车站进行改扩建。强化既有和新建综合客运枢纽站场的分工协作。

（六）同站布置各类客运站场。机场、高速铁路和城际铁路客运站、普通铁路客运站、公路客运站、城市轨道交通车站、公交枢纽等主要站场应尽可能同站布置。原则上，新建综合客运枢纽应做到不同交通方式同站布置。城市轨道交通、城际铁路建设规划要明确换乘站布局方案。实施交通枢纽用地总量与强度双控，推进"交通＋商业"等多资源整合、多功能融合的立体式空间布置与建筑体设计，加强地上地下分工空间功能的合理布设，强化土地及空间资源的集约节约高效利用。在有条件的地区，以大型高速铁路、城际铁路、市域（郊）铁路客运站等为重点，实施一批立体化布局建设的示范工程。

三、强化一体衔接要求

（七）明确综合客运枢纽分类。综合考虑发展定位、服务对象、辐射范围等因素，将综合客运枢纽分为三类。一类是以枢纽机场、高速铁路客运站、大型客运码头等为主的综合客运枢纽，二类是以干线机场、中型铁路客运站和城际铁路客运站、大型公路客运站、中型客运码头等为主的综合客运枢纽，三类是支线机场、市域（郊）和其他铁路客运站、公路客运站、客运码头综合客运枢纽以及城市轨道交通换乘站、公交枢纽等。

（八）分类确定枢纽衔接要求。原则上，一类综合客运枢纽应有两条及以上不同方向的城市轨道交通、市域（郊）铁路等衔接，或做好预留，强化与城市道路网的多向衔接。二类和三类综合客运枢纽应做好与城市路网的衔接，具有对外运输功能的综合客运枢纽应衔接城市快速通道，有条件的应实现与城市轨道交通的衔接。

结合城市轨道交通网规划编制及调整、新一轮重点铁路枢纽总图修编、城际铁路以及市域（郊）铁路建设等，重点围绕超、特大城市的大型对外客运站场，建设大容量、快速化的衔接通道。在国际性和全国性综合交通枢纽城市，应以城市轨道交通为平台，衔接城市内外交通，高速铁路客运站和机场应与城际铁路网的车站衔接。

（九）畅通站场间直接连接。通过快速、大容量的城市公共交通，连接城市内各种类别、方向和功能的综合客运枢纽，实现旅客在主要枢纽之间的快速直达。超大城市的主要客运枢纽间以换乘时间不超过 1 小时、换乘次数不超过两次为宜，特大城市换乘时间不超过 45 分钟，大城市换乘时间不超过 30 分钟。

（十）便捷枢纽站场内换乘。综合客运枢纽宜采用同台或立体换乘方式，换乘时间一般不超过 3 分钟。新建综合客运枢纽应立体布局换乘设施，鼓励既有客运枢纽实施立体化换乘改造。原则上，换乘设施工程应一次建成，可分期投入使用。结合既有综合客运枢纽改造，增加自动化换乘设备，提高换乘效率。重要的地铁换乘枢纽应尽可能实现不同线路间同台换乘，不能同台换乘的，通过建设和改造配套换乘设施，尽量实现立体换乘。

四、健全设计建设标准

（十一）科学确定站场规模。研究按照日单位面积客流量合理确定综合客运枢纽建筑总规模，尽快修订完善相关标准。根据客流分布特点，科学确定站房、等候区和其他配套设施等功能区规模，推动各种运输方式等候区、售票区、安检区、停车场等功能区合并布设，强化设施设备共享共用。

（十二）完善枢纽换乘标准。制定和完善综合客运枢纽换乘规范标准。根据枢纽换乘客流强度，配备垂直电梯、自动扶梯、自动步道、步梯等标准化换乘设施设备。根据设计高峰小时客流量，充分考虑安全疏散要求，合理确定换乘设施设备数量和分布。缩短不同站场旅客出口、入口之间换乘距离，以不超过 200 米为宜，并建设封闭的换乘设施。合理安排综合客运枢纽内车流和客流组织，确保采用公共交通方式的旅客换乘距离最短。

（十三）健全配套服务标准。建立健全开放兼容的交通运输信息标准体系，统一通信、票务、站务等各类数据接口与格式。制定统一的运输信息、企业信息、乘客信息等数据采集、存储、共享等标准。完善全覆盖、无盲点、不间断、明晰化的综合客运枢纽内外指示标识标准规范。加强综合客运枢纽无障碍设施设备配置标准建设。完善枢纽一体化服务标准和规范。

五、提升运营服务水平

（十四）优化运输组织。加强运输管理，优化组织方式，完善作业流程，推进旅客一体化联程联运。合理安排客运班次车次，加强方式内部和方式之间的运力匹配、组织衔接、时刻对接。鼓励客运企业、枢纽企业、第三方平台等相关经营主体依托综合客运枢纽开展全流程客运组织，完善客票服务与出行引导，提高公众出行便捷性和舒适度。

（十五）打造智慧枢纽。以新一代移动互联为媒介，将综合客运枢纽打造为汇集各类客流、商流、资金流、信息流的城市智慧中枢。加强大数据等应用，推进综合客运枢纽与智能交通等融合发展。加强信息采集、处理、共享，建立统一的信息平台，拓展手机等终端应用，实现信息及时发布与实时更新，提升服务精准性。发挥综合客运枢纽牵引作用，打造宜居、宜业、宜行、宜娱的生产生活、创新创业新空间。

六、推进综合联动开发

（十六）加强综合开发。依据城市规划和土地总体利用规划，合理确定综合客运枢纽及周边区域用地布局、规模和范围。统筹枢纽建设与城镇空间布局和产业发展，强化区域联动开发。统筹整体开发与局部开发、平面开发与立体开发，促进交通与城市、产业发展深度融合。明确既有枢纽与新建枢纽的综合开发重点，盘活优化存量资源，构筑区域新兴增长极。重点在国际性、全国性综合交通枢纽，以高速铁路客运站、城际铁路客运站、机场等为主体，建设一批集交通、商业、商务、会展、文化、休闲等为一体的开放式城市功能区。

（十七）提升开发品质。以综合客运枢纽为重点，在保证枢纽内部客流组织效率、安全性的基础上，有序拓展枢纽商业服务功能，顺应消费需求多样化、个性化趋势，调整、拓展和提升枢纽服务。充分利用综合客运枢纽人员聚集度高、流动性强等优势，积极发展广告票务、餐饮购物、旅游咨询等业务，有效提升枢纽内部商业开发的品质，构建一体融合、畅捷舒适的整体营商环境。

七、加强规划引导作用

（十八）推动多规衔接。完善综合交通枢纽规划体系，明确各层级、各类别枢纽规划的定位、功能、内容与责任主体等。加强综合交通枢纽规划与经济社会发展规划、土地利用总体规划以及综合交通运输体系规划等的衔接，做好与城市轨道交通规划、铁路枢纽总图规划、民用机场总体布局规划、城际铁路规划、港口总体规划等其他专项规划在编制、审核、调整过程中的全面对接。

（十九）严格规划审核。在国际性、全国性综合交通枢纽城市，应同步编制综合客运枢纽与周边区域一体联动开发的详细规划，或在综合交通枢纽规划中编制综合开发专项篇章。我委和相关部门在审批城市轨道交通建设规划、城际铁路规划时，将按照综合客运枢纽建设要求和相关标准，加强对综合衔接、换乘方案的论证和审核。

八、改革创新发展机制

（二十）形成一体化建设机制。综合客运枢纽原则上应由统一主体负责整体设计和建设，并做好与相关投资方的衔接。各级地方政府统筹区域内枢纽站场建设，成立专门的管理机构，推进综合客运枢纽的统一规划、统一设计、统一建设、统一管理。我委组织编制了《综合客运枢纽建设指引》（附后），供各地参考执行。对特别重要的综合客运枢纽建设，我委将和有关地方政府探索以合作共建的形式共同推进，选择一批综合客运枢纽示范工程，在规划、政策、资金等方面予以指导和支持。

（二十一）创新建设模式。鼓励以委托代理、服务外包、代建制、代管制等多种方式，实施综合客运枢纽规划、建设和运营。加强客运枢纽建设的跨界融合，鼓励与地产、传统商业、电子商务等经营主体开展定制共享式合作开发。对于经营性较强的站场，鼓励采用特许经营方式进行市场化开发建设。对于公益性较强的站场，鼓励采用特许经营方式，或采用政府购买服务、委托市场化运营等方式进行开发建设。

（二十二）强化资金保障。我委将加大中央预算内投资、专项建设基金等对综合客运枢纽的投入力度，创新投资和补助方式。同时，充分发挥开发性金融作用，鼓励各类金融机构创新金融产品。鼓励各地建立健全枢纽建设开发的成本分摊、利益分享、风险分担等机制。

（二十三）完善土地供给。各地要保障综合客运枢纽站场建设用地，推进符合条件的综合客运枢纽土地综合开发。探索实行建设用地使用权分层设立、统一规划、统一供应、统一建设的供给和利用管理政策，促进城市公共交通设施地上、地下空间立体开发。

（二十四）加强组织管理。逐步理顺建设管理体制，推行综合交通枢纽分级分类管理。我委将会同有关部门加强对国际性和全国性综合交通枢纽规划建设的指导，各地要做好区域性和地区性综合交通枢纽规划建设工作。简化列入规划的综合客运枢纽建设项目审批程序，加强建设实施中的监督管理，做好项目跟踪、政策支持与配套服务等。

国家发展改革委

2016 年 5 月 3 日

附件：1. 综合客运枢纽建设指引（略）

2. 综合客运枢纽重大建设示范工程（略）

关于进一步贯彻落实"三大战略"
发挥高速公路支撑引领作用的实施意见
发改基础〔2016〕2806 号

为深入贯彻落实"一带一路"建设、京津冀协同发展、长江经济带发展战略（以下简称"三大战略"），科学合理有序推进高速公路建设，更好发挥高速公路基础支撑和先导引领作用，特制定本实施意见。

一、重大意义

改革开放以来，我国高速公路从无到有、快速发展。到 2015 年底，全国高速公路通车里程达 12.4 万公里，位居世界第一，高速公路已覆盖 97.6％的城镇人口 20 万以上城市，对促进资源要素跨区域便捷流动、适应区域经济社会发展发挥了重要作用。但与支撑"三大战略"的要求相比，我国高速公路发展仍存在一定差距：一是促进陆海双向、区域协调发展的部分国家高速公路主通道仍存在未完全高效贯通路段，部分省际通道推进缓慢，通行效率和服务水平有待提升；二是在国内经济增长空间转移和对外全方位开放的部分重点实施地区，高速公路对港口、口岸、机场等重要节点的集疏运服务能力仍需增强；三是主要城市群高速公路网络功能结构有待优化，互联互通水平不高，部分进出重要节点城市的高速公路与城市道路衔接不畅。

科学合理有序推动高速公路建设，是促进基础设施互联互通、支撑"三大战略"发展的关键环节和重点领域，也是推动供给侧结构性改革的客观要求和具体体现，对于构建陆海双向对外开放走廊，改善区域经济纵深发展条件，增强主要城市群辐射带动能力，促进东中西协调发展和贫困地区脱贫攻坚，均具有重要意义。

二、总体思路

（一）指导思想。

深入贯彻党的十八大和十八届三中、四中、五中、六中全会精神，牢固树立和贯彻落实创新、协调、绿色、开放、共享的发展理念，主动适应经济发展新常态，按照"一带一路"建设、京津冀协同发展、长江经济带发展战略部署，创新发展模式，在更高水平上推进高速公路结构优化和调整，完善网络布局，增强通道能力，提升联通水平，加强路网衔接，提高整体效率，改善交通条件，为构筑发展新格局、拓展协作新空间、塑造开放新体系、培育增长新优势提供有力支撑。

（二）基本原则。

强化支撑。有效发挥高速公路通道性与衔接性双重功能，畅通交通走廊，强化不同区域、运输方式之间高效衔接，有效引导城镇、产业空间合理布局，促进贫困地区交通条件改善和"造血"能力提升，全面支撑"三大战略"实施。

系统谋划。统筹国际与国内、区域与城乡、发达与贫困、高速公路与普通公路、高速公路与城市道路、国家高速公路与地方高速公路之间的关系，科学确定高速公路建设规模，合理把握建设节奏。

突出重点。围绕构筑以沿海沿江沿边为主的纵向横向经济轴带，以及城市群等重大经济区域的培育壮大，特别是关系向西开放产业布局、辐射能力提升的路网性瓶颈制约、区域性薄弱环节和功能性短板领域，进行重点弥补、重点强化和重点突破。

协同推进。加强中央有关部门之间、中央与地方之间及相邻省份之间沟通协调，建立跨部门、跨区域联动推进机制，科学安排项目建设时序、建设任务，力争做到跨区域项目同步建设和同步运营。

（三）工作目标。

按照"三大战略"的发展要求，重点推进"四通四连"高速公路建设。力争通过 5 到 10 年的努力，基本形成以国家高速公路为骨架、地方高速公路为补充的为外互联、区域互通、高效衔接高速公路网络，路网整体通行能力、通达效率和机动灵活性显著增强，有力支撑"三大战略"发展。

三、主要任务

（一）贯通支撑"三大战略"国家高速公路主通道。

以连通"一带一路"主要节点城市、服务京津冀协同发展和横贯长江经济带的国家高速公路为骨架，加快国家高速公路未贯通路段建设，构筑支撑"三大战略"国家高速公路主通道，促进形成陆海内外联动、东西双向开放的全面开放新格局。同时，加强国家高速公路主通道拥挤路段扩容改造，全面提升通道服务能力。

（二）打通地方高速公路省际通道。

支持纳入各省规划、能够形成省际对接通道、对区域发展具有重要意义、对国家高速公路网起到平行分流和衔接转换作用的地方高速公路建设，提高国家高速公路的辐射广度、联通强度和机动灵活性，促进相邻省份经贸往来和人员交流，更好发挥地方高速公路对国家高速公路的补充作用。

（三）畅通主要城市群内城际通道。

依托国家高速公路主通道布局，在更高层次、更高水平上构筑京津冀、长三角、珠三角城市群高速公路网，加快建设长江中游、成渝、滇中、黔中，以及"一带一路"两大核心区高速公路网，推进核心城市、重要城镇间的直通互联。

（四）疏通主要节点城市进出通道。

立足更高水平发挥主要节点城市辐射带动作用，围绕推进城镇化地区一体化发展，培育壮大若干重点经济区和一批中心城市的发展要求，加快疏通进出城繁忙路段，合理构建城市高速环线，提升核心城市内外交通衔接水平。

（五）推进连接沿边口岸高速公路建设。

围绕新亚欧大陆桥、中蒙俄、中国—中亚—西亚、中国—中南半岛、中巴、孟中印缅等"一带一路"国际经济走廊，强化内蒙古、新疆、云南等省（自治区）的重要沿边陆路口岸与国内高速公路网络的连接，提高内外交通互联互通水平。重点支持连接新疆丝绸之路经济带核心区口岸的高速公路建设。

（六）推进连接沿海港口高速公路建设。

围绕区域纵深空间拓展和产业梯度转移，完善沿海港口高速公路集疏运网络，增强沿海港口与内陆腹地的快速连接。重点支持福建21世纪海上丝绸之路核心区港口连接内陆腹地的高速公路建设，推进宁波—舟山、青岛、厦门、营口等主要港口疏港高速公路建设。

（七）推进连接沿江港口高速公路建设。

按照构建长江经济带综合立体交通走廊总体部署，推进沿江疏港高速公路建设，扩大港口对内辐射范围，提升重庆长江上游和武汉长江中游航运中心、南京区域性航运物流中心以及沿江港口集疏运能力。推进三峡翻坝高速公路建设。

（八）推进连接民用机场高速公路建设

进一步加强与国家高速公路主通道和区域节点城市的便捷连接，扩大机场服务范围，增强对外开放能力。重点推进连接北京新机场、成都新机场、厦门翔安机场等新建机场的高速公路建设，优化完善广州白云、南宁吴圩、兰州中川等已建机场的高速公路集疏运网络。

四、保障措施

（一）扎实做好前期论证。

各级地方政府要按照职责分工，根据本实施意见合理确定高速公路建设节奏和建设重点，加强跨省（自治区、直辖市）项目对接，认真开展线路走向、经济效益、环境影响、社会稳定等方面的前期论证工作。

（二）加大政策支持力度。

继续加大车购税等中央资金的投入力度，积极支持利用专项建设基金等，推进纳入本实施意见的高速公路项目建设。中央有关部门要着力推广高速公路节地技术和节地模式，严格执行公路项目用地计划，提高公路项目土地利用率。省级政府要根据实施意见做好用地保障。

（三）创新投资融资模式。

充分发挥政府资金的引导和撬动作用，推广政府和社会资本合作模式，吸引更多社会资本参与投资。发挥商业性、开发性、政策性金融机构和平台作用，创新金融产品和融资模式。鼓励优质企业发行企业债券用于高速公路建设。

（四）加强部门组织协调。

地方政府和有关部门要进一步简化审批流程，提高项目审批效率，加快推进项目前期工作，力争项目尽快开工建设、尽早发挥作用。有关部门要加强沟通配合，协调解决项目推进中跨区域、跨部门的重大问题。

国家发展改革委

交 通 运 输 部

2016 年 12 月 30 日

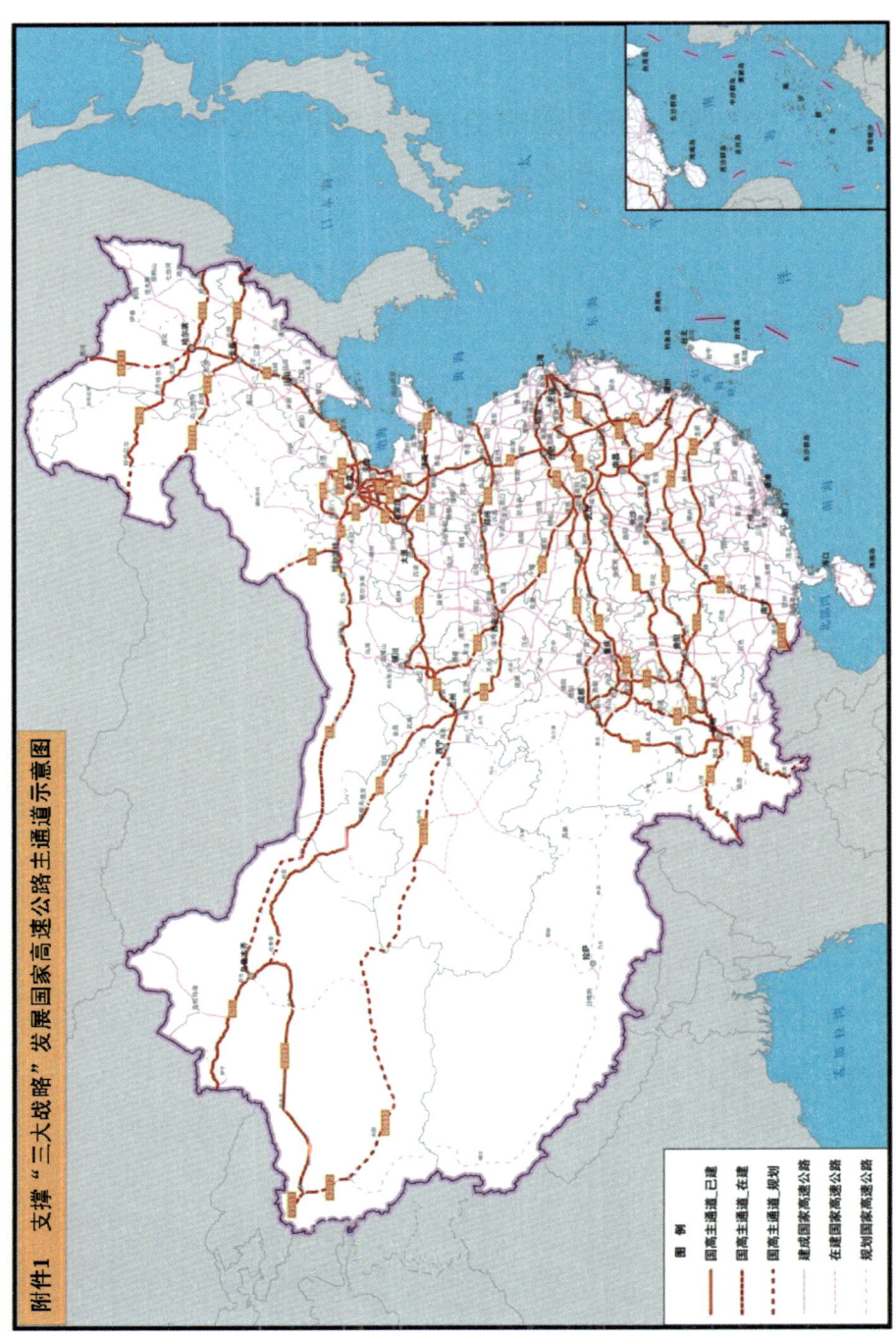

附件1 支撑"三大战略"发展国家高速公路主通道示意图

"十三五"长江经济带港口多式联运建设实施方案

发改基础〔2016〕2588 号

为贯彻落实长江经济带发展战略，提升长江黄金水道功能，加快港口多式联运发展，完善沿江综合交通运输体系，根据《长江经济带发展规划纲要》，制定本实施方案。

一、基础条件

近年来，长江经济带交通基础设施建设取得了显著成效，路网规模持续扩大，结构布局不断改善，技术水平明显提升，运输能力大幅增强，初步形成了以长江黄金水道为依托，水路、铁路、公路、民航、管道等多种运输方式协同发展的综合交通网络。

目前，长江经济带拥有上海国际航运中心、武汉长江中游航运中心、重庆长江上游航运中心和南京区域性航运物流中心，布局有上海港、宁波—舟山港，南京港、武汉港、重庆港等枢纽港口，苏州港、温州港、芜湖港、九江港、岳阳港、泸州港等重点港口，以及嘉兴内河港、无锡港、铜陵港、南昌港、长沙港、宜昌港、万州港、水富港等一般港口。2015 年长江经济带港口完成货物吞吐量48.3 亿吨、集装箱吞吐量 7778 万标箱，分别占全国的 37.9% 和36.8%。港口集疏运方式以公路为主，以铁路、水路为辅，以港口为枢纽的集装箱铁水联运体系尚处于起步阶段。铁水、公水联运基础设施不完善、运输组织不衔接、信息共享不通畅、通关服务不配套，多式联运发展滞后，集装箱铁水联运比重不足 2%。加快长江经济带港口多式联运发展，对完善沿江地区综合交通运输体系，推进交通供给侧结构性改革，提升长江黄金水道功能，推动长江经济带发展具有重要意义。

二、总体要求

（一）总体思路。

全面贯彻党的十八大和十八届三中、四中、五中、六中全会精神，牢固树立创新、协调、绿色、开放、共享的发展理念，深入落实长江经济带发展规划纲要，以长江航运中心和枢纽港口为重点，强化集疏运服务功能，提升货物中转能力和效率，提高多式联运服务质量，促进交通物流融合发展，为构建便捷高效的综合立体交通走廊提供有力支撑。

（二）基本原则。

统筹规划、突出重点。结合长江经济带港口多式联运发展现状和阶段性特征，立足当前，着眼长远，区分层次规划港口多式联运系统，区分重点推进港口集疏运基础设施建设。

市场主体、政府引导。强化市场配置资源的决定性作用，突出企业的市场主体地位，充分调动企业积极性，通过合资合作等模式创新，推动多式联运发展。发挥政府在规范标准、政策支持、资金配套等方面的引导作用，营造良好市场发展环境。

调整结构、完善功能。重视公路、铁路等多种方式的集疏运通道建设，改变过度依赖公路集疏运通道的现状，促进多种集疏运方式协同发展，不断完善港口服务功能。

强化协作、合力推进。建立和完善部门间、企业间的协作机制，加强信息沟通，注重协调解决重大问题，结合各自职责做好项目推动、资金配套等工作，形成共同推动多式联运发展的合力。

（三）发展目标。

到 2020 年，建成便捷高效的长江经济带港口多式联运系统。长江经济带航运中心、航运物流中心具备完善的多式联运功能，重要港口、一般港口多式联运功能显著增强。公水联运、铁水联运、水水转运等多种模式协同发展，集装箱和大宗货物铁水联运比重持续提升。以港口为中心的铁、公、水多式联运信息共享更加顺畅，服务质量明显改善。

三、主要任务

统筹考虑各种运输方式规划的有效衔接及功能匹配，加快铁路、高等级公路等与重要港区的连接线建设，有效解决"最后一公里"问题，实现港口与铁路、公路运输衔接互通，提升运输服务一体化水平。

（一）优先支持枢纽港口。

围绕上海国际航运中心、武汉长江中游航运中心、重庆长江上游航运中心、南京区域性航运物流中心和舟山江海联运服务中心建设，加强上海港、宁波—舟山港、南京港、武汉港、重庆港等枢纽港口铁路、公路连接线和内河支线航道建设，实现重要港区与铁路、高等级公路高效衔接。

专栏 1　枢纽港口集疏运项目

上海港港城路（浦东北路—杨高北路）改建工程；宁波—舟山港穿山港区铁路支线、普陀至开化公路舟山朱家尖段公路工程、省道临城—长峙—小干—鲁家峙—沈家门公路、S321 双桥至岑港改建工程、舟山市金塘上岙至金塘互通疏港公路（顾家岭至北部围垦段）、岱山县衢山岛西长沙至里高涂至外泥螺山公路；南京港南京化工园区及龙潭港区铁路专用线、龙潭港区疏港公路改扩建工程、S501 雄州至西坝港区公路改扩建工程；武汉港三江港区疏港铁路、武汉江北铁路香炉山至林四房段、江北快速路、S501 雄州至西坝港区公路改扩建工程；重庆港新田港新田作业区铁路支线、龙头港铁路集疏运中心港口支线、果园港东港作业区铁路支线、朱沱港进港铁路支线、珞璜港铁路支线改造工程，新田港新田作业区至万忠高速疏港大道工程、龙头港龙头作业区进港道路改扩建工程、酉阳县乌江龚滩码头专用连接公路工程、合川区石盘沱港口作业区疏港大道工程、龙头港疏港公路专用连接线工程、珞璜港珞璜作业区进港道路、石柱县西沱码头进港道路、涴沱作业区疏港大道、朱沱码头至一碗水道路改造工程、白马疏港公路。

（二）积极支持重点港口。

加强连云港港、南通港、苏州港、温州港、马鞍山港、芜湖港、九江港、岳阳港、泸州港、宜宾港等重点港口集疏运通道建设，重要港区要规划建设铁路专用线，鼓励设计年通过能力达到 500 万吨（内河）、1000 万吨（沿海）的一般港区建设铁路专用线，铁路专用线应当集中设置。提升完善疏港公路，实现所有港区与二级以上公路衔接。

专栏 2　重点港口集疏运项目

连云港港赣榆港区铁路专用线、上合组织（连云港）国际物流园专用铁路，云宿路、S245 柘汪疏港公路；南通港通州湾港区铁路专用线、如皋港区铁路专用线，大达路、S334 如东东段、平海公路快速化、S222 如东段；苏州港太仓港疏港铁路，荡茜新路；温州港乐清湾港区铁路支线，虹三线乐清蒲岐至永嘉上塘公路；马鞍山港郑蒲港铁路专用线，郑蒲港区团结路疏港公路工程、慈湖港区沿江大道北段疏港公路贯通工程；芜湖港朱家桥港区疏港道路、三山港区疏港道路；九江港城西港区铁路专用线、彭泽港区铁路专用线、湖口港区铁路专用线，下巢湖作业区—G351、红光—定山、矶山作业区疏港公路、银砂湾作业区—彭湖高速大坝出口、屏峰作业区—三里、城区作业区疏港公路、环山公路—神灵湖作业区、昌九大道—公司墩作业区公路、彭浪矶作业区疏港公路；岳阳港城陵矶港区（松阳湖）进港铁路专用线、陆城港区南洋洲煤炭储备基地铁路专用线、临湘市临港（临湘至鸭栏港）铁路专用线，松阳湖港区至杭瑞高速金凤桥互通、君山区荆江大道、屈原区推山咀码头—三洲桥、湘阴县樟树—羊谷脑公路；泸州港自贡至泸州大件公路、神仙桥码头疏港路、二郎至太平疏港路。

（三）适度支持一般港口。

适度支持嘉兴内河港、杭州港、湖州港、无锡港、扬州港、镇江港、泰州港、徐州港、铜陵港、安庆港、池州港、合肥港、蚌埠港、南昌港、长沙港、黄石港、荆州港、宜昌港、襄阳港、永川港和水富港等一般港口集疏运通道建设，鼓励设计年通过能力达到500万吨（内河）、1000万吨（沿海）的一般港区建设铁路专用线。进一步强化疏港公路，实现所有港区均有等级公路衔接。

专栏3　一般港口集疏运项目

嘉兴港嘉绍高速尖山互通至澉浦作业点疏港公路；杭州港桐庐县疏港公路综合码头至深澳段工程；湖州港南太湖产业集聚区长兴分区码头至吕山公路、德清县国际物流园疏港大道；镇江港高资港区疏港公路（茂港路）、扬中港区八桥作业区疏港公路、扬中夹江作业区疏港公路（S358北延）；徐州港双楼作业区通用码头铁路专用线、邳州港区邳州作业区搬迁工程铁路专用线，邳州港区邳州作业区搬迁工程疏港公路、徐州港丰县港区综合物流园作业区疏港公路、睢城作业区疏港公路；铜陵港江北港区铁路专用线，S221朱家咀至大通改造工程（横港至大通段）；安庆港长风作业区至城东铁路支线、皖河新港铁路专用线、宿松县疏港通道S249线公路建设工程（许岭至复兴段）、长风港区公路集疏运项目；池州港青阳县非金属材料铁路专用线、江南产业集中区货运铁路专用线、香隅化工园铁路专用线；合肥港合肥经济技术开发区疏港铁路，龙桥1号路；蚌埠港长淮卫临港开发区综合码头专用疏港公路；南昌港姚湾—G316（迎富大道）、市汊—G105疏港公路（星城大道西延线）、南昌西外环公路西移路—金水大道；长沙港霞凝港区新港铁路专用线，望城杨桥—金星公路（代公桥至铜官段）、铜官港区进出场道路；黄石港疏港铁路一期、黄石山南铁路部分路段扩能改造、S203 黄石段河口至棋盘洲港区一级疏港公路改造、S203 黄石段棋盘洲至富池武穴桥互通一级疏港公路改造；荆州港车阳河港区疏港铁路（焦柳铁路至松滋车阳河）、盐卡港区观音寺作业区至蒙华铁路连接线，沙市至江陵郝穴沿江一级公路、公安县杨厂火车站至朱家湾码头公路、容城港区公路、新堤港区疏港公路、S254 至松滋口作业区新建工程；宜昌港白洋港至 G318 连接线、茅坪港综合物流疏港公路、太平溪作业区至太张高速连接线、云池作业区至正大路连接线、姚家港作业区至 G318 连接线、宜都港区红花套作业区至宜岳高速连接线；襄阳港小河港区疏港铁路；盐城港射阳幸福大道东延工程；广安港至襄渝铁路前锋站快速通道、进港大道；绥江港绥江县城至永善青胜港区公路改建工程黄龙溪至象鼻子段；以及其他港口集疏运通道建设项目。

四、保障措施

（一）培育多式联运经营人。

引导港口、航运、铁路企业集中核心资源，以资本为纽带，通过参股、兼并、联合、合资、合作等多种形式重组整合，发挥各自优势，组建铁水联运龙头企业，积极培育具有较高服务能力和水平，为客户提供多式联运全程物流服务的多式联运经营人。切实维护多式联运经营人的市场主体地位，利用经济的、法律的和必要的行政手段，加强多式联运市场监管和服务，引导企业合法经营，公平竞争。积极推进铁水联运示范工程，将集装箱铁水联运示范项目逐步扩大到长江经济带主要内河港口。

（二）搭建多式联运信息平台。

加快推进多式联运信息化建设，积极推广沿海港口集装箱海铁联运信息平台的经验，依托铁路 95306 平台以及既有港口 EDI 中心或地方电子口岸平台，加强集装箱电子数据报文标准的制定，推动建立各种运输信息资源开放与共享机制，促进船、车、班列、港口、场站等动态信息的交换共享和互联互通，实现业务协同联动。

（三）多渠道筹措建设资金。

积极筹措建设资金，充分发挥国家、地方、企业积极性、多元化投资、多渠道筹融资机制。安排使用中央预算内投资、车购税等支持长江经济带港口集疏运项目，通过资金支持手段引导各参与方积极推进项目实施。中央资金优先支持重要港区多式联运铁路连接线项目，并适当向中西部地区倾斜。

（四）加强标准规范衔接。

抓紧研究适合多式联运换装设施设备、运载工具等领域的标准规范，加快制定并推广多式联运标准合同范本及适用于国内铁路、公路、水路运输的联运单证。进一步加强规划统筹，强调港口与铁路、公路、货场的高效衔接，并为建设实施预留发展空间。

（五）优化通关服务和价格机制。

积极推进电子口岸建设，海关、检验检疫等部门"信息互换、监管互认、执法互助"，探索"一次申报、一次查验、一次放行"关检合作新模式。相关运输行业、企业要加强沟通合作，积极建立以市场为导向、全程一个费率的多式联运价格机制，促进长距离大宗货物运输更多地向铁路、水路转移，优化多式联运结构。

（六）建立工作联动机制。

多式联运是一项关联性很强的系统工程，需要各有关部门密切配合，纵横联动、协调推进。国家发展改革委、交通运输部、铁路总公司会同各省市人民政府加强对长江经济带港口多式联运的规划和指导。省级发展改革、交通运输部门会同地市相关部门负责推进多式联运具体工作，协调解决项目实施过程中遇到的问题。

省级有关部门要积极支持多式联运相关工作，对于纳入规划的重点项目要加快前期工作，缩短审批流程，尽快组织实施。各省级发展改革委负责定期向国家发改委报送长江经济带港口多式联运建设专项资金预算执行情况，编制资金使用情况统计表，我委将会同有关部门对项目建设进展情况以及资金使用情况适时开展专项督查。

国家发展改革委
交 通 运 输 部
中国铁路总公司
2016 年 12 月 7 日